続　釣りの名著50冊
古今東西の「水辺の哲学」を読み解く
世良 康

はじめに

前著『釣りの名著50冊』の「はじめに」で、私は次のように書いている。

「古今東西の釣り好きたちが著した釣本の森に深く足を踏み入れていくと、そこには釣りという趣味の世界があるだけではなく、人生のすべてがあり、また時代や文明があり、戦争や災害があり、愛と憎しみ、喜びと哀しみ、感動と落胆、希望と絶望、そして生と死とがちりばめられていて、歩いても歩いても、まだ歩きたくなるような興奮がある」

そして、積み上がった１００冊の釣本の頂にやっとの思いでたどり着いたいま、私はどこかひなびた温泉宿の露天風呂で仰向けになって身体を伸ばし、行く雲をぼんやりと眺めていたい心境である。

釣りの総合誌「月刊つり人」に『釣本耽読《ちょうほんたんどく》』のタイトルで連載を開始したのが、東日本大震災の記憶がまださめやらぬ２０１４年６月号だった。連載50回を過ぎて単行本化の話が持ち上がり、それは『釣りの名著50冊』と改題されて出版となった。そして昨年９月号で１００回目を迎えて連載を打ち止めとし、今回『続・釣りの名著50冊』が発行されるに至った。

その間、2019年12月に新型コロナが発生し、パンデミックの波はいまなお世界に拡がっている。さらに22年2月24日には、ロシアによるウクライナ侵攻が始まった。この理不尽な軍事侵攻も同じく、収束の気配を見せることなく、世界に暗い影を落としている。

新型コロナとロシアの軍事侵攻は、人類が営々と築いてきた文明という強固な世界が、実は砂上の楼閣だったのではないかという疑念を自ら露呈してしまった。

こうした混迷の時代の片隅で、釣りの本をほそぼそと、1冊、1冊読み進めてきたわけだが、その中にはこれが釣り小説と呼べるのかというような作品も含まれている。

たとえば、井伏鱒二『黒い雨』である。

この凄惨な原爆小説が、なぜ釣り小説なのか。その理由は本文にも書いているが、ここでも少し触れておきたい。そうすることで、100冊の釣本の山から、おのずから見えてくる「釣りとは何か」の真実の一端が明らかになると思うからである。

この小説は、前半の悲惨極まる被災描写から、後半は原爆病の恐怖へと主題が移っていく。その結末に至る過程で、さりげなく現れてくるのが被爆後の養生のために主人公の閑間重松たちが故郷の村の野池でコイを釣るシーンである。太陽の光と緑の風を浴びながらサオを振ることで浩然の気を養い、釣ったコイを食すことで体に栄養をつけ、心身ともに原爆に打ち克つ力をつけようというわけである。

ところが村民は、戦後の窮乏のどん底にあって、のんびり魚を釣って遊んでいるとしか見えない彼らを、口汚くののしる。そこで閑間は、コイの養殖事業を思いつく。魚を育てて出荷することで経済的な自立を目指し、また食料として胃袋を満たし、池や川に放流することで釣りも楽しめる。まさに一石三鳥の事業である。

ヒタヒタと忍びくる原爆病という黒い影に脅えながら、閑間は養殖池の中でコイの幼魚が日に日に成長していく姿に生きる希望を与えられ、そこにバラ色の夢を架ける。

これが、やや強引ではあるが、『黒い雨』を釣本の1冊に取り上げた理由である。単に原爆の悲惨や絶望を訴えるだけではなく、そこからの再生への1歩を、井伏鱒二は「釣り」という道楽に求めたのである。釣りを趣味として生きた小説家ならではの発想だろう。

ところで、この小説の主人公には重松静馬さんという実在のモデルがいた。重松さんの故郷（現広島県神石郡神石高原町小畠）には、『黒い雨』の文学碑が建っており、それには次のような小説中の有名な一節が刻まれている。

「戦争はいやだ／勝敗はどちらでもいい／早く済みさえすればいい／いわゆる正義の／戦争よりも／不正義の／平和の方がいい」

この「正義の戦争よりも、不正義の平和の方がいい」は、徴用経験のある井伏の思いが詰まった言葉である。ウクライナの正義がロシアの不正義に飲み込まれようとしているいま、私はその言葉を、波間にゆれる小さなウキを眺めながら反芻しているのである。

本書の出版にあたっては、「月刊つり人」編集部の佐藤俊輔さん、書籍編集部の小野弘さん、そして前著に引き続いて表紙デザインや本文レイアウトを担当いただいた伊東とし江女史、このお三方には大変お世話になった。感謝申し上げます。

令和5年の元旦の夜に　　　　著者しるす

『黒い雨』

井伏鱒二

雑誌「新潮」に1965年1月号〜翌年9月号まで連載。
1966年同社より単行本が刊行され、後に文庫化

釣りが取り持つ縁で執筆開始

井伏鱒二の『黒い雨』は、ベトナム戦争が泥沼の様相を呈し始めた昭和40（1965）年1月号から月刊文芸誌「新潮」に『姪の結婚』の表題で連載がスタート。8月号で『黒い雨』と改題され、翌41年9月号で完結。翌10月に単行本として出版された。

昭和20年8月6日午前8時16分、ヒロシマに悪魔の閃光が走った。その原子爆弾による被災の凄惨をリアルに描写したこの小説は、原爆文学の金字塔として世界各国で翻訳され、ノーベル賞の声も聞こえた。この本を、なぜ釣り小説として取り上げるのかと訝り、首を傾げる人も少なくないだろう。

そこでまず、この物語の成立過程から追ってみたい。

「この数年来、小畠村の閑間重松は姪の矢須子のことで心に負担を感じていた」

『黒い雨』の冒頭部分である。小畠村は広島県神石郡三和町小畠という中国山地の僻村である。この山深い里で暮らす閑間重松は物語の主人公であり、シゲ子という妻がいる。夫婦は、矢須子という姪と暮らしている。3人は終戦間近の広島で原爆に遭うが、阿鼻叫喚の生き地獄の中を粘り強く逃げ延び、無事に故郷の山深い村に生還したのであった。

それから幾年か経ち、閑間重松にとって気がかりなのは矢須子の結婚だった。死の灰を浴びたとのうわさが広まり、嫁入り話がうまくいかないのだ。矢須子は原爆投下時に爆心地から遠く離れた場所にいたので問題はないはずだ。それでもうわさを立てられ、矢須子の親代わりともいえる重松の精神的な〝負担〟となっていた。

物語は、この根拠のないうわさを打ち消すために、閑間重松が被爆当時のことを書き留めた〝日記〟を清書して見せることで、矢須子の〝潔白〟を証明しようとする形で展開する。

この『黒い雨』の大半を占める〝被爆日記〟は、重松静馬さんという実在の人物が書き留めたものを原本にしている。これを目にしたことで、井伏鱒二は題名を『姪の結婚』から『黒い雨』に改めたのである。この重松静馬さんとの出会いに、井伏鱒二が生涯の楽しみとした〝釣り〟が関係していたことはあまり知られていない。

昭和19年7月。井伏鱒二は東京の自宅から山梨県の甲府に疎開する。が、甲府が空襲に遭い、翌20年7月に故郷の広島県深安郡加茂村粟根の実家に再疎開。この疎開中、甲府では太宰治らと親交のかたわら釣りに親しみ、また故郷の加茂村では同郷の詩人・木下夕爾らと文学論のかたわら、近辺の川でハヤやフナ釣りを楽しんだ。

あるとき、彼らの釣りエリアとそう遠くない場所である小畠村の代官所跡に、古文書が数多残されていると聞き、井伏は作家的好奇心からそこを訪ねる。そのとき重松さんと出会った。重松さんも釣り好きであったことから意気投合。先の木下夕爾らをまじえて何度か釣りに出かけている。22年7月に井伏が疎開を切り上げて東京へ帰って以降も、手紙のやり取りなどで関係が続いていた。

時は過ぎて昭和37年6月。井伏鱒二は、重松さんからの手紙で被爆日誌の存在を明かされる。これが、空前絶後の原爆小説『黒い雨』誕生のきっかけである。まさに、〝釣りが取り持った縁〟といえよう。

凄惨極まる描写の中で心なごむシーン

重松静馬さんの被爆日誌『重松日記』(平成13年、筑摩書房より刊行)には、原爆投下前日から被爆時、避難生活、そして終戦までの、重松さん自身の目が見て、耳が聞いて、鼻が嗅いで、皮膚が感じたありのままのヒロシマの惨劇が、原稿用紙250余枚に克明につづられている。それを井伏鱒二は、真っ直ぐな視線で小説上にルポルタージュする。たとえば次のように——。

「往来の人は、みんな灰か埃のようなものを頭から被っていた。血を流していなかったものは一人もいない。頭から、顔から、手から、裸体のものは胸から、背中から、腿から、どこからか血を流していた」

「頬が大きく膨れすぎて巾着のようにだらんと垂らし、両手を幽霊のように前に出して歩いている女もいた」

防火用水タンクでは、「逆さになった女の尻から大腸が長さにして三尺余りも噴きだして、径三寸あまりの太さに膨らんでいる」

猫屋町死体収容所には、「圧死体と思われるもの、半焼けのもの、白骨などが、土塀の隅に六尺あまり」も積み上げられ、「死体の山を真っ黒に見せるほど蠅が群がり」、「息づまるような」臭気が襲ってきて、「手拭いで鼻を覆って」逃げても、臭気が「追いかけて来て頭がぐらつくようであった」

紙屋町では兵隊たちが死体を焼いており、死人を転がすと、「その弾みに、死体の口から蛆のかたまりが腐乱汁と共に、どろりと流れ出る」し、また火の「熱気に堪えきれぬ蛆が全身からうようよ這い出して来る」

河原には死人を焼いた後の髑髏が無数に転がり、「眼窩で空の一角を見つめているものもあり、歯を食いしばって恨みがましくしているものもある」――。

これら凄惨極まる描写が全編をキノコ雲のごとく暗鬱に覆っている。そんな中に、ほっと心がなごむ箇所がある。

それは次のようなシーンである。

心置きなくサオをだせる日がきっと来る

そのころ小畠村に10人あまりいたヒロシマからの生還者のうち、生き残っていたのは重松をはじめ、庄吉さんと浅二郎さんの3人だけ。しかし、軽い原爆症と診断されていたため、重労働は医者から禁止され、かといって寝たきりでは体力が落ちる。やむなく散歩を日課とするが、この山深く貧しい村に〝散歩〟などという優雅な風習はなく、村民の厳しい視線にさらされる。

3人は相談のうえ、原爆症の進行を防ぎ、その恐怖をやわらげ、しかも魚を食べて栄養までつけられるという理由で「釣り」をするのである。しかしこの釣りにも難癖がついた。口の悪い池本屋の小母はんが筆頭である。

農繁期のある日、大池でのんびり釣りイトを垂れていると、「釣ですかいな。この忙しいのに、結構なご身分ですなあ」とちょっかいを出してきた。生来温厚な庄吉さんが「竿先をぶるぶる震わせ」ながらも冷静に反撃する。

「――わしらは原爆病患者だによって、医者の勧めもあって鮒を釣っておる。（中略）きつい仕事をすると、この五体が自然に腐るんじゃ。怖ろしい病気が出て来るんじゃ」。減らず口の小母はんはこんなのではへこたれない。

「――あんたの云いかたは、ピカドンにやられたのを、売り物にしておるようなのと違わんのやないか」

この場面で思うのは、戦争という絶望的な究極の喧嘩に比して、この村民たちの何ともおおらかで開けっ広げで子どもじみた喧嘩であるかということである。救いようのない残酷描写の連続の中に、こうした村社会で日常的に繰り広げられている〝小さな戦争〟のエピソードをポンと投げ込んで対比させるところに、井伏鱒二という作家の大きさを感じるのである。

ののしり合いに勝った小母はんは意気揚々とその場を去って行く。怒りの収まらない庄吉さんが言う。

「もう池本屋も、広島や長崎が原爆されたことを忘れとる。みんなが忘れとる。あのときの焦熱地獄――あれを忘れて、何がこのごろ、あの原爆記念の大会じゃ。あのお祭り騒ぎが、わしゃ情けない」

戦前も戦中も、そして戦後も、思想的に左右どちらにもなびくことをかたくなに拒否した井伏鱒二の真骨頂がここにある。単行本375ページに及ぶこの大作の本筋はもちろん原爆の悲惨を世に問うことであるが、裏にはこの背筋がまっすぐ伸びた生活者としての〝イブシ銀〟の自立姿勢が一本の太い柱として貫かれている。余談だが、巨匠の故郷では井伏をイブセではなく、〝イ・ブ・シ〟と発音する。

この喧嘩の後、庄吉さんの「浮子がぐぐっと水中に吸い込まれ」、大きなフナが釣れる。それを合図に、入れ掛かりのお祭り騒ぎになるのだった。

釣りの魅力にはまった3人はその後、池本屋の小母はんの鼻をあかしてやりたい一心もあって名案を思い付く。コイの稚魚を取り寄せて育て、大池に放流するという壮大な計画である。「これなら資本をかけたことになるやろう。資本をかけた魚を釣るのは、遊びごととは云われんよ」というわけだ。

資金を投じてコイを育てて池に放ち、それを釣るのだから誰にも文句を言わせない。釣り人の執念である。もちろんこの場合、役場の許可を得ての〝放流事業〟であることはいうまでもない。

やがて、矢須子の髪の毛がばさりと抜け落ちる。悪魔がついに姿を現わしたのだ。閑間重松は、自らの原爆症と矢須子の心配、そして被爆日記の清書という暗い日々の中で、我が子を育てるようにコイの世話に勤しみ、成長のようすを見守ることに執心する。そして、誰にも後ろ指をさされることなく魚を釣ることができる日を夢に見る。

被爆日記の清書が完了し、その日も重松は養魚池のようすを見に行く。そして、病床に臥す矢須子と、溌剌と群れ泳ぐ幼魚という2つの未来を対比的に暗示して、物語は静かに終わる。

主人公の釣りに対する熱が、原爆症の苦しみに耐える力を植え付け、生きる希望を与えているかのようである。それこそが、『黒い雨』が釣り小説でもあるという証しであると思うのである。

『黒い雨』は平成1年に今村昌平監督によって映画化され、2人は対談の機会があった。その終わり部分で、今村が「――だんだん原爆やら放射能の問題が風化していくのは、戦争を背負って生きざるを得ない世代としたら、忘れっぽいのもいいかげんにしてくれという気持ちです――」と青っぽく怒るのに対して、井伏は軽く聞き流してこう締めくくる。

「日本は豊かになったと思いますよ。でも、幸せにはならなかったね」（講談社文芸文庫『井伏鱒二対談選』より）

この発言から、嘘っぽいが妙に納得できてしまう古諺「一生幸せになりたかったら、釣りを覚えなさい」を思い起こすのは、我々釣り人だけであろうか。

井伏鱒二（1898〜1993）

広島県深安郡加茂村粟根（現・福山市）生まれ。7歳の夏、鞆の浦でクロダイを釣る。14歳で福山中学（現・福山誠之館高校）入学。21歳で早稲田大学の文学部仏文科へ。が、教授との軋轢で休学し帰郷。瀬戸内の因島に逗留して釣りなどで過ごし、再度上京して復学を望むが果たせず退学。以後、本格的に文学の道を志す。1929年に『山椒魚』『屋根の上のサワン』を発表。38年、『ジョン万次郎漂流記』で直木賞受賞。同年、『さざなみ軍記』刊行。戦後は、『本日休診』『駅前旅館』など。最晩年の89歳で刊行の『鞆ノ津茶会記』も味わい深い。趣味は釣りのほか、将棋や骨董も。

『私の釣魚大全』

開高　健

月刊誌「旅」に連載後、1969年に単行本に。
文庫本は1978年8月25日第1刷発行

大作上梓後の足腰鍛錬のため釣りを始める

開高健が『私の釣魚大全』の釣り歩き取材を始めたのは1968年である。ベトナムの戦争取材体験を小説化した大作『輝ける闇』を書き終えた直後からだ。長期間の書斎生活で足腰が弱り、何か運動しければと思っていた矢先に、旅行誌「旅」から釣り連載の話があり、「一発で食いついた」と〝初版あとがき〟にある。

連載当初は、コイ、タナゴ、ワカサギといった日本国内の、しかもどちらかといえば地味な魚がターゲットで、後の『フィッシュ・オン』や『オーパ！』などの世界を股にかける大袈裟なものではなく、魚と釣り人に会うために日本各地をめぐるといったつつましやかなものであった。文体も後の釣りに酔いしれて発熱したようなきらめきはまだ息を潜めている。

その、釣りに関して〝つつましやか〟だった開高健が突然、サオを持って世界へ飛び出したのは、68年の6月。パリ五月革命の行く末を見届ける目的でヨーロッパへ旅立ったときである。

当時の日本は全共闘運動の真っ盛りで、こうした反体制運動の波は〝ベトナム反戦〟を底流として爆発的に世界に拡散していた。中でもパリ・カルチェラタンはその象徴で、数十万人の学生が街頭に繰り出し、仏の労働者1000万人がゼネストを起こしてこれに呼応、大規模な市民運動がうねっていた。ベトナム戦争を現場ルポした開高健が激動のパリに飛び込むのは自然なことであった。

五月革命の〝観戦〟取材が主であるため、釣り取材は必然的にその合い間に現地でということになる。つまりこのヨーロッパ行の目的はパリ五月革命の取材と、釣り取材の2つあった。いわば、〝2足の草鞋〟をはいての旅立ちだった。

その2足のうちの1足の成果が、『私の釣魚大全』における目次の9番目、「バイエルンの湖でカワカマスを二匹釣ること」と、続く10番目の「チロルに近い高原の小川でカワマスを十一匹釣ること」である。ちなみに、〝カワカマス〟と〝カワマス〟とは、名前こそ〝カ〟があるかないかの違いしかなくて混同しやすいが、その姿形や性格には相当の開きがある。

どんな「釣り旅」だったのか。

ドイツ・バイエルンで猛魚と格闘

パリ五月革命は開高健にとって、世界で沸騰中の市民運動の最前線ということで、戦争や紛争の現場とはまた違った、新鮮な興奮と成果が期待できる取材対象のはずであった。しかし彼が見た6月のパリは、「もう幕が下りてしまっていた」。

デモもストライキもなく、発煙筒のにおいもなく、「パリは輝ける廃墟と化して」いた。そして移り気な市民たちは、夏のヴァカンス計画に浮かれていた。

そこで開高は、もう1足の草鞋を取り出して釣り場を目指す。「釣具屋へいってミミズを買い、日本から持ってきた釣竿をさげて、セーヌへグウジョンを釣り」に出かける。グウジョンはセーヌ名物の川ハゼで、永井荷風の『ふらんす物語』では、〝フライ（揚げ物）〟として登場する。

ポン・ヌフ橋のたもとから川へ降りる。しかしセーヌは荷風のころとは似ても似つかぬほど汚れていて1尾も釣れなかった。

フランスは政治も釣りも話にならない。そこで次にドイツへ行くが、「革命学生たち」はやはり夏期休暇で空っぽ。それではとばかりにまた草鞋をはきかえ、どこで何を釣るか、情報を仕入れるために釣具屋へ立ち寄る。

釣具屋のおじさんは、バイエルン地方のマスかカワカマスがいいとすすめる。開高がどっちにするか迷うと、「こいつはでっかい。ものすごい力があります。けれどバカです。かかったらグイグイ、ただリールを巻けばいいんです」とおじさんは身振り手振りでカワカマス釣りは単純すぎるとバカにして、「マスのほうがよっぽど面白いですよ」とカワマス釣りを勧める。

しかし開高健は、「サケ科の魚体にワニの頭部」を持ち、どんなエサにも跳びついて暴れ回るカワカマスに惹かれる。日本人になじみのない魚であることも魅力だった。

こうして夏の某日、釣り人・開高健は上部バイエルンの田舎の宿にたどりつき、おじさんにすすめられたジムス湖に立つ。ポイントと見定めたのは、川の流れ込みで、ハスも水面に茂っている。

「カマスは私の想像ではナマズやライギョと同じ習性をもつ魚であるから、きっとこのあたりがポイントであるにちがいない」というわけだ。マス釣りを蹴って、カワカマスを選んだ理由がこれだった。拙著『釣りの名著50冊』（P209）の「戦場の博物誌」で説明した、開高健の極貧少年時代のライギョ釣りの鮮烈な記憶が残っていたのだろう。

岸から釣るのはいろいろな制約があって無理なのでボートを借り、「翌朝、早朝五時に起きて出撃」する。9時ころに雲が出てきて冷え込み、雨まで降ってきた。釣具屋の店主推奨のブリンカー（スプーンやスピナー）は、遠方の葦を釣るばかりで3つも喪失。正午過ぎ、アタリさえないまま濡れ鼠で宿に戻り、「ビールとハムをとり、ベッドにもぐりこん」で昼寝。

そして勝負のたそがれ時に目覚め、釣り場への道すがらカエルを1匹つかまえる。ライギョ釣りの特効エサだから、カワカマスにも有効と考えたのだろう。ただし、生きエサはここではご法度。が、「今回は魚籠を持たない釣旅で、魚は大小にかかわらずみんな逃がしてやるつもりなのだから、マ、よかろうと自分にいい聞かせ」て、再び流れ込みポイントを執拗に攻める。

だが、反応はない。それどころか底掛かりしてイトを切り、「カエルをバイエルンに返す」羽目に陥る。

小説家はしかしメゲない。数ヵ月も机にかじりついて大作を書き上げる懊悩、苦悩、忍耐に比べれば何のことはないのだ。新しい「スピンナー（ＡＢＵのフリックス）」をポイントに投射。その３投目か４投目か、「糸がヒューンと空を切ってとぶ。ポチャンととびこむ。リールが気持ちよく、なめらかに、正確に鳴る」とそのとき――

「『……？』

『……！』

『……！』

根がかりか。ちがう。竿がゴツン、ゴツンとひびく。糸が水面を走りだした。かかったのだ。食いついたのだ。奴だ。竿をたてろ。巻け。巻け。泳がせろ。走らせろ。けれどゆるめるな。優しく、しかし断固と」

やがて、「緑いろのとろりとした水を裂いてワニそっくりの頭がとびだした」。ついに仕留めたのだ。51㎝のカワカマス。この勇猛な魚体をしみじみ眺め、「底知れぬ貪食家のくせに意外に繊弱なところがある」と書いている。このカワカマスの印象は、そのまま開高自身に当てはまるようにも思えるが、どうか。

せっかく釣った51㎝だが、この湖での制限サイズは55㎝。なので、「ヴィーダー・ゼェーン（さようなら）！　と高く叫んで」バイエルンの水に返し、その手で田舎の駅前で買った安物の白ぶどう酒の瓶をつかみ上げて「一発、二発、三発…」とラッパ飲み。寿屋（現サントリー）宣伝部で鍛えた洗練の「咽喉」を蹴散らす歓喜の味だったことは間違いない。
その後もう1尾、49㎝を釣り上げ、「バイエルンの遠い峰よ。／さようなら」

尺超え31㎝のカワマスを釣り上げるも不満

先のカワカマス原稿を日本に送った後、開高健は翌月号のためにさらに釣り旅を進め、今度は「ホッフェン湖」に宿をとる。そして、湖に流れ込む川でカワマスに挑む。それが、次の章の「チロルに近い高原の小川でカワマスを十一匹釣ること」である。

その宿は釣宿で、主人や釣り客らと酒瓶片手に丁々発止の釣り談義。〝釣人不語〟が理想ではあるが、釣り人の法螺《ほら》はしゃべり始めたら止まらない。

そして翌朝、宿のおやじの自慢の小さな川で、小さなマスを2尾釣るが、小ものすぎてもの足りない。

次の日は、同宿のドイツ人の釣り人に特大ドバミミズ10匹をもらい受けての出撃。

「ブナの一本立ちのポイントのしたにはきっといるはずだ」と確信を持ってサオをだす。すると、「日光に輝く水泡のなかに黄いろい玉ウキがキリキリッと沈んでいった。きたゾ。竿を立てろ。リールを巻け。そら。きた。ドカッときた。竿がしなる。リールが叫ぶ。全身へ肩からふるえがくる」

計ると、尺超え31㎝。それを合図にその日は11尾の大漁で喜色満面。

だがしかし、開高健は何か物足りない。それは、チビマス2尾のみと貧果だった昨日、どこからともなく現われて釣り友だちになった地元の少年が、きょうは姿を見せないからである。その少年に、笹の葉に通してキープしてあるマスの大もの3尾を誇らしげに見せたかったのだ。見てもらいたかったのだ。しかし、

「なぜか、今日、あらわれてくれない」

はるばる日本からこの辺境の地にやってきた釣り人の誇り、晴れ姿を。少年に見せることができないのが、口惜しいし無念なのだった。それはヘミングウェイ『老人と海』の主人公が、死闘の果てに釣りあげた大カジキの雄姿を、彼を慕う少年マノーリンに見せてやれなかった無念さと似ている。

この後、開高健はドイツから直接、2回目のベトナム行きを果たし、それは終章の「母なるメコンでカチョックというへんな魚を一匹釣ること」に書いて、この〝2足の草鞋〟をはいた旅は終わる。

さて開高健の長編代表作『夏の闇』（1972年刊）はこのときのヨーロッパ取材がモチーフになっており、これを読むと〝男の足は3本である〟という当たり前のことに、ハッと気づかせられる。

開高健はこの旅でもう1足の草鞋を旅行鞄の中に隠し持っていた。それは、ある女性との逢瀬であった。つまり、〝オトコ開高！　ヨーロッパ3足草鞋旅〟であったのだ。その3足目の草鞋によって、世界的にも評価の高い『夏の闇』が誕生したのである。この傑作にもバイエルンの釣行場面が登場し、物語の展開に重要な役割を果たしている。

開高　健（1930〜1989）

大阪市天王寺区生まれ。大阪府立天王寺中学1年時の5月、父が死去。太平洋戦争末期〜戦後の混乱期を極貧の中で生き抜く。49年、大阪市立大学法学部入学。アルバイト生活をしながら文芸創作に励み、同人誌「えんぴつ」で、サントリーの前身・寿屋に勤めていた牧羊子と知り合い、後に結婚。長女誕生を機に牧羊子が寿屋を退社。代わりに大学を卒業したばかりの開高が入社し、宣伝部に配属。数々の名コピーを世に出す。57年、『パニック』を発表し、翌年1月『裸の王様』で芥川賞受賞。64年11月、朝日新聞社臨時特派員としてベトナム戦線へ。4年後、『輝ける闇』刊行。4年後、『夏の闇』刊行。釣り関連本は、『私の釣魚大全』『フィッシュ・オン』『オーパ！』『もっと遠く！』『もっと広く！』など。

『蘆声』幸田露伴

初出は1928年。
岩波文庫『幻談・観画談　他三篇』に所収

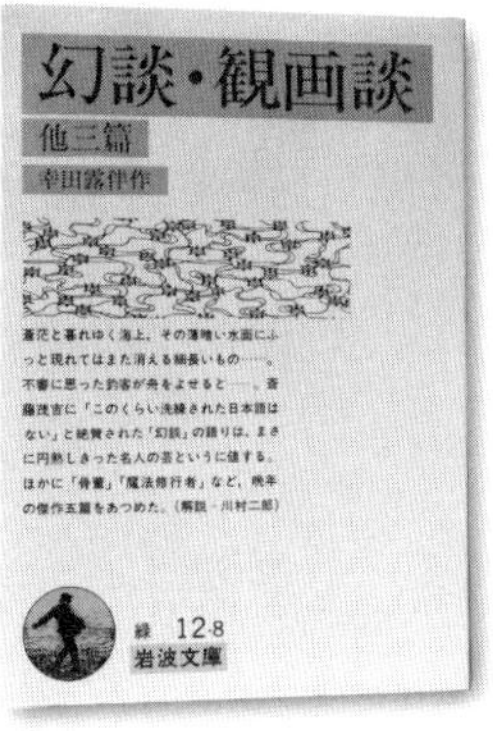

執筆後は下駄を鳴らして釣りにでる

連載第1回で取り上げた『幻談』は昭和13年、幸田露伴71歳のときの怪奇譚。今回の『蘆声』は昭和3年、露伴61歳の秋に発表された抒情的な味わいの作品だ。

物語は、「今を距《さ》ること三十余年も前の事であった」というから、著者30歳前後のころの、釣り場でのある出来事の回想である。老境に至った露伴が、青年期の記憶を掘り起こして書いた水辺の物語だ。

当時の露伴は『五重塔』などで作家として自立し、最愛の妻・幾美子と所帯を構えて2～3年目。それまで引っ越しを繰り返していたが、南葛飾郡寺島村元島（現・墨田区東向島）に腰を落ち着けたころである。その居は〝蝸牛庵《かぎゅうあん》〟と称され、午前中は原稿執筆と読書・資料解読に精を出し、午後は散策という規則正しく平安な毎日を送ってた。

川近くだったので、散策の合い間におのずと釣りに興味を覚え、サオを手に入れて約1年。釣りの面白さが日に日に増していく時期の「秋の彼岸の少し前頃」というから、9月20日前後のことだ。

その日、「『また行ってくるよ』／と家内に一言して、餌桶《えさおけ》と網魚籠《あみびく》とを持って、鍔広《つばひろ》の大麦藁帽を引冠《ひっかぶ》り、腰に手拭、懐に手帳、素足に薄くなった薩摩下駄《さつまげた》」を引っかけて、「黄金色に輝く稲田を渡る風に吹かれながら」カラン、コロンと下駄を鳴らして釣りにでた。

釣具のほかに、〝手帳〟を忍ばせているのは、道すがらの風景を歌に詠み、また思いついた小説のネタやフレーズをメモしておくためである。散歩や釣りにいそしんではいても、〝仕事〟への情熱は脳の片隅に留めてある。

途中、釣り場近くの馴染みの茶屋に立ち寄り、いつも釣り帰りに預けている3間半（約6・4m）の継ぎザオを受け取る。茶屋の婆さんと二口三口、洒落や冗談を交わすのも日課だ。

目指す釣り場は、「中川べりの西袋」。どんな場所か。

「中川は四十九曲《しじゅうくまが》りといわれるほど蜿蜒《えんえん》屈曲して流れる川で、西袋は丁度西の方、即ち江戸の方面へ屈曲し込んで、それからまた東の方へ転じながら南へ行くところで、西へ入って袋の如くになっている。（中略）水は湾々と曲り込んで、そして転折して流れ去る、あたかも開いた扇の左右の親骨を川の流れと見るならばその蟹目《かにめ》（筆者注＝要）のところが即ち西袋《にしぶくろ》である」

そのような場所は、「釣綸《つりいと》を垂れ難い地ではあるが、魚は立廻ることの多い自然に岡釣《おかづ》りの好適地」なのだ。

西袋はだから実際の地名ではなく、釣り人の間でだけ通じる〝ポイント名〟のことであろう。

いつもの釣り場に先客が

その〝西袋〟へ着いて、露伴はちょっと驚く。

「いつも自分の坐るところに小さな児がチャンと坐っていた」のである。〝小さな児〟は、みすぼらしい身なりの12歳くらいの少年である。ウキは折れた箸で作ったような間に合わせもので、サオはとみると、誰かの使い古しを譲り受けたのか、穂先が折れて太くなっており、長さも2間（約3・6m）と、この場所で釣るには短すぎる。

かまわず露伴は仕掛けをセットし、エサのイトメをハリに房掛けしているとき、ふと少年と目が合う。身なりは貧相だが、思いのほか利口そうな目鼻立ちの整った少年だった。露伴は思い切って言う。

「兄さん、済まないけれどもネ、お前の坐っているところを、右でも左でも宜いから、一間半から二間ばかり退《ど》いておくれでないか」

理不尽な要求であることは、露伴も承知である。そこで理由を優しく言って聞かせる。つまり、そこは自分がいつも坐っている場所であり、沖の水面に顔を出している杭の中の1本にクギを打ってサオ置きにしていること。そればかりか、日暮れには、余ったエサを土でこねて寄せエサ団子にして、その杭をめがけて2～3個投げ込んで帰っていることを説明。

少年は黙って聞いている。そこで露伴は、

「お前が其処《そこ》を退《ど》かないというのなら、それも仕方はないがネ、そんな意地悪にしなくても好いだろう、根が遊びだからネ」と続ける。

すると、少年は急に不機嫌になり、「小父《おじ》さんが遊びだといって、俺が遊びだとは定《きま》ってやしない」と憤慨。

露伴は少年に〝一本取られた〟と感じた。誰もが遊びで釣りをしているとは限らない。では、こんな年端もいかない子どもの釣りが、遊びではなくて何なのか？　何か事情がありそうだ。

「参った。そりゃそうだった。何もお前遊びとは定《きま》っていなかったが……」と正直に言ってようすをうかがう。

少年は、露伴の見立てどおり、素直でものわかりが良かった。黙ってその場所を露伴に譲り、自分は露伴に教えられた場所へ移動し、そこで釣りをはじめた。露伴は、「ヤ、有難う」と言って、杭の向こうの〝マイポイント〟へ仕掛けを投じる。そして2人はサオをだす。

「少年も黙っている。自分も黙っている。日の光は背に熱いが、川風は帽の下にそよ吹く。堤後の樹下に鳴いているのだろう、秋蝉の声がしおらしく聞えて来た」

中学中退後、14歳で東京英学校（後の青山学院）で英語を学び、漢学塾に通い、図書館に入りびたって苦学・読学《どくがく》に励んだ露伴の文体は、和・漢・洋が調和してリズミカルだ。

潮が動きはじめた。引き潮の底が過ぎて、上げに転じたのだ。少年の「折箸《おればし》」のウキは潮に流されて打ち返しが頻繁にならざるを得ない。露伴は声をかける。

「兄さん、此処《ここ》は潮の突掛《つっか》けてくるところだからネ、浮子釣《うきづり》ではうまく行かないよ。沈子釣《おもりづり》におしよ」と。露伴はもとより、重いオモリを使っての底釣りである。少年は大きなオモリなんぞ持っていない。露伴はオモリを譲る。そして仕掛けもそれように作り直してやろうとすると、「いいよ、僕、出来るから」と拒否し、自ら仕掛けを直す。〝デキル児〟なのだ。家が貧しいために道具をそろえられないだけなのだ。露伴はますます気に入って、少年のエサがミミズなのを見て、自分のエサ箱のイトメをお使いよとすすめる。遠慮気味にだが、少年は快く応じる。

　こうして2人は、サオを並べてすっかり打ち解けてきた。

聞けば少年は、いつもは池でフナ釣りをしているが、旬をはずれた今の時季のフナは、釣って帰っても「不味《まず》くて仕様がない、も少し気の利いた魚でも釣って来い」と母親に叱られるため、きょう初めてこの場所にきたのだと言う。「学校の復習や宿題なんか」しているより、「魚でも釣って来い」という親なのだ。だから少年の釣りは、遊びではないというわけである。

　露伴は合点して、ズバリ言う。「ムムウ。ほんとのお母さんじゃないネ」と。しかし少年は黙ったままだ。その直後だった。

「自分の鉤《はり》に魚が中《あた》った。型のよいセイゴが上がって来た。／少年は羨《うらや》ましそうに予《よ》の方を見た。／続いてまた二尾《ひき》、同じようなのが鉤に来た」

　セイゴは、セイゴ→フッコ→スズキと成長するスズキの幼魚であり、スズキは秋の旬魚である。

　ややあって、少年にアタリがあり、大きなフナが釣り上がった。露伴が「好《い》い鮒だったネ」と言うも、「よくっても鮒だから」と失望の色は隠せない。少年のサオの長さでは、フナのポイントしか探れないのだ。

そのとき、露伴の長竿が強く動いた。サオが大きく水中に入り込んだとき、渾身のアワセ。
「むこうは抵抗した。竿は月の如くになった。綸《いと》は鉄線《はりがね》の如くになった。（中略）終《つい》に魚は狂い疲れた」

こうして引き寄せた魚を、少年がタモ網にすくい捕ってくれた。「秋下り」の「育ちの好い」、「フクコであった」。秋に海に下る前の最も美味とされる時季の、スズキにもう一歩の60cm近いフッコだったのだ。

少年は自分が釣ったかのように無邪気に喜び、「頬を染め目を輝かして」、釣り人・露伴を尊敬のまなざしで見つめるのだった。

凛とした少年の心根の美しさに感動

「日は堤の陰に落ちた」

別れの刻がきた。家に帰れば、露伴には最愛の妻との夕餉の食卓が待っている。少年には、家事雑役と怒りっぽい母親が待ち構えている。フナを持ち帰ったのではまた叱られる。そこで露伴は、自分のビクの中の魚を分け与えようとするが、少年は黙して取りあわない。

かたくななのだ。露伴は言う。「お前のお母《かあ》さんはなくなったのだネ」と。すると、「痛処《つうしょ》に触れ」て少年の瞳に涙が潤み、その涙の粒が西日に輝くのだった。実の母親は去年亡くなり、新たな母が家に入り込んできたのだ。

「今のお母さんはお前をいじめるのだナ」と露伴。しかし少年は「ナーニ、俺が馬鹿なんだ」

と、ここに至ってなお継母を擁護する。露伴は少年の凛とした心根の美しさに感動し、次のように提案する。

「では兄さん、この残りの餌を土で団《まる》めておくれでないか（中略）、そうしておくれなら、わたしが釣った魚を（中略）お前にあげる」と。

少年はうなずいて〝寄せエサ団子〟を作ってくれたので、露伴はそれを例の〝マイポイント〟へ投入。少年は、2尾のセイゴを喜んでもらいうけたのだった。

2人は土堤上で別れた。小さくなる少年の影を見送る露伴。そのとき、「五位鷺《ごいさぎ》がギャアと夕空を鳴いて過ぎ」て行った。

その後再び、西袋に少年が姿を見せることはなかった——。

30～40歳にかけての露伴の家庭は、長女・歌にはじまり、次女・文、長男・成豊の誕生など平安に恵まれていた。が、その後43歳で妻・幾美子を亡くしてから長女、さらに父、母に死なれ、20歳の長男にまで先立たれるというように不幸が続いた。

この長男・成豊の死は、『蘆声』執筆の2年前であった。露伴は、一人きりの男子である成豊をことのほかかわいがり、釣りにもしばしば連れて行った。この父子のキラキラ輝くようなほほえましいスズキ釣りの情景は、露伴死後作家として大成した次女・幸田文の短編『鱸』に詳しい。それを読むと、『蘆声』の少年の面影は、在り日の長男・成豊に重なってくる。幼くして母を亡くし、継母を迎えて育った境遇も似ている。

こうした背景を考えると、この短編の行間には、わが子を喪った父親の哀しみと痛恨の想いが、川の流れのように渦巻いていることを認めないわけにはいかない。

幸田露伴（1867〜1947）

江戸・下谷生まれ。図書館で本を読み漁り、仕事を辞めて小説修行。22歳で処女作『露団々』発表。『風流仏』で天才の名を授けられ、大作『五重塔』で評価を確実にする。釣り小説は、『幻談』（拙著『釣りの名著50冊』でも紹介）や『雨の釣』など多数あり。夏目漱石、森鴎外と並び称される近代日本文学を代表する小説家の1人。

『魚の胎から生まれた男』

高垣 眸

1976年、形象社から出版

冒険伝奇小説家と天才一本釣り漁師の対談本

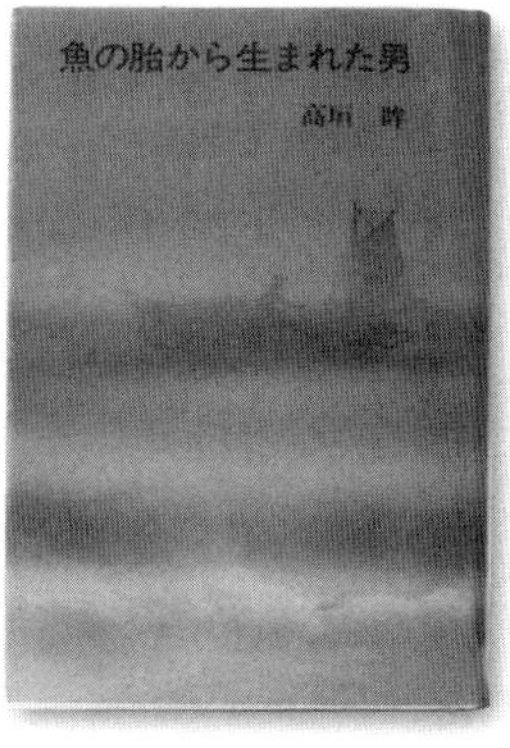

外房・勝浦の港からほど近い町中を流れる小さな川沿いに、簡素な平屋が植込みの緑にまぶしく溶け込んでいる。引き戸を開けると、鴨居に掛かった扁額《へんがく》が目に入る。風化したような板切れに「小魚亭」の篆刻《てんこく》文字が読める。

大正末から戦後にかけて血湧き肉踊る奇想天外な冒険伝奇小説で一世を風靡した高垣眸の終焉の庵である。すでに主はこの世を去って33年、時間の潮風はいまも茫々とこの庵に吹き付けている。

高垣眸がこの「小魚亭」で75歳のときにまとめ上げたのが、沿岸一本釣り漁業者のバイブル『魚の胎から生まれた男』である。高垣とほぼ同時代を生きた勝浦・松部港のカリスマ漁師

「石橋宗吉」に約1年間かけてインタビューし、再構成した対談本である。

高垣眸とはどんな人物であったか。

明治31年、広島県尾道市土堂1丁目の名家の生まれ。

尾道水道をはさんだ目の前は、村上海賊で名高い向島や因島《いんのしま》などの島々。隣接する東方の松永湾には、秀吉の朝鮮出兵や徳川期の天草の乱に徴用されるなど操船技術にすぐれる水夫たちがいた田島・横島が控える。当然高垣は子どものころから荒海の武勇潭を皮膚に潮をすり込まれるように聞いて育ち、大正14年に雑誌「少年倶楽部」に連載された長篇出世作『龍神丸』には、その子ども時代の境遇の影響が随所にほとばしっている。

その後は、『豹《ジャガー》の眼』『神風八幡船』『快傑黒頭巾』『まぼろし城』などのヒット作を連発。戦争がはじまると、食糧調達のために冬は鉄砲で野狩り、夏はヤマメやイワナ、アユなどの野釣りに明け暮れる。戦乱風雲の昭和18年に東京から千葉県の勝浦に疎開転居。敗戦後も、温暖で魚が旨いこの地に残り、『巌窟王』などの翻訳や『疾風月影丸』などを執筆。また沿岸漁業の衰退を嘆き、勝浦の漁業推進事業にも関与。その過程で勝浦の漁師・石橋宗吉を知ることとなった。

宗吉は明治34年生まれ、高垣の3歳年下。勝浦湾の松部港に代々続く生粋の松部漁師だ。「七つで小学校へ上が」り、「学校から帰ると、浜へ出て親父の船を待」ち、「母と私とは、船から揚げた魚を背負籠に入れて四キロの道を浜勝浦の魚問屋五七屋《ごしちや》まで背負って行く」。魚の代金は先方の言いなりで、「母には五銭、私には二銭玉をくれるだ。それがとても嬉しかったもんだよ」

6年生のとき担任に進路を聞かれ、「皆は『おら大臣になるだ』『海軍大将だ』『学校の先生になるだ』と口々に申」す中で、宗吉は「『ハイ、おらは漁師になります』と言ったら、皆でワーッと笑った。先生も笑った。『漁師の子が漁師になるのがなにがおかしいだ』私はそう思った」

まさに宗吉は、生まれながらの生一本の漁師だった。小学校卒業の大正2年春、満12歳の少年は真っ白い鉢巻きを後結びにきりりと巻いて、鴨川沖の荒海へ船出した。漁師としての初陣だった。それから70年以上の長きにわたる波乱万丈の漁師暮らしが、情熱家・高垣眸のインタビューで語られる。

「サバを読む」は勝浦が発祥

この対談本には、高垣と宗吉のほかにもう1人、高垣の古い友人で京都生まれの〝若林その女〟という妙齢なお姐さんが登場し、しょっぱくて男くさい専門的な言葉の飛び交う中に、やわらかな京都弁で華を添えている。だれにも親しみやすい内容にするための一種の演出のようにも思えるが……。

昔の漁師仕事はとにかく過酷だった。風があれば帆で走るが、凪の日は「ヤッサヤッサ」と船をこいで「魚群を追って二、三〇浬《かいり》の沖まで出かけ」、マグロ・カツオ・イナダ・サバ・ブリなど季節ごとの魚を追った。1カイリは1852mだから、人力で漕いで片道5㎞、往復10㎞という日もあったのだろう。スタミナが必要だから「漁師で大喰いでねえ者は駄目なものだとされていて、(中略)沖出には弁当を五個から六個持って行」ったそうである。

海の男たちに命の危険はつきものだ。

「漁師は昔から、板子《いたこ》一枚下は地獄の稼業といって、いったん大時化に出くわすと、転覆して皆殺しの憂目を見るだ」

過酷で命がけの労働で獲った魚だが、値段は魚商人たちの言うがままに買いたたかれ、数をごまかされることも常態化していた。

たとえば、サバ5尾で1銭と決まれば、「数え手は右手に三本、左手に二本」の魚の尻尾をつかんで「ひとよ、ふたふた、みっせ、よっせ、いっせにむっせ、なんなよ、やっせ、ここのせ、とお」と陽気に数えるが、「狡い魚屋の手代どもは、五つ数えるうちに手のほうは六回動かす」。この手品をやられると、「百尾数えて実際は百二十尾と二十尾も余分にごまかされる」わけだ。

「これを『サバを読む』という、全国的に今では数をごまかす時に使われることばの起こりは、ここから始まっただよ。は、、、」

すると〝その女〟姐さんが、「へえ、うちらかて『サバを読む』ゆうことはよう聞いてましたけど、そうどすか、勝浦から始まったのどすか」と真顔で受ける。硬骨漢・高垣翁は、「当時は漁業組合さえ無くて、まったく無組織だった上に、無知で経済観念にも乏しい漁民たちは、狡猾な魚商人どものいい食いものにされていたんだねえ」と憤まんやるかたなし。この3人、なかなか息が合っている。

対談はその後、外房の海女と海女漁の話、真冬の荒海で遭難した乗組員27人をたった1人で救助した豪傑漁師の話、大クジラとの果てなき死闘、大時化で難破した仲間を泣く泣く見殺しにした話、クジラ包丁を持って大時化の海へ飛び込みスクリューに巻き付いた大目流網を切断して九死に一生を拾った話などのエピソードが、櫓こぎの和船から発動機付きへ、さらに大型遠洋漁船が姿を見せ始める時代の推移とともに語られる。

宗吉の話は、冒険小説家の老いを感じさせない精力的なペンさばきでまとめられ、その時代、その場に居合わせているかのような臨場感。とくに宗吉の若かりしころのカツオ一本釣り漁のくだりは、大漁時の港に男や女たちの活気と歓喜が満ちあふれて痛快だ。

世界的大発明「スパンカー」を考案

大正10年、宗吉は徴兵検査に甲種合格して赤羽工兵第一連隊に入営。「初年兵時代は、馬方・土方・船方の三方だと軽蔑されて、『なにくそ』」と人一倍がんばり、上等兵に昇進。これにより、宗吉はどんな境遇にあっても〝がんばれば認められる〟ことを知る。そして2年間の兵役を終えて除隊後、「一所懸命に稼いで三百円の金を儲け、三トンの新造船に四馬力の発動機を据えた」小型エンジン船を手に入れる。

船を漕ぐ労力が省け、能率もスピードも上がり、漁獲量も大幅アップ。余った時間を、父親と二人三脚で漁師の生活向上のための漁法の研究に費やした。小学校時代、「ろくに勉強もしなかったが成績はいつも二番だった」という宗吉の頭脳は、次々に新しい漁法を編み出していく。

船のスピード化を利用したブリなどの「トローリング漁」、沿岸漁業に革命的な成果を上げた「サバのおっぽり釣り」「ハイカラ釣り」も彼と父親の創案だ。

そして、一本釣り漁船にとって生命ともいうべき大革命「スパンカー」の考案へと至る。スパンカーは漁船の艫《とも》にヨットの帆のように装着されている2枚羽の布のことだ。帆は風をはらんで進むためにあるが、スパンカーは風を後方へ逃がして船首を風上に向けるためのもの。

「およそ一本釣漁船はみんな船首を風上に立てなけりゃ釣にならねえだ。従来だったらそのためにふたりはろ（筆者注＝櫓）にかかりっきりで、船を風に向けて立てたもんだ。したがって三人乗りだと釣り手はひとり、四人乗りでもふたりしか釣がやれねえという、とても非能率的なものだっただ」

船を風上に向けるために櫓のこぎ手が2人必要だったが、スパンカーの発明でこれが不要になった。

大正15年、勝浦港に入って来た見知らぬ茨城県の船が、船尾に1枚の小さな三角帆をつけていたのを見て、「私の頭にハッとひらめいたものがあった」。宗吉は研究に研究を重ね、ある日、勝浦測候所の塔の上の風向計を見て再びハッと思った。

「風上に向いている矢の根の羽根は一枚ではなく二枚」なのだった。1枚ではブレるが、2枚だとブレずに船が風上に向かって安定する——宗吉は戦後、沿岸漁業発展のためにこのスパンカーの技術を惜しみなく全国の漁民たちに講習して回った。

そのほか、紀州の天才タイ釣り名手・仲口佐市の秘伝「ドンブリ釣り」の秘密を解明するなど日本の沿岸一本釣り漁業界に残した功績ははかり知れない。平成15年、石橋宗吉は一本釣りひとすじの人生を終えた。１０２歳の大往生であった。

この本には、マダイやハナダイ、ブリ、イカ、カツオ、ヒラメ、イシナギなどの釣り方のコツもさまざま語られている。また地磯釣りの秘訣も、４カ条にして披瀝。沖釣り、ボート釣り、磯釣り、堤防釣りに大変参考になる。また巻末には、高垣が「文芸春秋」昭和50年４月号に発表してセンセーションを起こした日本漁業への直言『魚の食えなくなる日』を掲載。

さて、〝モリさん〟で知られた沖釣りの故盛川宏は、小魚亭の〝客〟の一人だった。昭和53年の２月、釣りたての寒サバ３本を持って初訪問すると、高垣翁は開口一番、扁額の篆刻文字を指さして「小魚亭（コザカナテイ）じゃありませんよ。小魚亭（ショウギョテイ）ですから」と念を押した。こういう、ひょうきんな一面もあった。なお寒サバは主人自ら包丁を握り、サバ寿司に仕立ててもてなしたようである。

高垣眸（１８９８〜１９８３）
明治31年、広島県尾道市生まれ。10歳のころ『南総里見八犬伝』（百八巻）などを愛読。中学時代はスポーツと貸本乱読、早稲田大学英文科時代は松井須磨子の芸術座で芝居に打ち込む。在学中に処女作『少年水滸伝』を発表。卒業後は沢田正二郎の新国劇の脚本部に所属し、ドストエフスキー『罪と罰』などを上演。兵役後、青梅の東京府立第九高等女学校に赴任。大正14年、雑誌「少年倶楽部」に『龍神丸』を連載し大好評。以後、『豹の眼』『快傑黒頭巾』『まぼろし城』などを発表。このころ奥多摩や山梨で渓流釣りに励んだ。昭和18年、45歳のとき千葉県勝浦に疎開。戦後も勝浦に住み続けた。85歳で永眠。（プロフィール作成は「少年小説大系」第５巻・高垣眸集（高橋康雄編）を参照した）

『釣り道楽』

那須良輔

1964年、文藝春秋新社より刊行

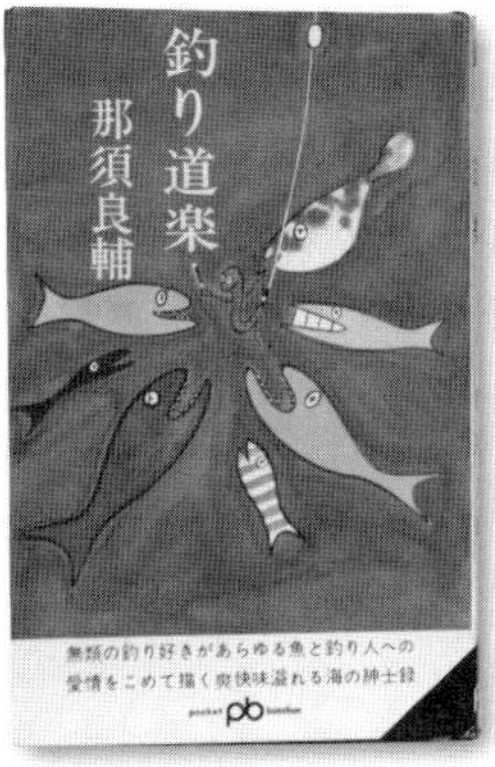

ねらいすました一撃に、文豪たじたじ

昭和の時代、近藤日出造や清水崑らとともに、痛快辛辣な政治漫画で人気を博した那須良輔。生まれは、熊本県の球磨川上流、人吉からさらに6里（24㎞）もさかのぼった山の中。当然、子どものころは野山や川を駆けまわって育った。

開高健との対談「フィッシングは男の最後の牙城だ」（開高健『一言半句の戦場』所収）の冒頭部分で、その幼少時代を語っている。

「小鳥を追っかけたり、川で魚釣りしたり、まあ、河童みたいなもんです。大根の青虫を取ってシマハヤを釣る。足長バチの子もいい餌です。私は足長バチの巣を取るのは天才的にうまかった」と。続けて、一番いいエサはチョロ虫だと言い、そのうんちくを語る。

「鬼チョロはダメ。かよわい格好をした柔らかい奴だとよく食う。せせらぎの石を裏返してピッピッと走るやつを、ケガさせないように、足を折らないように、捕える。あれは口で取るのが一番よい。口で吸いとるのが…」

大阪の都会育ちで、戦時中に食糧確保のために釣りをかじった程度の開高にとって、こうしたガキのころからのたたき上げの釣りキチは苦手である。釣りの経験の深さに太刀打ちできないのだ。そこで、文豪は「チョロッとキスやな。（笑）」ととっさのギャグで混ぜっ返す。しかし根っからの釣りキチであり、政治漫画で鍛えた那須良輔の舌鋒は、動ずることなくその経験と知識を研ぎ澄ます。

「チョロのときは半袖着ていって、左腕に口で吸いとったチョロを、腹を下の方にしてずらりと腕にならべるんです。釣るときは左腕からひとつずつ針に刺して釣ると具合がいいんだ。（笑）中ぐらいのものばかり揃えて、腹が外へ出るように針にかける」

ここまで完璧に語られたら、いかに開高センセイといえどもグウの音もでず、「幼少にして名人芸ですなァ」と相手をたたえざるを得ない。

対談は1対1の真剣勝負である。油断ならないのである。

文豪はエサ釣りでは不利と見て、すかさずルアー釣りに話題を変え、これでやっと自分のペースを取り戻す。対談の終わり近くになって、「小生はアラスカの（凍るような）川で、朝から晩まで川の中で13時間も（中略）腰までつかってルアーを振り込ん」だが、「くわない日は（魚がルアーに）振り向きもしないのです。名人はつらい」とアラスカのキングサーモン釣りの失敗談を持ちだす。この余裕がいけなかった。ここぞとばかりに政治漫画化が、「名人」という言葉に食いついたのだ。

「いや、名人は13時間も立っていませんよ」

ねらいすました一撃で魚を仕留めるのが真の名人なのである。これには、文壇の雄にして釣界の紳士もかたなしである。ついに、「恐れ入りました。虚仮《こけ》の一念です」と無念の言葉を吐いて白旗を揚げざるを得ないのだった――。

「與一丸」に乗って鎌倉の海で釣り三昧

子どものころ、釣りだけではなく絵にも才能を見せた那須は、昭和7年、19歳で洋画家を志し、親類中の反対を押し切って球磨川の山奥から上京して太平洋美術学校へ入学。が、食うや食わずの窮乏画学生。そこで、子どものころの経験を生かして上野・不忍池でコイを釣って鯉こくで空きっ腹を満たすこともあった。

食うためのアルバイトで描き始めた漫画が認められ、やがてそれが本職となる。が、招集されて中国戦線へ。戦場でも、魚を釣って兵隊たちの飢餓をまぎらわせた。除隊後、東京大空襲で焼け出されて帰郷。終戦後の食糧難時代はふるさとの川でウナギ釣り三昧。子どもや家内まで「もうカバヤキは御免だ」というほど〝ゼイタク〟な生活。まさに、釣りは胃袋を助けるのである。

そんなある日、熊本日々新聞の社員が実家まで訪ねきて連載漫画を依頼される。再び画工生活に入る。そして昭和23年、35歳で再上京し、大手新聞社で政治漫画を描くまでになる。このあたりの事情は、平凡社刊『漫画家生活50年』に詳しい。

那須が再び釣りに精をだすのは、上京後の生活が落ち着き、当時住んでいた東京・平河町から神奈川県の鎌倉へ転居してからである。

平河町住まいでは、皇居のお堀に釣りイトを垂れるほど釣りに飢えていた。鎌倉に広がる相模湾の海を前にして欣喜雀躍したことは想像に難くない。陸からの釣りだけではあき足らず、ついに自分の船を手に入れて乗り回す。

その船の名前は、名字の那須と那須与一にあやかって「與一丸《よいちまる》」。名付け親は映画監督の吉村公三郎、船体の文字は作家の里見弴《とん》が原寸大で揮毫し、ペンキ屋に写させた。釣り仲間は地元の名手のほか、有名人では作曲家の團伊久磨、小説家の永井龍男、同じ漫画家の横山隆一、当時野村証券会長だった奥村綱雄ら多士済々。

こうした鎌倉近辺の海を中心に、日本各地をめぐった那須良輔の愉快な釣り随筆・釣り交友録を集めたのが、昭和39年の東京オリンピックの年に文藝春秋新社から刊行された『釣り道楽』である。

正月1日の長良川郡上八幡での「初山女魚」、幼少期から得意とするウナギ釣りの妙「鰻譚」、磯釣りを始めた当初必ずとっていた魚拓の思い出「魚拓回想」、そしてご婦人の船上での用便作法など「釣り好きは色好み」……。どれを読んでも、釣り人の心をくすぐる面白さである。

江ノ島の離れ小島で九死に一生を得る

中でも、「わたしのシー・ハント記」の章の「黒鯛の遊ぶ七里ヶ浜」は釣りキチの〃愛すべき卑しさ〃がモロに露《あら》われた〃迷作〃である。書き出しはこうだ。
「鎌倉から海岸沿いに稲村ケ崎の切通しをぬけると、眼前がパッと開けて、七里ヶ浜に出る。正面には富士をバックにした江之島が典型的な絵はがき風景を展開する」

こんなニッポンを代表するような美しい景色も、サオを持った那須にとっては単なる〃釣り場〃にすぎない。生活者の眼と仕事としての画家の眼、そしてもう1つ、釣り人の眼を持っているわけである。

稲村ケ崎の断崖に波打つ風流な磯であろうと、釣り人の眼で眺めるとそこは絶好の磯魚のポイントである。ある日、意を決してロープを用意し、この断崖をロッククライミングの要領で下りて、目の前のサラシに磯ザオをだす。そして、当時はまだ、ほとんど釣り場としては処女地同然のこの磯のあちこちで、立派なクロダイを釣り上げて大満足。

やがて日が暮れる。帰ろうとしてロープの所までくると、その〃命綱〃が「ないのである。盗まれている」。仕方なく、「四苦八苦して十メートルほどの断崖を笹の根につかまって、辛うじて崖の上に這い上がっ」て事なきを得る。だがしかし、「釣り竿の穂先は折るし、せっかく釣った黒鯛もどこかへ落して」台無し。自分だけ甘い汁を吸おうとした罰であろう。

また当時、七里ヶ浜の遠浅の磯は、釣りエサの岩イソメの宝庫。大潮の干潮時にはイソメ掘りが繰り出して、「薬を、露出した磯穴に撒くと、岩いそめがニョロニョロと這い出してくる」。潮が満ちてイソメ掘りがいなくなったところへ、那須の友人が偶然クロダイねらいで入ると、「たちまち入れ食い釣りになり、わずか二、三十分で十八枚」釣り上げた。しかも、7、8枚バラしての釣果である。いまはこうした昔日の歓喜は望むべくもないが、そのころはこの辺りがいかに純粋無垢な釣り天国であったかがわかる。

江ノ島周辺に点在する離れ小島も磯釣りのメッカで、「石鯛、黒鯛、メジナ、スズキ、ハタ、カサゴなど多様な魚」が釣れ、「シーズンには釣り師であふれる盛況」だった。

次は、その江ノ島の離れ小島で九死に一生を得た話である。

秋晴れの釣り日和、いつものように手漕ぎの船頭・リキさんの小舟にゆられて渡してもらった。イシダイ釣りである。島に渡ってみると少しうねりがあったが、「しかし石鯛は少しうねり気味がよく、今日はきっと当たるぞ」と不安よりも期待に胸がふくらむ。「案の定、間もなく強い引き込みで六百匁（100匁は375g）ぐらいの石鯛を一枚釣りあげた」。が、その後はエサ取りばかりでさっぱり。今度こそ、大物のアタリかとドキッとするがまたエサ取り。それを繰り返しているうちに、うねりは次第に大きくなっている。ここらが潮時と、納竿のために「置き竿に手をかけようとして、ひょいと後をふりむくと、大きなうねりが沖の方から迫ってくる。これはやられるぞ」……。

しかし、百戦錬磨、海の怖さを知り尽くしていた那須は、「はじめから用心のために鉄カン（筆者注＝テントやロープを止めるための打ち込みカン）を岩の割れ目に打ち込んで竿と自分の体にシッテ（ひも）をつけていた」のである。「このロープを握りしめたとたん、小島全部が波をかぶってしまい、私の腰のあたりまで波が洗っていった」。ビクも釣ったクロダイも、文字通り洗いざらいもっていかれた。が、「私の体と竿はかろうじて」助かったのである。

平成4年11月、那須の故郷である熊本県球磨郡湯前《ゆのまえ》町に「湯前まんが美術館」がオープンした。別名〝那須良輔記念館〟で、那須の偉業を後世に伝える政治風刺漫画の数々が展示されている。球磨川のエノハ釣りや夏の激流大アユ釣りに出かけたときなどに立ち寄ってはいかがだろうか。また同美術館では、「那須良輔諷刺漫画大賞」を設け、毎年作品を一般から募集している。

那須良輔（1913～1989）

熊本県球磨郡生まれ。絵が得意で、小学生時代の全国図画コンクールで2等を2度受賞。家は代々百姓だが画家への夢を断ちがたく、昭和7年、洋画家になるために上京。太平洋美術学校へ入学。貧乏生活で、学校の消しゴム代わりの食パンをくすねて腹を満たしたこともある。昭和9年、「日本少年」（実業之日本社）の「のんきな殿様」で漫画家デビュー。昭和13年、招集されて中国戦線へ。十万近い敵の大軍に囲まれ食糧不足と砲弾の嵐の中、九死に一生を得る。18年、招集解除。20年3月、東京大空襲で被災し故郷に疎開。

昭和23年、東京の漫画家仲間からの要請で再上京し、本格的な漫画家生活に入る。24年、北海道新聞の嘱託となって政治漫画を描く。25年、毎日新聞に移る。当時、朝日新聞に清水崑、読売は近藤日出造がいた。3人は良きライバルであり、飲み仲間でもあった。主な著書『吉田から岸へ』『絵本歳時記』『酒中交遊録』『鎌倉素描』『漫画家生活50年』など。釣本はほかに、『釣り春秋』がある。

『釣りの風景』

伊藤桂一

1979年に六興出版より発行

復員後の鬱屈した日々の中で釣りに遭遇

昭和21年1月。29歳の伊藤桂一は、延べ6年10カ月に及ぶ軍隊生活から解放され、大陸・上海から佐世保へ復員。生きて日本への帰還を果たしはしたが、その後は「職なく、金なく、気力なく」（自作年譜より）という状態。家には老いた母親と病弱の妹をかかえて生活のための仕事をこなした。そんな中で、わずかな生きがいとしたのは文学の世界だった。

「生きていることの面倒くささ——は、その後五年も十年も後を引いていて、現世の事象に興味なく、従って孤独な営為のなかで、自身の文学とだけ親しんだ。これは、戦っていたときの使命感が、文学行動に振りかえられたものであるらしい。」（「詩と釣りと」より）というのが当時の心境だった。

敗戦による虚脱感、戦場での理不尽な暴力、戦争という人類の罪へ加担したことへの深い悔恨――。そんな負の連鎖に全身をしばられていた。「文学行動」に没頭するだけではそこから抜け出ることは容易ではなかったのである。

そうしたある日、偶然釣りにめぐりあった。

「上野の出版社に勤めていた時友達の家に行きまして、その子どもを連れて釣りに行ってからちょくちょく1人で出かけるようになりました。昭和25、26年ごろからです」(つり人社刊『釣人かく語りき』=聞き手・世良康)

またたく間に釣りの世界へ引き込まれた。通ったのは江戸川べりの葛西水郷のホソ。

「茫々たる水郷は印旛沼のほうまで続いていて、10年間ほど夢中で釣り歩きました」(同)。

釣りの足は印旛沼から利根川へ、さらに那珂川や久慈川、多摩川や酒匂川の本・支流へと関東一円に広がった。ねらう魚は小ブナやクチボソ、ヤマベ(オイカワ)など、小さくて地味な魚ばかり。

四面楚歌の復員後の人生。「文学」というわずかな光を求めることを生きがいとするが、それだけではいかにも心細かったであろう。その暗夜の行路で「釣り」というもう1つの光を見つけたのであった。

仕事と生活に追われ、黙々と文学修行に励み、それらの鬱屈《うっくつ》を晴らそうと休日には1日中魚を求めて釣り場をさまよう日々。やがて文学活動は徐々に世に認められ始め、昭和27年に『雲と植物の世界』が芥川賞候補作に。翌年には『黄土の牡丹』が同じく芥川賞候補に。続く29年には『最後の戦闘機』が今度は直木賞の候補に挙がった。いずれも戦記物だ。賞はしかし、3

回連続で取り逃がした。そればかりか、その後はいくら書いても、候補作にさえ挙げられなくなった。このまま名もない兵士のごとく、文学の焦土に埋もれてしまうのか――。自身の年譜には、当時のようすをこう記している。

「魚釣りにますます熱中する」と――。

ヤマベの産卵場面に出くわして覚醒する

本書『釣りの風景』の中のエッセイ「釣りの美学」は、そうした身の不遇を振り払うように釣り歩いていたころの昭和34年、「文芸日本」1月号に発表された。

「東京近郊の河や池沼は、この数年の間にほとんど歩いた」と書き、「魚を釣っている人間には、二つの種類がある」という。「一つは趣味であり、もう一つは不遇に対する鬱屈の捌け口としてである」と。もちろん、伊藤桂一の場合は後者である。芥川賞や直木賞の候補になってようやく浮上しかけた作家人生が、浮上途中でみじめに沈み始めている。自身の小説を「通俗にも高踏にも徹し得ず、よろめきながらの愚かな模索なのだ」と酷評してみせたりする。

そして、自分にとって「鬱屈の捌け口」である釣りとは何かを深く自問する。「ぼくの場合釣りに対する興味の大半は、自然に向けての人間の溶解だといっていいだろう」、「実をいえばぼくにとって釣りは、無心な遊びでしかなかった」、「(河畔に釣糸を垂れることは) 敗残の憂身をやつす消閑（筆者注＝ヒマつぶし）の姿勢だろう」というように、答えはめぐりめぐって空回りするばかり。

こうした自問自答の合い間に、ぬぐいがたい大陸の軍隊時代の記憶が顔をのぞかせる。「ぼくは河辺の砂礫のあたりに、遠く耳鳴りのように、砲車を曳く響きを聞く」という部分がその象徴だ。魚を求めて河原をさまよう、その砂礫を踏みしめる音が「砲車を曳く響き」に重なり合ってしまうのである。釣りに耽溺することでいまわしい戦場の記憶から逃れようとするが、しかしそいつは夢に出てくる蛇のように不意に現われ、執拗にまとわりついて離れない。戦後14、15年経ってもまだ、伊藤桂一は今で言うＰＴＳＤ（心的外傷後ストレス障害）から抜け出せないでいたのである。

次に掲載されている「産卵」は、同雑誌の同年10月号に掲載された。ここに至って伊藤はますます人生上の孤立と焦燥を深めている。

「（ぼくは）とうていものを書くことなどでは成功すまいと思えた」とか、「諸事うまくゆかないことを、ぼくは人生の面白さ」と思うほどの自虐思考に陥り、「（ぼくは）遠い以前に滅ぶべきではなかったのだろうか？」とらせん階段を落ちてゆくような負の自問を続ける。

小説を書いても一時のように評価されず、ますます釣りにのめり込んでゆく。「自己の崩壊感覚の手前で、それを細くしなやかな竿に辛うじて支えて、水のほとりにたたずんでいるのかもしれない」

その絶望のどん底にあって、ひとつの奇跡のような光景に出くわす。

「或る年の夏のはじめ、ぼくは酒匂川の支流でヤマベを釣っていた」。そのとき、「無数のヤマベが、水草のぐるりに集まり」、一心不乱に産卵している場面を目撃したのである。じっと見ているうちに、伊藤の暗い心にロウソクのような小さな灯りがともってきた。

「かれらは無心に楽しげに、しかも凄壮な気魄《きはく》をもって、その流れの中の行事に熱中している」、「誰をも容れない魚同志の、いのちがけの祭典でもあるように、（中略）かれらの行事はいつやむともしれなかった」

伊藤は小さくか弱い魚たちの産卵のエネルギーと生の放射に触発され、その場を静かに離れて再びヤマベ釣りに没頭する。そのとき伊藤桂一の心に、「何であるかしれない、その何かを、ぼくは、生きている責任として、果たさねばならない」との生きる情熱が吹き上がってくるのだった。

「ぼくは竿を打ち返し打ち返ししながら、なおぼくの遠い虚空を、あやふい予感のように掠めてゆく暗い雲をかんじながらも、いつしか、説明のしがたい淡い幸福感に浸りはじめていた」。

自身を取り巻く暗い靄《もや》が晴れ、長い眠りから覚醒した瞬間である。

ついに「直木賞」という大魚を釣り上げる

釣りには時合というものがある。時合は、魚が釣れ始める時間帯のことである。潮流、水温、気温、風、雨、太陽の位置、そのほかもろもろの影響で、魚が突然エサを漁りはじめる。

伊藤桂一も草むらに身を隠してサオを構え、ウキを見つめて時合を待った。1時間、2時間、半日、1日、1年、2年、10年、11年……。途方もない潜伏である。彼が待ったのは、魚だけではなかった。文学で浮上するという人生最大の時合を、雨の日も雪の日も風の日もただひたすらに待ち続けた。

そして「釣りの美学」「産卵」の発表から2年後、昭和36年に「黄土の記憶」が久々に芥川賞の候補になった。これは惜しくも逃すがしかし、同年10月に発表した「蛍の河」で第46回直木賞を受賞。文学の道を志した戦後から数えればほぼ15年あまり、最初の芥川賞候補作「雲と植物の世界」から数えれば10年弱の歳月が流れていた。

この間じっと、〝時合〟を待ち続け、ついに目的の大魚を手にしたのである。以後、勤めていた出版社を辞し、本格的な執筆活動に入った。

伊藤桂一が直木賞に輝いた「蛍の河」は、それまでの一連の戦記文学の常識を覆す抒情的色彩の濃い作品として評価された。ここでは軍隊の横暴は影をひそめ、兵士たちの阿鼻叫喚も、銃砲の音さえ響かない。戦争の残虐や反戦を声高に叫ぶような内容でもない。戦場という宿命の地に放り出された名もなき者たち1人1人の貌を細やかに描き、その生の喜び、死の悲しみ、愛や友情を抒情の調べに乗せて浮かび上がらせている。

戦場にも花は咲き、川はせせらぎ流れて魚は軽快に泳ぎ、兵士はのんびりと釣りイトさえ垂れているのである。兵士にも人生があり、希望がある——そう感じさせてくれるのだ。

直木賞以後の伊藤桂一の釣りエッセイや小説から、あの暗くて重いトーンは徐々に薄れ、どこかから春の日差しが舞い込んでいるような明るさと生への意欲が感じられるようになる。そのトーンの違いは、巻末に収録の「一尾の鯆《はす》」(昭和52年発表)などと、今回取り上げた2作品とを読み比べれば一目瞭然である。釣りが鬱屈のはけ口ではなく、人生の楽しみに変わったのだ。

その後も伊藤桂一は多忙な文筆生活の合間を縫って釣り場へ通い、70歳過ぎまで釣りを楽しんだ。

筆者は平成24年3月のある日、伊藤桂一さんが当時住んでおられた練馬のご自宅を、「月刊つり人」に連載中だった釣りインタビューのために訪問した。篠つく雨の日だった。玄関先での伊藤さんの第一声は、「私は雨男ですから！」であった。聞けば、釣りに行く日も、何か事あるときはたいてい雨。だから、「雨具は晴れの日でも手放せません」と苦笑しながらおっしゃった。

その伊藤さんがこの10月29日に老衰のために神戸でお亡くなりになった。享年99歳。天気が気になった私は気象庁に問い合わせた。「その日の神戸は曇りのち晴れでしたね。えっ、もっと詳しく？　午前2時55分まで小雨、その後8時15分まで曇り、以降は晴れでした」

臨終は早朝4時20分。伊藤さんは茫々と薄れゆく意識の中で、遠のいてゆく雨音に導かれるように旅立たれたのではなかろうか。

伊藤桂一（1917〜2016）
大正6年、三重県生まれ。4歳のときに父親が交通事故死。7歳時に家族とともに大阪に転居。以後、各地を転々。9歳で東京、11歳で山口県徳山市へ。ここで学校の遊び仲間と魚釣りに励む。昭和13年21歳で入隊。中国戦線を転戦。一時除隊するが再招集。昭和21年復員。31歳で上京して小さな出版社で働きながら文学修行。そのかたわら、休日には釣り場へ通う。昭和37年、「蛍の河」で直木賞受賞。以後、「静かなノモンハン」「遥かなインパール」など精力的に戦場小説を発表。心身の不調を押して長良川源流部のイワナ釣りを決行する「源流へ」（講談社文芸文庫『蛍の河・源流へ』所収）もぜひ読みたい。

『釣魚礼賛』

榛葉英治

1971年に東京書房から発行後、増補改訂版が日本経済新聞社から発売。

1999年、つり人ノベルズの1冊に加えられた

作家になる決意を固めて上京

戦後、昭和21年7月。満州から一家で引き揚げた榛葉英治は、仙台の終戦連絡（終連）東北事務局の臨時嘱託の職を得る。終連は外務省の出先機関で、いわばGHQの世話係。薄給だが暇はたっぷりあったため、大学時代から作家への夢を持ち続けていた榛葉は、一念発起して机に向かい、原稿用紙と対峙する。昭和23年夏、35歳と遅い出発である。

当時のようすを榛葉は、自伝『八十年現身の記』（1993年、新潮社刊）で次のように語っている。「出勤簿は遅刻、欠勤だらけで、いつクビになっても構わぬとの覚悟で机に向かった。赤ん坊が泣くと、『うるさい！』とどなられるので、妻はおぶって春の河原や霊廟《れいびょう》の山へいっ

た」

一家3人の窮屈な間借り住まい。3カ月かけて原稿用紙64枚の短編『渦』を書き上げ、雑誌「文芸」に投稿すると、採用の返事が届いてその年の1月号に掲載された。新聞の文芸時評では、有望新人現わると話題になり、第1回「横光利一賞」の候補作になった。受賞は逃すが作家になる決意を固め、終連に辞表を出して一家で上京。そして翌24年に同誌に、戦後の実存的な愛のあり方を問う意欲作『蔵王』が掲載されると、有名批評家がこぞって高評価。林芙美子らは芥川賞に推薦したが、なぜか候補に挙がらなかった。前出の自伝でその心境を吐露している。

「私としては第二十一回（筆者注＝昭和24年上半期）芥川賞をとっていれば、その後の苦労はなく別の道を歩いていたかもしれないとのうらみは残る」と書いた後に、「佐藤春夫邸のまわりをどなって歩いた太宰治の気持ちはよく判る」と恨み節を付け加えている。期待していた芥川賞選考委員の某先輩作家が、歯牙にもかけてくれなかったのが口惜しかったのである。

それもそのはずである、榛葉英治はその後、鳴かず飛ばずどころか絶不調に陥り、「貧乏と苦しみの坂をころげ落ちていった」のである。

極貧の中で釣り道具を背負って渓に通う

「私が釣り竿を手にしたのは、昭和二十六年の夏である」

つり人ノベルズ『釣魚礼賛』の「鮎釣りの記」にこうある。酒と女に溺れる極貧の日々の中で、夏は伊豆の河津浜に一家で逗留。彼の小説のファンが、空き家を格安で貸してくれたのだ。ある日、河津川上流で、地元の釣り人に渓流釣りに誘われた。河津七滝をさかのぼるが、釣果ゼロ。しかし美しい伊豆の自然に触れ、野山に遊んだ掛川の子ども時代を思い出して感動。

「これが病みつきになったのか、海岸から帰ると、中野の江古田から多摩川へかよい出した。私の人生での釣りとの長いつき合いが始まるのである」

当時の多摩川はまだかろうじて文明に汚染されておらず、水の流れは生きていた。

この不遇時代の榛葉は、生活のために純文学への夢をほぼあきらめ、注文があればどんな作品でも書き散らした。

「純文学の月刊誌に書くだけで食ってゆくのは、容易なことではない。よい作品だけを書けるはずもない。斎藤緑雨が嘆いたとおりに『ペンは一本、箸は二本』である」（前出の自伝より）

ペン1本ではやっていけず、食ってゆくためには箸も必要だ。その「ペン1本、箸2本」の人生に、新たに「サオ1本」が加わったのである。そのころの初々しい釣行のようすが、「渓流・川釣りの章」の各所に読みとれる。

渓流釣りを始めたころに通いつめたのは、多摩川支流の大丹波川。国鉄（現JR）青梅線の川井駅で降り、釣り場まで1里の道を息せき歩く。

「リュックを背負い、竿袋を肩にかけた私は、朝早い谿の崖の上の道を、タッタと上流にむかって歩いてゆく。両側の山では鶯が鳴いている。金色の朝陽が山の頂から出て、最初の光が杉林の一角を染めている。谷の霧が、渦巻いて晴れてゆく。山の村の中学生や女学生が、自転車で降りてくる」

眠りから覚めてゆく清澄できらびやかな自然の移ろいが、はずむように描写されている。

「川の岩場に降りると、ワラジの紐をしっかりと結び、竿に仕掛けをつける手許は、いつになっても、すこし慄えるようだ」

そして、「流れの岸の大石に体を隠して、前の青い流れに、そっと糸を投げる。（中略）目印の白い羽根が、かすかにうごく。手首の動きで、間髪を入れず合わせると、グッと引かれて、水底から銀箔に似た光が、暴れながらあがってくる。ヤマメは、身慄いして、糸の先にぶらさがっている。掌にいれると、水の冷たさがしみてくる」

釣った魚と水族館の魚との違いは、「光」である。キラッとヒラを打ち、水の粒を七色にまき散らしながら宙を舞い、手のひらにおさまる。その一瞬の時空を超えた輝きの中に、釣り人は見てはならない夢を見てしまうのである。その夢のような景色を見たいがために、釣り人は再び「竿を持ち直し、つぎの場所に眼を皿のようにして、岩を渡ってゆく」のである。

直木賞発表当日も多摩川でアユ釣り

「淵の白泡に餌を巻き込ませると、当たりがあり、竿先が引き込まれた。（中略）やっと岩の割れ目からひきずり上げた。九寸のイワナを握って、私は思わず、『やったぞ！』と吼鳴った。その谺《こだま》が、谷の奥で答えて消えた」

満足して、昼の小休止である。

「岩の上で焚火をし、鯵の干物を焼いて、握り飯を食べる。釣りながらも、こんな時も、私はよく独り言をいう」

釣り場の独り言とは、どんな独り言なのか。引用しよう。

「たいていは自分を責めているのだ。仕事ができなくて、家の者を毎日、生活の不安にさらしながら、こんな釣りに逃げ込んでいる自分……ぎりぎりに追い詰めて、お前には何が書けるかという自問……」

釣り場では何もかも忘れているはずなのだが、時としてこのように、「ペン1本」と「箸2本」の苦しみが脳内でフラッシュバックし、心は暗く落ち込むのである。しかし、「惚れぼれするような青い淵や、白泡の落ち込み」を目にすると、頭の中はサオ1本に集中する。

いくらか重いビクをさげて電車に乗って家に帰れば、「原稿用紙を買う金すらなく、服を質入れしたので外出もできず、子どもらは飯に醬油をかけ、味噌を菜にする」ほどの赤貧暮らし。すでに、文壇からも忘れかけられている。そんな昭和33年7月の初め、「仕事で朝寝をした私は、妻につよく揺り起された。出された文藝春秋社のハガキには、今年の春に出版した『赤い雪』が、直木賞候補になったとある」（自伝より）

すでに榛葉英治は45歳である。このころは、多摩川まで歩いて10分の狛江へ「都落ち」していた。川はまだ汚れておらず、コイ、ウナギ、ヤマベ、ハヤ、そしてアユのコロガシ釣りに夢中だった。

さて、直木賞発表当日である。家にいても落ち着かず、多摩川でコロガシザオを振り、家に帰って、「鮎の塩焼きで焼酎を飲んでいると、外にモーターバイクの音がとまり、『しんばさーん、電報でーす』の呼ぶ声がした」。妻が飛び出して電文を受け取り、言う。

「あなた、決定です。お目出とうございます」（自伝より）――。

榛葉英治はそれから10年余り後、外房の江見に「花山居」という釣り小屋を構え、房総の海や川の釣りに興じた。そして生涯を、「ペンと箸と竿」の3刀流で通したのであった。作家はペンとパンのみによって生きるにあらず――。

榛葉英治（1912〜1999）
静岡県掛川市生まれ。早稲田大学英文科卒業後に渡満。昭和21年帰国。24年短編『渦』の執筆を機に作家生活に入る。33年、敗戦時の満州の混乱を描いた『赤い雪』で直木賞受賞。本書は平成11年1月発行されたが、その直後の同年2月、老衰のため逝去。86歳だった。その後の同年5月、『続釣魚礼賛』が発行された。

『懐かしい釣り』

高崎武雄

1980年、東京新聞出版局から発売。
1994年、つり人ノベルズに加えられた

越中一つになって、根掛かりを外す文豪の気骨

この本に収録されている釣り写真を見たとき、「ああ、これらの写真に文章はかなわないな」と文筆暮らし40数年の筆者は尻尾を巻いた。たとえば、「井伏さんと馬瀬川」の項に載っている井伏鱒二の写真である。「友竿を構える井伏さん。風格のある釣り姿である」とキャプションが打ってある。昭和40年7月、飛騨・馬瀬川のアユ釣り解禁2日目に撮った白黒写真だ。

文豪は当時67歳の老境にあるが、アユの友釣り用の剛竿を腰に当てるように軽やかに持ち、夏の光が舞い、白く泡立つ瀬にオトリを沈めている。そのリラックスした立ち姿は、まさに自然体だ。側面やや後方からのショットのため、その眼光をうかがい知ることはできないが、眼

鏡の奥の眼は水底にあるオトリの微細な動きを逐一とらえていることだろう。

　文章に目を走らせると、「井伏さんと私は佐藤垢石の直門で、アユの友釣りでは兄弟子である」とある。高崎は明治38年生まれ、井伏より7歳年下。垢石の教えを受けたのは両人とも昭和10年前後とほぼ同時期。年上の井伏が兄貴格で、高崎は弟弟子ということになる。

　馬瀬川の釣りの現場には井伏と高崎のほか、瀧井孝作と土師清二《はじせいじ》といういずれ劣らぬ〝友釣り文士〟が同行。その日は、午前中に各人5、6尾の型のいいアユを釣り、昼飯は宿のおかみが腕によりをかけて作った飛騨地方の夏の郷土食〝朴葉ずし〟を河原で頬張って大満足。そして、小さな事件が起こった。

「午後からの釣りに入ったとたん、井伏さんのオトリが底がかりをしてしまった。井谷橋の下流の少し荒い瀬の岸寄りだが、石も大きく深さも相当ある。四、五回竿をあおっていたがオトリは外れない」

　文豪であり、兄弟子のオトリが根掛かり。ここは、自分の出番だと高崎が「竿を置いて川へ入っていこうとする」のは当然だ。それよりも、万一のことがあっては、ただではすまされない。高崎は当時、新聞社のデスクだったとはいえ、この場では一介の釣り記者にすぎない。ところが文豪は、「高崎君、すまないが竿を持っていてくださいな、私が外すから」と予想外の言葉。「私が取りますといくらいっても」、文豪は頑として聞かない。高崎も、これだけは譲れない。

　業を煮やした文豪がきっぱりいった。

「『あんたも知っているだろうが、垢石から、底がかりをしたオトリアユは、道糸を切ったりすると、後からきた釣り人のかかり場をつくってしまうから、できる限り自分で川へ入って外すようにしなければいけない。これができない釣り人は一人前ではない、とよくいわれていたので、ここで君に取ってもらうと、冥途の垢石に叱られる。ここではぜひ僕に手を貸して、竿だけ持っていてくれ』」

この物言いこそ、井伏鱒二の常套である。自分ではなく、師である垢石にこう教えられているのだからというわけである。責任を〝冥途の住人〟である垢石に預けているのである。もう、弟弟子の出る幕はない。

「井伏さんは上着を脱ぎ、ズボンを取り、越中一つになって、私の渡した元竿を杖代わりに瀬に入っていき、腰のあたりまで激流につかりながら、無事にオトリを外してこられた」

越中とは、いうまでもなく越中ふんどしのことである。写真の紳士然とした見事な貫禄の釣り姿から、ふんどし一丁の姿になった文豪を想像すると、ほほえましくもあり、またその老体に宿す気骨の凄味が想われる。

「やっぱり井伏さんは立派なアユの釣り人だと、そのときはつくづく感じいったものだ」

さもありなんである。

東京湾、脚立釣り風景がよみがえる

高崎武雄は昭和の始め、20歳代の後半にゴシップ新聞の草分けである万朝報の写真部に入って報道カメラマンの第一歩を印した。後に徳富蘇峰が創刊した国民新聞へ移り、そして報知新聞へ。国民新聞には後のつり人社2代目社長となる竹内始萬、報知新聞には「つり人」を創刊した佐藤垢石がいた。おそらくこのころに、垢石からアユの手ほどきを受けたものと思われる。戦後は、垢石や始萬の下で「つり人」の編集に協力し、名古屋の中日新聞が東京に進出すると東京中日新聞（東京中日スポーツの前身）に釣り欄を創設。また〝釣りペンクラブ〟の創案者として知られる。

本書は、昭和55年に東京新聞出版局から刊行されたものを、平成6年に復刻編集してつり人社から刊行。戦前戦後の古き良きニッポンの釣り風景が精妙なレンズに、深い陰影を帯びて写し撮られている。また、記者として著名文士や釣り人と交わり、その在りし日の釣り姿や面影が白黒写真にくっきりと焼き付けられている。

まず川釣りでは、馬瀬川のアユに始まり、相模川でのどぶ釣りやコロガシ釣り、利根川水系などでの四季折々のマブナ釣り、伊豆狩野川水系でのアマゴ釣り、さらにはテナガエビ、タナゴ、ニジマス、ヘラブナと続く。

海の釣りでは、沖に出る船釣りはからっきしダメだったようで、東京湾奥のボラ釣り、道了《どうりゅう》杭《ぐい》の海津《かいず》釣り、東京湾の風物詩でもあった青ギスの脚立釣り、江戸前のハゼ、冬磯のブダイなどだ。いずれも、文章の合間に趣のある懐かしい写真が情感を添え、読んでも見ても楽しめる。

いまは途絶えてしまった「青ギスの脚立釣り」の項を見てみよう。

小波立つ遠浅の東京湾に、はしごを「逆V字」に組んだような脚立が立ち、その上につば広の帽子をかぶった釣り人がまたがり、前ビクを長々と水中にたらしてサオを構えている。なぜ、こんな奇妙な釣り方が考案されたのか。

「青ギスという魚は、浅くてきれいな砂底を好み、この砂底にいるイソメ類を漁《あさ》って回遊する習性を持っている。したがって釣り場が浅いから、舟釣りだと舟影が砂底にすぐうつり、それをきらって青ギスは寄り付かない」

そのために、脚立釣りが考案されたのだろうという。脚立の高さは約2m。初期はエサを食わせて釣り、後期はスレ釣りといって、エサバリの下にギャングバリを仕掛けて引っ掛けて釣った。ビクの長さは6尺（1・8m）。

脚立おろし（いわば、青ギス釣りの解禁日）は八十八夜というから5月2日ごろで、この日から乗り合いや仕立ての舟がでる。釣り場に着くまでの間、船頭手作りのアサリのみそ汁・お新香と炊き立てご飯の朝飯があり、「沖へ向かう舟の中でのこの味は、格別」だったという。脚立に乗る順番はくじ引き。釣れなければ、釣り場を変えてくれた。

こんな、どこか江戸っ子らしい意地っ張りな脚立釣り、なんとか復活できないものだろうか。

高崎武雄（1905〜没年不明）

日本の釣りジャーナリストの草分け的存在。東京・日本橋生まれ。昭和初年に「万朝報」写真部に入社。以後、国民新聞社、報知新聞社へ移り、戦後は雑誌「つり人」の編集に協力。1956年、名古屋の中日新聞が「東京中日新聞」を創刊し、編集総局に在籍。釣り欄を担当し、釣りペンクラブを創案するなど、釣りジャーナリズムに多大な功績を残した。

『影裏』沼田真佑

初出は「文學界」2017年5月号。
同年7月文藝春秋社から単行本刊行

芥川賞受賞はビギナーズラックかもしれない

本連載も41回を数えるが、筆者はこれまで、これといった理由もなく、意識的に故人の著作物を選んできた。ところが今回（平成29年度）上半期（第157回）の芥川賞に決定した沼田真佑の『影裏』という小説では、しばしば釣りの場面が登場し、それが重要な役割を果たしているのではないかという話を聞きおよび、この本が書店に並んで間もない7月の終わりに手に取った。

100ページに満たない処女作。文章も一読すると平易だ。すぐに読み終わりそうだが、実はこれが意外にも曲者《くせもの》であった。

1978年生まれだから40歳の一歩手前。独身、無職。盛岡の田んぼの真ん中に建つ家に、両親と同居。そして、趣味は1シーズンに5〜6回行く程度の渓流釣り。これは、親のすねにかじりつく典型的な引きこもりではないのかと、誰もがそう思うかもしれない。そこは、沼田氏自身もわかっているようで、「文藝春秋」9月号の受賞者インタビューでこう答えている。

「田舎は噂が立ちやすいですから、いい年齢の男がひきこもっていると近所が不安がります。それでは（中略）両親が不憫ですから、地域の草取りに積極的に顔を出したり、掃除をしたり、アルバイトで塾講師の仕事を見つけたりといった、自分なりの努力はしていました（笑）」

最後の「（笑）」というのは、芥川賞という〝大魚〟を仕留めたことの余裕の現われなのか、それとも苦境時代の自嘲なのか、あるいはその両方が入り混じっているのかはわからない。その意味で、2作目、3作目が正念場だ。

ヤマメを10尾釣っても楽しくないのはナゼ？

あらすじをたどってみよう。

といっても、これが一筋縄ではいかない。一応、現在から過去を回想していることになっているのだが、時空が入り乱れ、回想の中に回想が現われたり、見知らぬ人物が前ぶれもなく顔を出し、そしてまたたく間に行間に消えたりして、一貫した流れをたどりにくいのである。ただ、さまざまなエピソードの羅列から何となく感じるのは、岩手という東北の地層・風土にある、ある種の根源的な危うさである。

物語は、主人公の今野秋一が、同じ会社に勤める日浅典博という釣り友達と、生出川のヤマメ釣りポイントへと急ぐシーンから始まる。

「勢いよく夏草の茂る川沿いの小道。一歩踏み出すごとに尖った刃先がはね返してくる。かなり離れたところからでも、はっきりそれとわかるくらい太く、明快な円網をむすんだ蜘蛛の巣が丈高い草花のあいだに燦いている。」

光り輝く夏草をかき分けて川沿いの小道を急ぐ釣り人2人の、その前方に、燦然《さんぜん》と輝く蜘蛛の巣――。この〝クモの巣〟ではない、〝蜘蛛の巣〟という漢字表現に、読者は早くも、東北のみどり豊かな大自然の裏側でひそかに進行する、何か得体のしれない危険な鳴動を感じとる。

この予感は、「日浅という男は、（中略）何か大きなものの崩壊に脆く感動しやすくできていた」という印象的な語りでさらに補強される。「蜘蛛」「崩壊」「脆い」という危険な予兆を帯びた言葉が耳に残るのである。

やがて不意に、日浅は会社を辞め音信不通になる。親しい釣友の行方不明に、今野は釣りに行くのも嫌になるほどの虚脱感に襲われる。それでも、意を決して釣具店主催の〝釣り講座〟に参加し、ヤマメを10尾も釣る。が、まったく楽しくなかった。日浅のいない釣りは、味気なさしか残らないのだ。

ところがある日、スーツにネクタイ姿の日浅が今野のアパートに突然訪ねてくる。結婚や葬儀の互助会の営業仕事をやっているのだという。2人は、久しぶりに生出川へ釣りにでかける。ところが日浅は、ヤマメではなく、大ウグイばかり1ダース（12尾）も釣り上げて勝ち誇る。

渓流釣りの経験者なら承知だろうが、渓流釣りとはヤマメやイワナ釣りのことであり、ウグイは外道である。そんなものを釣って勝ち誇るなど普通はありえない。

そのうち、「すまねえが、今野よ」、「互助会、入ってくんねえだろうか」という日浅の勧誘で、2人の間に気まずい空気が流れる。

そこにいきなり、「3・11」の東日本大震災。

いつかやって来る崩壊の予兆が、ついに現実として、やってきたのだ。しかしそれは、物語の中に、直接ドーンと割って入ってきたわけではない。読者には、そのことが実に奇妙な形で知らされる。ここの部分は、小説を読んで理解してもらうしかない。このあたりの、作者の小説上の巧妙な手口は、とてもこれが処女作とは思えないほどの老獪さであり、早春の初心《うぶ》なヤマメを難なく釣りあげる熟練の釣り人のようでさえある。

ところどころに稚拙でうかつな表現を、寄せエサのごとく放ちながら、時にアッと驚く精密な描写や、このように狡いともいえるような新手の策を弄する。おそらく芥川賞選考委員の何人かも、この老獪な釣り人のからくりに見事にはまったであろうことが想像できる。

選考委員に高く評価された釣りシーンの描写力

その後、物語は、震災当日に日浅が釜石の堤防で釣りをしていて、津波に飲まれて死んだようだと知らされる。今野は、日浅を本当に失ってしまった喪失感に茫然とし、彼の生の痕跡を求めて奔走する。そして日浅の父親を訪ね、日浅という人間は子どものころからどうしようもない悪童だったと意外な言葉を耳にする。その帰り際、父親から、

「息子なら死んではいませんよ」

という謎の言葉を投げかけられるのだった――。


先の「文藝春秋」での受賞者インタビューで、「いまも釣りには行かれるのですか」との問いに、沼田はこう答えている。

「実は『釣りが趣味です』と胸を張っていえるほどは行っていません。（中略）釣りは（同行者が）竿を振るのをボーっと見ているのが、むしろ好きなんです」

その釣りシーンのリアルな描写は、多くの選者に高評されている。

たとえば、ハリにイクラを3粒刺し通して振り込むシーン。

「斜めに竿を立て、手首だけを動かし軽く横に振る。糸はナイロンなのでブランコのように自身の重みでもたつきながら川面を渡り、対岸すれすれの深みに正確に落ちた。冷たい川水にさらされイクラの赤味がほの白くぼやけ、みるみる水底へと消えていった」

日浅に外道の鮠《ウグイ》の大物が釣れたときの描写はこうだ。

「土手に抜き上げられた大きな魚体が重たげにそこらを跳ね回った。周囲の青草を自身の体の粘液で汚すだけ汚してしまうと、バナナのように体を曲げて空中を飛んだ。五円硬貨そっくりの色味の鱗が木漏れ陽を浴び、川面で一瞬金色に光って頭から落ちた」

そして物語の最後で魚を釣り上げた場面。

「淵では一投目からあたりがあった。川上に走らず、底へ底へと沈み込むような、曖昧な引きだった。（中略）釣りあげた魚は虹鱒だった。鰓蓋から尾柄にかけて濃い桜色の帯が走っている」

鰓蓋はさいがい、「えらぶた」と読む。尾柄は、釣り人でもなじみの薄い言葉で、「びへい」と読み、尾ビレの起点部のこと。鰓蓋、尾柄に限らず、この小説には多くの難読漢字がちりばめられている。先の引用文に出た燦《きら》めき、脆《もろ》いもそうだし、ほかにも蹲《うずくま》る、夏油、連翹《レンギョウ》、堆《うずたか》い、踵《かかと》、遮る、鉤素、齧《かじ》る、頷《うなず》く、喇叭《らっぱ》、跨線橋、逞しい、喋る、罅《ひび》、踝《くるぶし》、烏滸《おこ》がましい……。また、主人公は、どうやら同性愛者らしいことを示唆する場面もあり、それがまた物語の道筋をより曖昧模糊の方向へ押しやっている。

　われわれ釣り人にとっては、渓流釣りといいながら、ヤマメやイワナの釣れるシーンの描写がないことが拍子抜けというか、ちょっと悲しい。

沼田真佑（１９７８～）
北海道小樽市生まれ。その後、神奈川、千葉など各地を転々とし、高校は福岡大大濠高校、大学は西南学院大学商学部で学ぶ。塾講師などの職業を経て、平成29年に小説『影裏』で第１２２回文學界新人賞受賞。このデビュー作で第１５７回芥川賞を受賞。受賞時は岩手県盛岡市在住。ほかに、「陶片」「天折の女子の顔」「早春」などの作品あり。

『山里の釣りから』

内山 節

1980年、日本経済評論社より発刊。
1995年に岩波書店の同時代ライブラリーとして発行

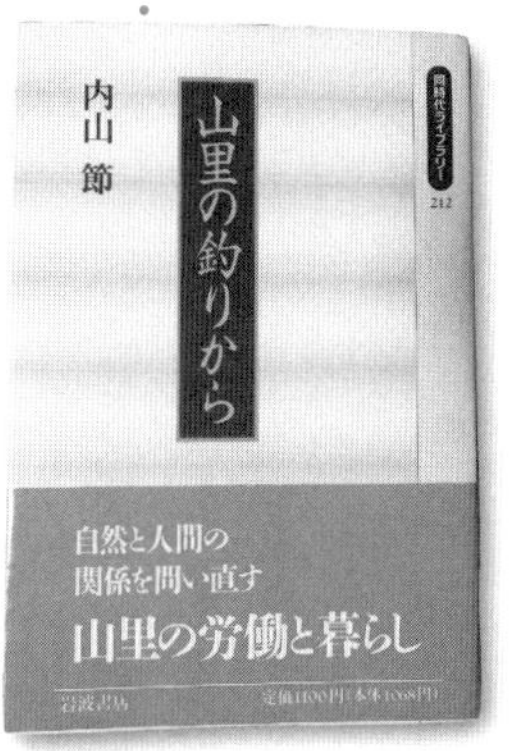

山里の思想を立脚点にする哲学者

新しく読む本を手にすると、筆者はその〝後記〟から読み始めることが多い。

この本の後記は15ページに及ぶ長文で、後記としては長文であるが、これを読んで私は、内山節という釣り人にたどり着くことの難しさを感じた。

いくつかの印象的な文言を引用してみよう。

「どこの川で釣れたというような記事を読んで釣りに出かけることに不快感さえ覚える」

「魚を釣ることだけが目的なら釣り堀で釣ればよい。釣り遡行とは魚を釣る以前のこと、すなわち山、川、村、そして釣りによってかたちづくられる空間に人間が接触することだと思っている」

「本書では一般に使われている渓流釣りという言葉も使っていない。渓流釣りという言葉には渓流に棲む魚を釣るという、魚釣りの意識が勝っているような響きがある。私はもっと山里に釣りに行くという意味を考えたかったのである。山里という人の棲む村で釣る。それを表現したかったのが、『山里の釣り』という新造語である」

「労働が再び自然と人間との交歓に戻らないかぎり、自然保護、環境保全は空論に終わる」

「川の思想には私は水の思想と流れの思想があると思う。（中略）しかし近代以降、川の思想は水の思想に一元化された。（中略）流れの無視は必ず川の荒廃を招く」

釣れた、釣れないなどと、いい歳をしていまだに無邪気に一喜一憂している筆者のような人間にとっては、何だかいわれなき挑戦状をたたきつけられているような刺激的な内容である。が、もちろん著者の矛先がそんなところに向いているわけではない。もっともっと、根源的な文明社会、あるいは現代社会構造というようなとんでもなく大きな壁と対峙しているのである。

その大きく分厚い壁に立ち向かうのに、釣りザオ一本では到底無理である。よって著者は、思索のペンという強力な武器を手にして、〃山里〃を拠点にして現代社会に対して静かなるゲリラ戦を展開している。

著者・内山節は哲学者である。昭和25年に東京に生まれ、多摩川やその近辺の小さな川で雑魚を釣って子ども時代を過ごし、高校を卒業したあと、どういういきさつか利根川の支流・群馬県の神流川源流の山里に迷い込み、その川を含む風土全体に魅せられ、「釣り遡行」に通ううち、思索者として屹立。アカデミックを素通りした哲学者として、多くの著作を持つ。

大人になったとき、川は病んでいた

唐突だが、私はこの本を読んでいるとき、仲宗根美樹の「川は流れる」を脳内で口ずさんでいた。

♪病葉（わくらば）を
きょうも浮かべて
街の谷　川は流れる

この「流れる」の「れる」という「ら音」が、仲宗根美樹のエキゾチックな口元から流麗な巻き舌で発音され、当時田舎の小学高学年であった私は、3歳上の兄とともにこの〝巻き舌〟の猛練習に励み、その出来栄えを熱狂的に競いあったものである。

同じころ、2歳年下の内山節がこの歌を東京で歌っていたかどうか、私は知るよしもない。しかし、そうした時代のメロディーは確実に耳から流れ込んでいたであろうことは想像できる。清き水、軽やかな流れ。本来の川はこうあるべきであり、そうあるべき川を私たちは子どもの時期の、ほんのある一瞬だけ経験している。だがやがて気がついたら、川はすっかり病んでいた。この歌が発表されたのは昭和36年である。所得倍増、日本列島改造、高度経済成長期へと続く上げ潮時代の、その源流時代である。それと歩調を合わせるように、都会の川の荒廃がはじまり、それはやがて山村へ、源流部へと激しく〝遡上〟していくのであった。

そうした川の哀れな変貌ぶりを、内山も釣りによって感じとっている。それは、次のように書かれている。長いが引用しよう。

「僕が生まれて暮らしている東京の世田谷にも、子供の頃にはまだ清水があった。小川もあった。多摩川の水はとうとうとして流れていた。夏の庭先には近くの烏山川で育ったホタルが来ていた。その烏山川ではヤマベが釣れた。多摩川では水遊びをしながら魚を釣った。僕が二間竿（三・六メートル）を使って小物を釣っていると、近くの大人たちは五間も六間もある長竿をあやつって鮎を釣っていた。僕も腰まで水につかって鮎を釣ってみたかった。『大人にならないとあの竿は持てないからね。』そう言われながら、ぼくは鮎を釣る日に大人になる日をみていた。しかし僕が五間竿を持てるようになったとき、多摩川に鮎は上って来なくなっていた」（第二章「神流川遡行記」）

子ども時代は、まだ戦争の爪跡が残る〝国破れて山河あり〟であったが、大人になったときにはすでに、〝国栄えて山河消ゆ〟という荒涼たる風景になり変わっていたのである。

川の退廃は、釣り人の責任も免れない

20歳過ぎに、ひょんなことから迷い込んだ神流川の山里の自然に触れ、その文明から遠く置いていかれた無垢な風土に抱かれるうち、内山は子ども時代に遊んだ山河の喪失感に目覚める。その喪失の実感が、現代文明への不信を発芽・増幅させ、それがおそらく内山哲学の根底を蛇行しながら流れている。

だから、文明の自然に対する侵食に、手厳しく警鐘を鳴らす。同じように、山や川に土足で

入って来るような人間に対して、時に辛らつな言葉を投げつける。

「同じ川にいっても大きな山女を釣る人はいつも大きなのを釣ってくる。自然にエサを流すことができないと、幼魚しか釣れないことになる」

「人間の労働と切断された川には自然の退廃がまっている。現在の観光漁場（筆者注＝放流魚主体の釣り場）としての川のみだれた姿はそこからはじまった」

「観光漁場になれた釣り人が天然魚の河川にも入ってくる。だけれども放流モノの釣り方では天然魚は釣れない」

「山里の釣りが魚だけを対象にした渓流釣りになっていったとき、釣り人の側からの川の退廃はすすんでいた」

　そして、東京からやってきて、この山里で釣りをする自分自身への後ろめたさも常に感じている。

「僕は山里に釣りに行く。そこにどのような論理をつけたとしても、しょせん一人の都市の人間が、山里の川を荒しに行くという関係でしかない。山村の人々が釣りをするのは山村の再生産活動のなかの一環である。しかし僕の釣りは山村を荒すだけであって、その再生産には少しも寄与していないのである」

　川の退廃の責任の一端は、釣り人にもある。その責任を感じながら、なお魚を釣る。難しい釣り人である。しかしそうはいっても、いつもこんな自己嫌悪を覚えながらサオをだしているわけではない。

「神流川に立って竿を振ると、その瞬間から僕は釣りに夢中になっている。山女や岩魚たちとのかけひきにすべての精神が集中していく」

私は後年、仲宗根美樹の歌と再会した。

そのときの彼女は、すでに歌手を引退し、美容関係のチェーン店のオーナー夫人として奮闘していた。そのあるイベントが終わった後の慰労会のような飲み会の席で、私は彼女の生の声で「川は流れる」を聴く機会に恵まれた。

デビュー当時からすでに多くの時が流れ、また少々アルコールが入っていたこともあって、その歌声から若いころの透明感は失われていた。だがしかし、あの流麗な〝巻き舌〟は際立って健在であった。それがほほえましくもあり、うれしかった。

釣りの世界から哲学の世界へと飛翔した内山節もまた、釣りの現場においてはしばしば、純粋に楽しかった子ども時代の雑魚釣りの原点に戻っていることに、私はなぜか安堵するのである。

内山　節（1950〜）

東京生まれ。哲学者。都立新宿高校卒業後、釣りが縁で群馬県上野村に通う。やがて住み込むようになり、独自の反文明論的な自然哲学、労働論などを展開。著書に『自然と人間の哲学』『労働の哲学』『自然と労働』『山里紀行』『やませみの鳴く谷』などがある。

『荒野の釣師』

森 秀人

1976年、二見書房から「釣魚名著シリーズ」として発刊。
その後、1996年に平凡社ライブラリーから発行

「一家団欒は魚釣り」という釣り好き一家育ち

「釣りとは芸道、すなわち〝芸の道〟である」を信条とする評論家・森秀人の釣りの随筆・紀行・評論集である。

森は、物心ついたころから釣りに親しんだ。それも、「わたしの釣の歴史は、魚からではなく、その道具からはじまった」と『荒野の釣師』に収録の「わが荒野」に記している。

中気で片手が不自由な祖父が釣り好きで、しかも若いころ飾り職人で鳴らした腕を生かして製作された釣箱には、

「鈎入れ・オモリ入れ・ハサミ入れ・糸入れ……などの引出しが、いくつもつけられている。

そして蓋もあり、蓋の向きを変えると、その箱に坐ったまま、魚を入れることができた」

その釣箱は、クギなど一本も使わず、木を組み合わせてできており、「まるでびっくり箱のよう」であった。

箱だけではない。「釣糸も、ハリスも、オモリも、鈎も、竿さえ手製」であり、「わたしは、魚釣りを、このようにして釣道具づくりから教わった」のである。

もちろん、釣りにも連れていってもらった。祖父は、「片手で舟を漕ぎ片手で魚を釣り、片手で餌をつけ」る。幼い子どもにその手さばきの妙は、まさに曲芸に見えたであろう。森が、「釣りとは芸道なり」を信条とするに至ったのは、この〝三つ子の魂〟が少なからず影響していたからと推測できる。

昭和8年、東京の下町・向島生まれ。周りにはフナやクチボソの釣れる池がいくつもあった。ある日、兄たちと釣りに出かけるが、クチボソさえ釣れない。やがて退屈し、置きザオにしておやつを食べていた。

「ふと、わが愛用の赤い玉浮子に目をやると、それがない。わたしはあわてた。よく見ると、それどころか、糸がどんどん沖に向かって伸びてゆき、竿先がブルブルとふるえている。そして、ズルッと、置ザオが、走り出しそうになった。そのときになって、ようやく、わたしは異変を感じ、竿尻を握った」

釣り上がったのは、「八寸ほど」というから24、5㎝の、子どもにとっては「最高に近い大きな鮒」であった。

これで病みつきになり、疎開先の草加（埼玉県）では、ウナギ、ライギョ、ナマズ、コイ、フナなどを釣りまくった。誰も文句を言わなかった。というのも、「わたしの家では祖父も父も兄たちもみんな釣狂であったから、一家団欒というのは、揃って魚釣りに出掛けることをさすものとばかり思い込んで不思議ではなかった」というような、まさに釣り大好き一家だったのである。

戦後の食糧難時代には、ハゼやテナガエビを夕食分に余るほど釣り、いろいろな釣りに習熟。そして、アユの友釣りや渓流のヤマメ釣りという、「いちばん難しい」釣りに深入りしようとする、その一歩手前で、「文学」という横道にそれ、「思想とか哲学といった形而上学的な世界にのめり込んで」いった。

「花伝書」の奥義に通じる釣りの至芸

青年期に釣りから遠ざかった氏は、昭和33年、25歳のときに三一書房の評論募集に入選し、翌年同社から『反道徳的文学論』を出版、気鋭の評論家としてデビューを果たす。昭和38年には、30歳にして当時の左翼的論壇の舞台であった雑誌『思想の科学』の編集長となり、自らも先鋭的なペンを揮った。

しかし、釣りを完全にあきらめたわけではなかった。海や川で遊びの釣りをしていたが、20代の終わりにヘラブナ釣りに出合い、「へら鮒釣りは、わたしにとってはすでに、一個の思想と化していることになる」（本書収録表題作「荒野の釣師」）というまでのめり込むことになったのである。

であるから当然、本書はヘラブナ釣りにページの大部分を費やしている。その中から、釣行記「西湖の富士」をとりあげてみたい。

ヘラブナ釣りのメッカともいえる西湖は、富士山の眺望にすぐれ、夏には「ここ十年以上、通いつめてあきるということがない」というお気に入りの釣り場。その日は強風で、思うような釣りにならず、途方に暮れ、「あきらめかけて、舟を帰りの方向に向けて漕ぎはじめ」たが、そのとき、「ふと、三角形のかたちをしたワンド（入江）が見えた。舟がやっと着けられるような小さなワンドだが、急深で底はえぐれている。

「西湖の溶岩地帯では、このように、ところどころに、洞窟のように足下に穴があいているところがあり、そこはいわば魚の絶好の隠れ家でもある。とくに荒れ模様の日には、都合のいい休憩所となる」

釣りの虫が再びうごめいた。一度たたんでいたサオや仕掛け類を開き、エサを練り直し、「足元のドン深を狙って第一投」

「竿のすぐ先に浮子がある。つまり、十八尺の竿で十七尺の深みを狙う釣り」だ。5・4mの長ザオで、5mほどの深場を釣るわけである。

その三投目くらいからウキが、魚の接近を知らせるモゾモゾと微妙な動きをはじめた。

「釣りの面白さは、この前ぶれにあるといっても過言ではない。へら鮒釣りからこの前ぶれをのぞいたら、まったく味わいのない釣りになってしまうだろう」

この〝前ぶれ〟というゴングが鳴ったら、〝第一発目のアワセ〟を行なうタイミングに神経を研ぎ澄ます。

「万一、第一発の当りに失敗して、魚の側線や尻尾などに鈎をふれさせ、スレたりさせれば、それだけであたりの魚は大脱走をはじめる。だから、第一発目の当りは、必ず見逃す釣師も多い。それは、一発目よりも二発目の方が、口にかかる可能性が大きいからである」

あわてる乞食はもらいが少ないの格言を思い出させる世界である。普通の状態なら、一発目の〝当り〟は余裕で見逃すのが常であるが、そのときはすでに午後3時を過ぎており、風は強くなる一方。しかも、他の釣舟は宿に引き上げていたから、一発目で勝負をつける必要があった。

「浮子の動きはいよいよ活発」になり、事態は風雲急を告げてきた。ここで、氏は〝芸〟を繰り出す。

「それまでは両鈎ともにマッシュ・ポテトの素練りであったが、魚の寄りをみて、下鈎に、柔らかく練り込んで、小麦粉をまぜたオカユに似た餌をつけて一投し」たのである。つまり、魚が集まったと感じて、バラケ重視の寄せ一辺倒から、いよいよ食わせるための勝負手に討って出たわけである。すると、

「浮子がなじみ、一目盛、ズズと持ちあがる」

このウキの動きは、「魚が餌を喰う前の動作」である。魚が寄ったことを示す〝前ぶれ〟から、魚がエサを口に含む寸前にまで、ようやくたどり着いたのだ。しかし、ここから食わせるまでの時間が辛抱だ。たった「十秒」ほどだが、ひどく長く感じる。それというのも、「その十秒に、自分の技術と、期待と、失望と、そうしたあらゆる心理的な要素が密集して、心のなかに一種のパニック」を起こさせるからである。

先日、陸上100mの桐生祥秀が、日本人として初めて10秒の壁を破ったが、おそらく、桐生の10秒とこの釣り人の10秒との心理世界に、それほど大きな差異はない。

森秀人は、この場において思想家・哲学者の顔をのぞかせる。

「一目盛、浮きあがった浮子は、まるで生物のように、ピタリと停止し、息をこらしている」

「動かない浮子に動を感じるようになれば釣りは一人前である」

恐ろしく洞察力に満ちた描写であり、名言である。ピタリと停止した動かないウキにこそ、「動」を見る。これは、世阿弥『花伝書』の奥義に通じるものである。

そのウキが、「突然、ゆっくりと、しかし確実に沈み始めた」――。

10秒のゴールテープは、もう駆け抜けるだけだ。余計な力も想念もすべて脳内から消えている。我に返ったときには、「尺六寸という巨べら」を取り込んでいた。

それ以後、入れ食いになり、釣った魚をすべて放流し終え、森は頭を上げる。すると、「夕焼けの富士は性的なほどに鮮やかな桃色を見せていた」のだった。

森　秀人（1933～2013）

東京生まれ。昭和33年、三一書房の評論募集に応募して入選。加太こうじ、佐藤忠男、虫明亜呂無らと大衆芸術研究会創設。当時、松田政男らが企画した自立学校で講師を務めた。講師仲間には谷川雁、吉本隆明、唐十郎らがいた。昭和38年7月～翌年4月には雑誌「思想の科学」編集長を務めるなど、1960年代の論客の1人だった。その後、考古学、民俗学に傾倒するかたわら趣味の釣りを楽しんだ。釣りの趣味が高じて、昭和54年にアイザック・ウォルトンの不朽の名作『釣魚大全』を翻訳し、『私本　釣魚大全』刊行。ほかに釣本では、太公望の謎に迫った『黄河の覇王』、釣りを科学的に検証した『釣りの科学』、など。

『囮りアユと風変わりな車掌』（『鮎つりの記』より）

島村利正

『鮎つりの記』は朔風社より
1984年に出版された鮎釣りアンソロジー

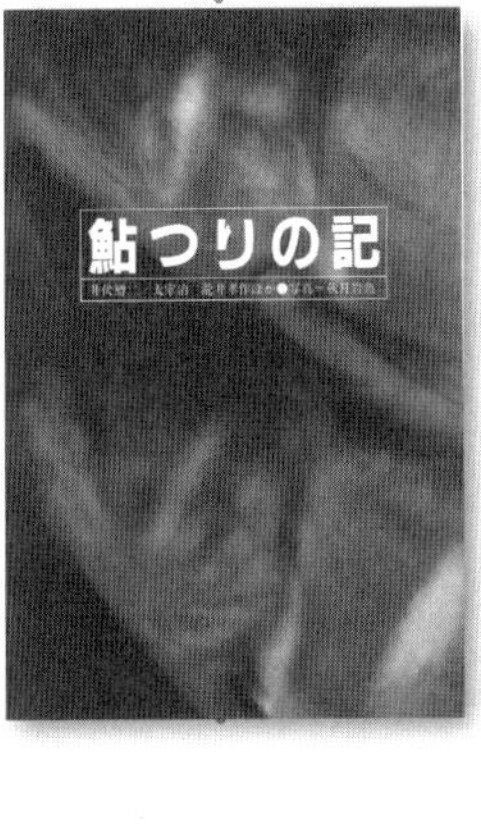

文学もアユ釣りも、瀧井孝作を師と仰いだ

「私の鮎つりは昭和十七年に、相模川津久井渓谷下流の神沢《かんざわ》で、瀧井さんから手ほどきを受けたもので、それから以後三十数年、各地の川を釣り歩いていることになる」（島村利正『清流譜』より）

相模川の「神沢」は、上流に上大島地区、下流に葉山地区という人気エリアを控え、現在では穴場的な友釣りポイントとして知られる。

「瀧井さん」とは、前著でも紹介した純文学作家随一の友釣り名手・瀧井孝作のことである。

島村利正にとって瀧井は、文学の師であると同時に、アユ釣りの師でもあった。師弟の出会いは、島村が奈良の古美術写真出版社「飛鳥園」に仕事を得たことに始まる。

昭和元年12月、文学少年であった15歳の島村利正は、長野県・高遠の実業専門学校を中退し、小説家を志して故郷を飛び出した。向かった先は奈良であった。島村の家は、信州の小京都・高遠でも名うての商家で、父親は長男であった島村に家業を継がせたく実業学校へ進学させたのだが、それに反発して出奔したのである。そのときのようすは、後の小説『妙高の秋』でこう振り返っている。

「私は十二月二十日、絣の着物羽織に袴をつけ、つり鐘マントを着て奈良へ発っていった。弟の正三は私の姿が見えなくなると、奥座敷の炬燵へもぐって、一時間も泣いていたという」

当時の奈良には、白樺派の武者小路実篤や志賀直哉らが移り住んでおり、その志賀を慕う瀧井孝作も安孫子─京都─奈良と、志賀直哉を追って引っ越していた。

そして、飛鳥園の仕事を通して、島村と瀧井はつながりを持った。瀧井は当時32歳。島村は17年歳下であった。

その後、島村は東京へ出て英語の専門学校へ通い、職を得て結婚。瀧井も東京へ戻り、八王子の妻の実家に移り住んで、文学と相模川でのアユ釣りの生活であった。

島村は結婚しても、小説家の夢はあきらめていなかった。昭和15年には、『高麗人』が芥川賞の第一次候補になった。そこで、島村は文学的な知己《ちき》を広げるために、八王子の瀧井孝作を訪ねて再会を果たす。そして、文学とともに友釣りも指南されることになったのである。

島村は子どものころから故郷の川で釣りに親しみ、東京でも狛江に住んでいて、近くの多摩川で〝ゴロタ〟（コロガシ釣り）などをやっていたから、釣りのスジはいい。瀧井も頼もしく思ったに違いない。そして昭和18年8月には、島村の故郷・高遠に瀧井を招待し、2人は天竜川の巨アユと格闘する。

「伊那市下方の天竜川へ出て、四十匁の巨鮎を釣った。これはうまくいった。瀧井さんは十六匹、私は四匹であった。巨鮎だけに、友づりとしては大漁であった」（前出の『清流譜』より）

1匁は3・75gであるから、40匁＝150g。当時の天竜川本流で、しかも雨後の増水時であったから相当の引きであっただろう。師の16尾に対して自分はわずか4尾。しかし、自分は40匁の「巨鮎」を釣ったのだという自負をさりげなくのぞかせているところが、いかにも釣り人らしいではないか。

魚野川アユ釣り旅でのちょっといい話

表題の『囮りアユと風変わりな車掌』は、1984年に朔風社から出版された川釣りアンソロジー3部作の第3弾『鮎つりの記』に収められた、わずか5ページの掌編である。冒頭に、「昭和二十三年の夏のはなしである」とあるから、島村利正36歳時のエピソードだ。伊勢崎の釣り仲間とともに、越後湯沢温泉の宿を拠点に、総勢5人で魚野川を釣ろうという計画。ところが着いてみると、先発の伊勢崎組はまだ陽の高い午後の3時だというのに、すでに宿で酒を飲んでいる。

「上流は駄目らしい、三人がかりで昼までやって、やっと三点ですよ」

釣った3尾は、明日のオトリ用に宿の横の小川に生かしてある。では、明日は下流の浦佐で釣ろうということになった。

翌朝6時発の汽車に乗り込む。浦佐まで小一時間、「囮り箱の上に、大きな氷塊を載せ、その落ちる水滴で」オトリを持たせようというわけだ。朝の汽車なのに、「やや満員」状態。次の駅へ到着というとき、

「これは何ですか」

と車内巡回の車掌が氷塊の載ったオトリ箱を指す。

「アユですよ、囮りアユですよ。実験的にやっているんです」

「生きているんですか」

「……」

人間以外の生き物は客車に持ち込めない。さあ、困った。伊勢崎組の酒好きの年配者・Fさんが貫録を見せて応える。

「浦佐までいって降りるんですが、その間、この囮りアユが、氷の水滴で立派に生き通せるか、それを実験しているんです。学術的なものなんです。こんな小さな箱で、それにアユは、わづか三尾なんです。何とか見のがして下さいよ」

車内はシーン。車掌も、こんな屁理屈を認めたら〝国鉄〟職員の沽券にかかわるとばかり、かたくなだ。

「学術的でも困るんです。ここは一般大衆の乗る客車なんですからね」

敗戦後3年目の、まだ日本人は生きるのに必死な時代、のんきな釣り姿の中年男5人組に対

して、乗客の視線も冷ややかだ。喧嘩っ早そうな伊勢崎組の30歳ぐらいのK氏が、「それじゃ仕方がないや、折角の実験ですが止むを得ん。水をここでおんまけて、アユを殺めてしまいましょうや」

と憤然。すると、ちょうど「ゴボゴボッ」とアユのはねる水音。年配のFさんがすかさずいう。

「ハハア、アユの奴、聞いてるな、ここで殺められちゃ、かなわないってわけなんだろう」

すると一層、勢いのいいはねる水音。「ホーラ、アユの奴、そうだそうだといっとるよ」

乗客に笑いが起こる。車掌の顔もゆるむが、すぐに厳しい表情に戻り、

「この氷の箱を持って、どなたか責任者が、わたしの部屋まできて下さい」

こうなったら、万事休すである。Fさんが氷の乗ったオトリ箱をさげて、車掌のあとを、トボトボとついて行く。残された島村たちは、「あの調子では、多分氷も水も捨てられアユはオダブツになってしまうに違いないと、すっかり観念」したのであった——。

やがて、汽車は浦佐駅に到着。ホームに降りると、最後部の車掌室からFさんがニコニコ顔で出てきた。さげているオトリ箱には氷塊が載っている。すぐに汽車は動きだし、最後尾の車掌室の窓から、先刻の車掌が怒ったような顔を突き出した。

「今年は、この辺はいいようですよ。うんとたくさん釣って下さいよ」

Fさんは、「たちまち遠くなってゆく車掌室に、右手を大きく打ち振った」——。

満員の車内で、車掌はオトリを車掌室にかくまったのである。この機転により、島村たちや乗客たち、そして車掌である自分自身をも納得する結果を得ることができたわけである。

「あの車掌氏、案外釣り好きかも知れませんな」

とは、同行のお役人、Y氏。こうして、「わたしたちはなんとなく、なるほどと思い、急に明るい気持になって、川へ向かって急ぎ足で歩き出していった」のであった。その日は、さぞかし納得のいく釣りができたことであろう。

島村利正は戦前に2回、芥川賞の一次候補になり、戦後は昭和32年『残菊抄』、昭和50年『青い沼』で最終候補まで残ったが、結局、受賞は逃した。文学上の師であり、アユ釣りの師でもある瀧井孝作は、ご存知のように昭和10年の第1回から芥川賞の選考委員を32年間にわたってつとめた、いわばこの世界の重鎮である。しかし、瀧井は自分からことさら島村を推すような言動は決してとらなかったという。そして島村利正もまた、そういう師の清白な姿勢を尊敬していた。この掌編の中にも、そういう島村の凛とした気風を感じるのは、筆者だけであろうか。この師にして、この弟子ありである。

島村利正（1912〜1981）

信州・高遠生まれ。昭和15年『高麗人』、同18年『暁雲』が芥川賞一次候補作に。戦後の昭和32年、『青い沼』が芥川賞最終候補に残る。結局、芥川賞には縁がなかったが、『青い沼』（昭和50年）で平林たい子賞、『妙高の秋』（昭和54年）で読売文学賞を受賞。

『釣の本』

佐藤垢石

初版本は1938年改造社より発刊。1989年にアテネ書房から700部限定の復刻版が刊行され、本書はその普及版

毎夜、道了杭にカイズの釣り舟が数百艘も

佐藤垢石が昭和13年に著した釣りの随筆集である。

垢石はアユや渓流釣りの名手として知られるが、淡水や海釣りなど釣り全般に精通していた。

章立てを見ても、「鮎釣」、「渓流の魚」、「山の湖と野川」、「海を楽しむ」といったタイトルが並ぶ。

その「海を楽しむ」の章の中から、戦前の古き良き江戸前の釣りに関する釣りに注目した。

まずは「道了杭の海津」である。

道了杭は江戸前のカイズ（クロダイ）釣りの一級ポイントで、その場所は「品川沖」とだけ

書いてある。もう少し詳しい場所を特定すると、前著で紹介した山村聰の『釣りひとり』に次のような説明があった。

「道了杭《どうりゅうぐい》というのは、東京港の入り口、お台場の沖にある澪筋《みおすじ》で、両側に太い杭がずらりと並んでいた。古杭の延長に、コンクリートの新杭があったが、私は古杭の方を好んだ」

また、本書61ページでも取り上げている高崎武雄『懐かしい釣り』には、道了杭ではなく、「導了杭」として、次のような説明がある。

「東京湾も戦後間もないころは、隅田川河口の第三台場と第二台場の間から大森沖にかけて大型の舟の通る澪《みお》筋があって、その両側には導了杭が立ち並び（後略）」

要するに、品川のお台場沖から大森沖一帯にかけての澪筋というから、大型船の通る深場の筋で、そこに石杭が立ち並んでいたようである。

先の『懐かしい釣り』によれば、「導了杭はコンクリートの三十センチ角ぐらいの杭で、小さいカキやフジツボなどがつく。これがカイズのエサで、この周辺にカイズがついている。杭は干潮時には頭を三、四十センチぐらい海面に出し、満潮時には隠れてしまう」とある。戦後には、石杭からコンクリート製になっていたようである。

垢石は、「道了杭のカイヅが釣れ出して来た」と聞き、昭和12年7月のある日、夜釣りにでる。出舟は午後3時～4時。これより遅い時間になると、「場所を選ぶことの困難を感じるのである」。なぜか？

「毎夜三四百艘の舟が出て多い時は千艘を超えるかと思う程賑わうのである」

昭和12年の東京湾の夜のカイズの釣りは、今では考えられないほどの大盛況であったのだ。

これでは、場所取りが大変だったであろうと想像できる。
「釣り場は東側、西側いづれでもよろしいが、その日の風向きと潮工合（筆者注＝潮具合）によって河岸を決めるが、それは船頭が万事心得ているから客には心配はいらない」わけである。要するに、その日の釣れる場所は船頭におまかせである。

コツは正確な振り込みと、杭にイトをからませないこと

エサは赤虫または袋イソメ。サオは2間1尺（3・9㎝）の「カイヅ竿」で、ミチイトは「秋田の撚糸三十本撚りを一尋矢引にして、その先へ6厘柄位のテグスを二尺程つけ鈎は四厘柄以上のテグス八寸の至一尺にして錘は一匁の二分の一位のかみつぶしをつける」とある。

なにやらややこしいが、簡単にいえば、撚りイト一尋（150㎝）＋矢引（90㎝）＝240㎝を穂先に結び、その先に6厘（6号）のイトを二尺（60㎝）ほど付け、4号以上のハリス八寸の至一尺（24～30㎝）にカイズ用のハリを結ぶ。オモリは2分の1匁（1匁は3・75g）。ざっとこんな感じで、相当な太仕掛けである。シーズン当初は30㎝前後の2，3歳ものが中心だが、お盆を過ぎると4歳や年なしの50㎝以上がサオをキリキリと絞り込む。

現場へ着いたら、「竿先が杭の頭へ届く位のところに舟を」ピタリと寄せる。これが船頭の腕の見せどころだ。「道糸が垂直になっておれば鈎が石にはさまれないのであるから、河岸のつけ方に巧拙がある」

舟の寄せ方1つで釣果に雲泥の差がでるのである。

また、釣り人はアワセのタイミングを逸してはならない。早すぎては掛からないし、遅れると、魚は杭の間に逃げ込み、杭のカキやフジツボでイトがこすれて切れてしまう。合わせると同時にサオを立て、カイズを杭から引き離すのがコツである。

2，3歳ものは引き抜きで取り込み、大物は船端へ引き寄せて「船頭に手網ですくわせる」のが一般的だ。お盆前後で芝エビが取れるようになると、これをエサにしての昼の釣りに変わり、釣れる魚もグンと大きくなる。

江戸前の釣りの代表格だった道了杭のカイズ釣りだが、この杭は今はもう跡形もない。

アワセに失敗しても、スレバリに掛かる

次は「青鱚脚立釣《あおぎすきやたつ》」である。いまはもう見ることのできない江戸前の伝統的な釣法である。

釣りシーズンのスタートは、「例年八十八夜即ち五月上旬」である。ポイントは「江戸前三枚洲、ガン場、中川尻、出洲など」、また「千葉方面では浦安、船橋」など、「西海岸では立会川、鈴ヶ森、品川、羽田、川崎方面からも舟がでる」というから、東京湾奥一帯の砂地底がポイントだったようだ。いずれも「たいそうな賑わいだった」というから、青ギス釣りの人気も相当高かったことがうかがえる。

人気の要因は「鈎に掛かってから引きが強い」ことと、「少し臭みはあるが味はなかなかよく珍重される」とある。食い味はまずまず、引きの強さはクセになるということだろう。

午前3時ごろに舟で暗い海へ漕ぎでて、夜明けごろに釣り始める。「釣客は大抵前晩に船宿

へつめかけていて、少しの間眠って」から出舟となる。そして、「舟の中で朝飯を食う。これがなかなかおいしいものである」という。

青ギスは「潮通しのよろしい場所でないと釣れない」ので、船頭の場所選定が釣果を分ける。船頭が選んだ場所へ着くと、「脚立を立ててくれるからそれに乗換えて釣りはじめる」。脚立の高さは2mほどで、「竿は一丈一尺が定法」というから約3・3m。

仕掛け図が載っているが、これが一風変わっている。ナス型オモリの下にエサのイソメを刺し通すハリがあり、その下にスレバリが2〜3本ついている。それは、エサで釣れなくても「スレ鉤で引掛け」て釣るためだ。こんな仕掛けで、どのように操作するのか?

「脚立の上から潮下に向って錘《おもり》を遠く打込み、海底で錘をこづき加減に竿先を動かしているとゴツンと当りがある。すばやく鉤合せをする」。ここでハリ掛かりすればいいが、「掛からぬ時は、向こうからスレ鉤に掛かってくれる」というわけだ。

ならば、エサをじっくり食わせて合わせればいいと思うのだが、「何しろ口の小さい魚で、砂の穴から頭だけ出しているイソメを素早く食い取る習性を持っているから、鉤合せが早くないといつも釣り損《そこな》う」

シロギスも口は小さいが、青ギスはさらに小さいのだろうか。

釣れたら、脚立の上から前ビクという長いビクを海に垂らし、青ギスを入れる。ただし、「釣れない内はビクを下してはいけない」決まりだ。なぜなら、「遠くから船頭が見て釣れたか釣れないかの見分けとする」ため。ビクが下ろされているということは、青ギスが釣れているということであり、釣れないと「船頭は舟を漕いで来て別の場所へ脚立を移してくれる」のである。

釣れない場合は、「ビクが下ろされている」場所の近くへ移動してくれるということ。

青ギスではなく、カレイやハゼなど外道が釣れたらどうするのか？　先の高崎武雄の本によれば、「半ビクといって、ビクを半分に折って脚立の半分ぐらいまでおろし、その中に入れ」て、目印としたようである。

ほかにも、江戸前の海では「海苔粗朶《のりそだ》の鯔《ぼら》」釣りも盛んだった。「秋になればボラはますます貪食になって、実に釣りやすくなる」ので、大森や羽田、浦安あたりの海苔ヒビ周りに釣り舟が並んだ。サオは、青ギスと同じく「一丈一尺が江戸前の定法」で、ゴカイエサの食わせバリや、３本バリのイカリ掛けで、「潮通しのよろしい（海苔）ひびの間へ落とし込む」。魚が掛かったら、ひびの間へ駆け込まれてミチイトを切られないように一気に抜き上げる。

釣ったボラはすぐ血抜きし、持ち帰って3枚におろし、「刺身にし、ダイダイ酢を醤油に入れて食えば、素敵である」とし、「三枚に下ろしたものを一夜薄塩《うすじお》に漬け、さらにそれを味醂で溶いた白味噌に一昼夜漬けておいて食えば非常においしい。これならば四五日は保存ができる」と垢石はその美味を称賛。

また、前出の山村聰は『釣りひとり』の中で、ボラの「水炊きなどはまたとない珍味」とこれまた絶賛。

在りし日の東京湾は、ボラの刺身や水炊きもご馳走になるほど、水清く豊饒な海だったということだろう。

※なお、青ギスの脚立釣りについては、63ページにも登場しているので、併せてお読みください。
※『釣の本』からの引用箇所は現代文に改めています。

佐藤垢石（1888〜1956）
群馬県の利根川近くに生まれる。早稲田大学中退後、報知新聞社入社。昭和2年退社して文筆に専念。各地を釣り歩き、戦後、昭和21年7月創刊の「月刊つり人」初代編集長に就任。釣り、食、酒を愛し、昭和16年秋に初版発行の随筆集『たぬき汁』は戦時中のベストセラーになった。

『つりの道』

緒方 昇

二見書房の「釣魚名著シリーズ」の1冊として、
1976年刊行

大魚を釣りあげて磯に仁王立ち

ロシアで開催された2018年のサッカーW杯、日本代表VSベルギー代表戦。下馬評ではまったく歯が立たないと見られていた日本だったが、原口元気と乾貴士のゴールで2点先制。しかし、終盤に大逆転されて2―3で8強入りを逃した。この試合を私は、高速道路で釣りに向かう途中の、夜明け前のサービスエリアの大画面で、眠い目をこすりながら観戦していたのだが、その画面に頻繁に顔をだすベルギーのある選手に目が留まった。

その名は、ヴァンサン・コンパニ。

身長193cm、体重85kg。屈強なセンターバックであり、日本代表戦士の壁として立ちはだかった。その体躯の頑強さにも驚いたが、ヘディングのし過ぎなのか額がコブのように突き出た丸坊主頭の愛嬌と闘志あふれる風貌が印象に残ったのだ。

この面構え、どこかで見たような……。

そして数日後、この連載執筆のために緒方昇著『つりの道』の本を開いたそのとき、私はハッとした。口絵写真に、著者が仕留めた巨魚が載っているのだが、その魚と、先のベルギー代表選手の面構えがドッキングしたのである。

その魚はコブダイ。コブダイは、成長するにつれて頭部がふくれてコブのように突きでる個性的な顔立ちの磯魚。写真の緒方は岸壁に仁王立ち、ギャフを魚の上アゴに引っかけて誇らしげに吊るし上げているのだが、その大きさは足下から腰近くまであるから、1m近い大ものだろう。口絵写真裏のコメントには、「昭和三十三年一月一日／伊豆大島東海岸長根岬にて／撮影　永田一脩」とある。

クロダイ釣りで心の傷を癒す

緒方昇は明治40年に熊本市本荘町に生まれ、子どものころは市内を流れる白川で雑魚を釣って遊んでいる。早稲田大学の政経を卒業し、アナーキスト詩人として黒色青年連盟などで活動後、昭和4年に東京日日新聞（現毎日新聞）に入社。

過激なアナーキストから新聞記者への転身には、どのような理由《わけ》があったのか。手がかりになるような詩がある。昭和45年に刊行された『魚佛詩集』の中の「漁港の宿」がそれである。

――（前略）四十年前／人の世に挫折した私は／獣が草むらで傷口を舐めて治すように／都会をのがれ／漁港の宿に身を潜めた／そして／夜は防波堤でクロダイを釣った／が真実／獲たものは魚ではなくて／ささやかな勇気とほのかな希望であった／かくて／私は再び社会に漕ぎ出した（後略）――

40年前とは、緒方昇が東京日日新聞に入社した時期にほぼ一致する。当時22〜23歳。あの昭和初期の暗黒時代、アナーキズム運動の渦中に身を投じていた緒方は、心にどうにもならない深い傷を負ったのであろう。

そして仲間と離れ、どこか地方の寂しい漁村に身を潜め、夜な夜なクロダイを釣りながら心の傷と対峙していたようである。

その結果、日に日に傷は癒され、再び生きるエネルギーを得て新聞社に就職。釣りは、はた目にはヒマつぶしの無為きわまりない行為と思われるようだが、名医にも治せぬ〝心の大病〟をいともたやすく癒してくれる効能があるのである。

島の女との秘愛と磯釣り

戦時中の緒方は中国・台湾にいた。この『つりの道』の最初の項「岬と峠」によれば、緒方が再び釣りを始めるのは、「戦争が終わって、外地から引揚げてき」てからである。そして、会社の同輩の紹介で、新しいつりクラブ「釣友同和会」に入会。

なぜ釣りをするのかと自問し、次のように答えている。

「軍も政府も会社の首脳部も、あの戦争中にいったい、何をしてきたというのだ。極端にいえば、戦友も同僚も仲間も、このおれだって何を為しえたのだろうか。いまや、自己を幽閉し、おのれを罰し、身を一竿に托して、海を見、川をながめ、ものいわぬ魚族を相手にする以外に、生きる道はないのではないか、という考えが五体の隅々に充ち満ちていたといってよい」

このあたりの大自然に没入しようとする心象は、前著で紹介した児玉誉士夫の場合と相通じるものがある。極左と極右という思想的には到底相容れない両者だが、心情的には案外近しい部分があったようだ。というか、釣りに思想や地位や境遇は関係ないということであり、釣り（自然）は何人に対しても常に平等に微笑んでくれるのである。

釣友同和会は間もなく、ヘラブナ研究部と磯釣り研究部に分離独立するが、緒方は磯釣りを選ぶ。「大自然のなかに直接はいっていって、限りある身の力を、思いっきり試してみたかった」からだ。

そうした戦後間もなくの夏のある日、緒方は東海汽船に乗って、一人伊豆諸島のS島へ渡る。「外地引揚げ当時のお手製のリュックに、登山用のロープ、ハーケン、ハンマーなど、磯つり師の仕度は物々しく、いわゆる七ツ道具を背負った弁慶よろしくの姿」で、S島のひなびた一軒宿に投宿。宿の小伝馬舟を借り受け、イシダイをねらうのである。

当時はエサのサザエは、島のいたるところで採れた。そこで、島の衆が〝かつぎ〟と呼ぶ海女《あま》を雇った。オトメという名のその海女は、「まだ三十にはなっていないらしい、長身で、堅ぶとりのぴちぴちしたからだ」であった。

岬の入り江に舟を着け、その突端の水深30mはゆうにある絶好のポイントに陣取る。「竿をつなぎ、リールを装着して糸を通し、ピトンを打ち」終えると、髪の毛を濡らしたオトメが反対側の入江からサザエの入ったスカリ（網袋）を提げて帰ってきた。

　午前は不漁だったが、「彼女がサザエを六キロばかり採ってきてくれたので、どんどん砕いてコマセにした結果、入れがかりの状態になり、大小合わせて五枚の釣果となった」

　帰り際、入江の船着き場に行くと、

「まッ黒な熔岩の上に真ッ白の肌着類が乾されてあるのが印象的であった。オトメはあわててそれを取りこんだ」

　オトメは内地の漁港の生まれ。見初められて島に嫁いだのだが、夫は遠洋漁業で遭難死。姑と2人の幼い娘を抱え、山畑を耕し、テングサやアワビ採りの「かつぎ仕事」で細々と暮らしているのだった。

　翌日も「またまた大漁」であった。するとオトメは、「家伝のたまり桶に漬け、島名産のクサヤの乾物にしてあげる」というので、緒方はオトメの家でそれを見物することになった。

「井戸端で器用に包丁を使う彼女の後ろ姿をながめていると、うなじの左側の髪の生え際に黒子《ほくろ》が一つ浮いている。私はそっと腰をかがめて、黒子に唇をつけて吸ってみた。島の椿油の香ばしい匂いがした」

　こうして、2人はやんごとなき関係を結ぶ……。

　しかし翌日、「オトメは畑仕事があるといって」、釣り場に姿をみせなかった。その後、たびたびS島へ釣りに行くのだが、オトメは緒方に会いたがらない。だがしかし、「私が島を離れるときは、どこで聞き知ったのか、かならず波止場に出ていて、いつまでもいつまでも手を振っていた」のだった。小さな島の閉鎖社会にあって、オトメは2人の関係がうわさになることを恐れたのだ。

そして20余年が過ぎた。

緒方は若い釣友を誘って、久しぶりにS島へ渡る。「港はりっぱに修築され、上下水道も完成、火力発電所が設けられ、四六時中電灯がつき、ラジオが聞かれ、テレビも見られるようになっていた」

岬の釣り場は、近ごろの釣り人がかき捨てたサザエの殻や缶詰の空き缶が散乱し、外道で釣れたウツボが岩場に放り投げてあって腐乱しているという惨状。

オトメの家は、娘の代となり、藁ぶきが瓦屋根になり、長女夫婦が「民宿」の看板を掲げていた。そして、ひょんなことから、帰りの船でオトメの娘の次女と同船することになる。二十歳に成長した彼女は船に弱く、汽船が港を出ると顔面蒼白になって嘔吐を繰り返した。

「私は静かに彼女の背中を撫でさすってやっているうちに、ふと、そのうなじの左側に、小さな黒子をみつけた。一瞬、私の表情は硬直し、人生の峠を一散に馳けおりてゆく、おのれの老いの姿を幻想した」

岬と峠、峠を越えてから、岬の突端へと一気の下り坂――。

釣り人生を通して、時代の流れと人間の老いを、鋭利に写しだした珠玉の一篇である。

緒方　昇（1907～1985）
熊本市本荘町生まれ。早稲田大学専門部政経科卒。アナーキスト集団「黒色青年連盟」で活動。昭和4年、東京日日新聞入社。後、中国に留学。戦後は、毎日新聞論説委員、「毎日グラフ」編集長などを務めた。退職後、文筆生活に入る。詩誌「日本未来派」創刊に参加。「歴程」同人。『魚佛詩集』で読売文学賞受賞。釣りでは、釣友同和会理事、ざこ・くらぶ会員。『魚ごころ釣ごころ』『魚との対話』『釣魚歳時記』などの著書がある。

『マンボウの刺身――房州西岬浜物語』

岩本 隼

単行本は1993年、新樹社刊。2002年、文芸春秋社で文庫化

東大生が辺鄙な漁村に一目惚れ

房総半島、館山市の西側、相模灘に大きく突き出た岬のような一帯は、昔から西岬《にしざき》と総称されている。かつてはれっきとした西岬村であったが、昭和29年に館山市に併合され、その地名は消滅。しかし、当時の14の集落名はいまも残っており、洲崎《すのさき》、坂田《ばんだ》、波左間《はさま》、見物《けんぶつ》など、堤防釣りファンにはおなじみの小漁村が点在している。

この西岬の集落のうち、もっとも館山市街に近いのが、この物語の主要舞台である香である。香は、「こう」ではなく、「かおり」でもなく、「こうやつ」と読む。小ぢんまりとした漁港と

浜と山と畑があり、かつての住民の多くは半農半漁の暮らしであった。

本書は、その〝香村〟に移住した著者の漁村暮らし物語であり、「ゴンズイ汁」～「海女と一緒に潜った」まで、面白くて痛快で、ほほえましくもある合計27のエピソードで構成されている。著者は〝潜り〟専門で、釣りの場面は申し訳程度にしか登場しない。が、いつかサラリーマン生活を離れて、海辺や川辺で釣りをしながらのんびり暮らしたいと、何となく夢想しているような人には、参考になるはずである。

まず、なぜ香に移住することになったのか、その〝なれそめ〟だが、これは「アナゴ突き」の章に書かれている。

「ぼくが初めて香の海岸にやって来たのは、今から四世紀半も前、まだ東京の大学生だった一九六五年（昭和四十年）のことだった。東京の知人に連れられて、なにげなく海水浴客として訪れたにすぎない」

岩本隼は1941年満州の山深い地に生まれた。5歳の夏に引き揚げ船で日本海を見たのが、初めての〝海との遭遇〟だった。24歳の夏に、東京から蒸気機関車に乗って、まだ観光開発が始まったばかりのこの辺鄙《へんぴ》な地へ第一歩を踏み入れたのである。当時彼は、東大仏文科に籍を置き、いまだ将来の方向性の定まらない気ままな留年生（大学5年生？）であった。

そして、この地に開業したばかりの民宿に一週間滞在し、その海と魚と人間、その他もろもろに一目惚れする。

幼年時代に兄と2人で東京湾の東雲あたりでハゼ釣りに親しみ、小学2年で横須賀・馬堀海岸で泳ぎを覚え、湘南や伊豆の海などで泳ぐ楽しさも充分に知っていた。

それでも、「香のこの海はどこか格別のもののような気がしたのだ。安心して身を任せられるような、あるいは海のほうからこちらに身を委ねてくるようなな、そんな親密さが、ここの海にはあった」

母なる海というが、それとは違う。気のおけない親友のような海とでもいうのだろうか。しかし、それだけが惚れた理由ではない。

銛突きに夢中になり、海の豊饒さに感激

ちょうど、水中眼鏡を持参してきていたので、おだやかな澄んだ海中を泳ぎ回りながら、「砂の上のヒトデやバイ貝を見つけて触ってみたり、水の色とほとんど区別のつかないキスをみつけて訳もなく追いかけていた」という。いまだ人生に目的を持っていなかったのと同様、潜る目的もなく、ただ海中をクラゲのように漂っているだけだったのだ。

「そんなある日、海底に横たわっている土管の中に、得体の知れない黒い物が動いているのを見つけた」

何なのか？　正体を突き止めようと、村の雑貨屋・治郎兵衛商店で銛《もり》を買う（このあたりでは、銛は〝ヘシ〟と呼ばれ、当時は銛の使用規制もなかったので、みんな普通にヘシで魚を突いていた）。

岩本が海に潜って、「ゴムを思いっ切り引き伸ばして土管の中に放」つと、ものすごい手ごたえ。暴れるのをいなして、やっと引き出すと、「六十センチほどの黒褐色の魚がヘシの先で

身をよじらせている」ではないか。

アナゴだった。

これを民宿で蒲焼風につくってもらって食べた味が忘れられず、その後は昼間はもちろん、夜の海にも潜って夜行性のアナゴ突きに熱中。ついには、アナゴだけでは飽き足らず、ホウボウなどの魚も突きまくる。

一週間の滞在期間が終わるころには、漁師の船に乗せてもらうほどこの村に馴染み、「やっぱり、海はすごい」と海辺の暮らしに大感激。

「というわけで、この年からぼくの香通いが始まったのだった」

何とか大学を卒業してTBSへ就職。夏にはむりやり休みを取って香の海に会いに行った。そしてとうとう会社を辞めてフリーになり、翻訳仕事などで糊口をしのぐ。やがて、遊びで海に接することに満足できなくなり、夏の2カ月間は「山海丸《さんかいまる》」という香の漁船の臨時雇いになる。つまり、漁師見習いになったのだ。

それでも、香の海への愛はほとばしり続ける。

やがて、民宿にやってきたレジャー客の1人だった女性と結婚。一女をもうけ、ついには、ささやかながら終《つい》の棲家を香の村に建てて完全移住を果たすのだった。

得意の潜り漁のほか、定置網漁を中心とした漁業の手伝い、そして農業もやりながら地元にすっかり溶け込み、またフリーとしてテレビや雑誌でも働くという、まさに八面六臂の〝三足わらじ暮らし〟を満喫。

海底の岩場で巨大アワビを発見！

定置網漁の合間には、潜り漁である。砂地にいるアナゴ、メゴチ、シタビラメから、メバルやカサゴなどの根魚、さらには泳いでいる魚も一突きに。値の張るサザエやアワビは、海中深くまで潜水して探り、そして採る。潜り漁の腕は、香村で一、二を競うまでに上達。

その究極のエピソードが、「一二キロのアワビを剥ぐ」の章である。

そのころには、船の操舵も一人できるようになり、主な漁場は東に浮かぶ風光明媚な沖の島の根である。が、この根はほぼ制覇して飽きてきたので、新しい根はないものかと探していると、何列も延びる1尺にも満たない低い根の中に、「高さが一メートルを超す有望な根」を発見。水深は約12mで、その上にはカジメが生い茂っている。

深くてカジメが泳ぎの邪魔をするので思うように探索できず、そのうえタナには歯をむいたウツボがウヨウヨいて、眼鏡は水圧でミシミシと音をたてる。潜水と浮上を何十回と繰り返していくうち、大きな殻の盛り上がりが目に入った。「ついに、岩の南側の落ち石に、巨大なアワビを発見した」のだ。生い茂るカジメに隠れていて、ほかの漁師たちから見過ごされてきたのだ。

仰天して浮上。逸《はや》る気持を抑え、「シュノーケルで息を整え、最後に深く息を吸い込んでから、おもむろに潜った」

貝はデカイうえに、岩に食い込むように付着しているので、剥《は》がすのも一苦労である。殻を壊しては元も子もないので、通常は殻の硬い高いほうからイソガネ（アワビ起こし）を入れるが、そんな時間はない。殻の薄いほうにわずかなすき間を見つけ、強引にイソガネをたたきながらねじ込み、奥まで深く刺し込む。

失敗すると、貝は岩に強く張り付いてすき間を閉じてしまうので、次の機会を待たねばならない。

海底に足を踏んばり、力いっぱい剥がしにかかる。しだいに息が苦しくなる。だが、「息が切れる寸前に、やっとの思いで剥ぐことができた」のだった。

「長径が三十センチ、二キロはあろうかという大物だ」

張り付いていた岩には1㎝ほどの窪みができていたというから、まさに超大物！　そればかりか、その日は同型のアワビを「もう二枚剥いだ」というから畏れ入る。

地元のベテランたちも知らなかった秘密の根を新発見したのだ。岩本は、一人ほくそ笑み、「アワビ根」と勝手に名付けて、その位置を帳面にしっかり記録した。


2㎏のアワビとは、どういうものか。

香の食事処「多津味」の二代目に問い合わせると、「2㎏のアワビ……？　私は見たことはありません。近年で一番大きいのは500g弱ですから、ケタが違いますね」との答えだった。

昔は、こんなお化けアワビがいたのだ。昔といっても、いまからほんの30年ほど前の昭和の話であるが――。

岩本　隼（1941〜）

満州生まれ。東京大学文学部仏文科卒業。大学留年時代に海水浴で出かけた千葉県館山市の香の海に魅せられ、TBS、テレビマンユニオン、フリーの記者と仕事を変えながら、その辺鄙な漁村に通い続け、40歳前後で香に移住を果たす。ほかに、『ゴンズイ三昧』『絶品、マトウダイ』『ぼくの父は詩人だった』などの著書がある。

『南海の孤島・式根島で』

永田一脩

1960年、山と溪谷社発行の
『山釣り　海釣り』所収

プロレタリア画家から釣り人へ転身

戦後の磯釣り界のパイオニア的存在であり、釣りの名手として、また釣りジャーナリストであり、釣り写真家としても知られている永田一脩だが、本業は洋画家である。

大正11年、親の反対を押し切って東京美術学校（現東京藝大）に入学。後年、永田を絵画の師と仰いだ大磯の尾崎俊雄氏によれば、同期には肖像画をライフワークとした小磯良平や、パリで活躍した荻須高徳がいたという。昭和2年、美校卒業後は労農芸術家聯盟に入り、その後脱退して前衛芸術家同盟の美術部の責任者となり、機関誌「前衛」の表紙絵などを描いた。この会合で、当時のプロレタリア芸術運動の若き理論的支柱であった蔵原惟人《くらはらこれひと》を知る。

そして1年後、永田の代表作ともいえる《プラウダを持つ蔵原惟人像》が描かれる。

昭和3年のある日、蔵原から永田に、「浜名湖に行かないか」と誘いがあり、同年の8月の1ヵ月を、浜名湖東岸の舘山寺の寺に寄宿する。このとき、永田は美術学校時代の第4回帝展で入選した《スタシオン》を売りに出し、そのお金で旅費や画材道具一式をそろえて出かけたという。画家とはいっても、機関誌編集や演劇活動などに身を削られ、落ち着いて絵筆を執る暇などなく、食うや食わずの生活だったのである。

この浜名湖の寺の廊下で、蔵原をモデルにして先の傑作を描き上げた。「プラウダ」はソ連共産党の機関紙。読みかけのこの新聞を、真っ青な色のルパシカを着用し、足を組んで椅子に座る蔵原の膝の上に配している。蔵原の知的で端正な横顔は「プラウダ」から視線をはずし、真っ直ぐに前方を向いている。その若い目は希望の光を放ってはいるが、どこか深い憂いを帯びて時代の行く末を見つめているかのようでもある。

たとえば、永田と美術学校同期であり、卓越したデッサン力で人物画に才を発揮した小磯良平の描く肖像画と、この永田の肖像画とを比べてみると、その相違は歴然としている。一方は華やかで、一方は暗い。一方は完璧なデッサン力で一分の迷いも隙もなく、筆に遊びさえあるが、一方にはどこか歪《いびつ》な不安定さがある。好対照ではあるが、芸術作品として考えた場合の魅力にそれほどの差があるとは思えない。このまま永田が絵を描いて行けば、それなりの評価を得られたのではなかろうか。しかし、なぜだか、そうはならなかった。

この永田の作品は、肖像画としてのリアリズムを通じて、時代のリアリズムを描き出しており、プロレタリア絵画という枠を超えて、普遍的な美の真実を内包していると私の目には映るのだが――。

そして戦後になって、永田は釣りに出会う。

「私は三十から山に登りはじめた。それが戦争の中頃まで続いたが、戦後は釣りに転向した。山に行きだしたのは、病弱な身体を鍛えようとしてだったが、登りはじめ、釣りはじめると、それに病みつくのが私の性格のようだ」（ポケット文春『大物釣り』の〝あとがき〟より）

昭和5年5月某日の朝、吉祥寺の住まいに警官が土足で踏みこんできて、永田は刑務所に放り込まれる。翌年、刑3年執行猶予5年を言い渡され、以後は特高の監視下で、ダンス靴のデザインや制作などで生計を立てる。そして、戦争で空襲が激しくなり、大磯に疎開転居する。その大磯の浜で、運命の釣りに出会ったのである。

当初はイシモチ釣りや、大磯独自の「おおなわ」という釣り方で砂浜からイナダなどをねらっていた。その後、イシダイやカンダイなど磯の大もの釣りにのめり込み、茅ケ崎沖の烏帽子岩、真鶴岬、東伊豆の八幡野、西伊豆と釣りの遠征域を広げ、やがて大島など伊豆七島へと通うようになる。

その迫真の大もの釣行記が、『南海の孤島・式根島で』である。山と溪谷社の山溪フォトシリーズとして昭和35年、永田一脩57歳時に発行された釣り写真と釣り紀行集「山釣り　海釣り」に収められている。

一貫七百匁！　式根島で大イシダイと格闘

年末年始を磯釣り三昧で過ごそうと、昭和33年12月29日夜に竹芝港を出航。大島経由で式根島に渡る手はずだ。遠征メンバーは、永田のほか、当時永田が勤めていた毎日新聞社の同僚緒方昇（後に作家／本書97ページで紹介）と神谷善一、そして銀座の老舗コーヒー専門店「ランブル」の関口一郎の合計4人。強い西南風で大島に足止めを食うが、31日の夕方5時に式根・野伏港に無事釣り荷を下ろす。

元日は朝の5時起床。あいにく北東の風と雨が激しく、薄暗くなるまで粘るが「誰一人釣れなかった」

2日目、雨は上がり、微風の好条件。永田と神谷は〝新ツシロ〟というポイントの近くに入って、サオを2本ずつ、合計4本だす。地元の釣り人はイセエビでイシダイを釣るが、永田たちのエサは下田から送らせたサザエである。

午前8時にサオをだして2時間ほど経ったころ、「神谷氏が『竿をたのみますよ』といって岩陰に入っていった」。用便のためだ。ちょうどその間に、神谷のサオの1本がおじぎを始めたので、サオを持つ。「間もなく持ち込んでいったので、合わせた。『おおい！来たぞ！』とどなりながらリールを巻く。神谷氏はあわててズボンをずり上げながら飛び出して来た。（中略）『おれの竿に来たんだから、おれにあげさせろ』と（神谷氏が）いうので、竿を彼に渡し、私は自分の使いなれた手カギ（魚を取り込むフックの付いた道具）を」取った。

やっと魚が見えてきた。一貫目（3・75kg）クラスだ。磯が高いので10尺（約3m）の手カギが届かず苦戦。波がきて魚が浮いたところに手カギを打ち込むが、1回目は失敗。2回目は、打ち込もうとしたときに波が引いて、「魚は狭い岩のわれ目にはさまり、鈎がはずれてしまった」。そして、「次の大きな波が来て、魚が浮いて波とともに逃げていってしまった」――。

手カギを掛けるのは上手いと自負していたのだが、よもやの失敗。永田は同僚の神谷に詫びるのだった。そして、

「神谷君、この調子ならまた来るよ」と相慰めあって、再び釣りはじめる。

中途半端な遠投では釣れないと判断した永田は、オモリを「三十匁にしてほおった」。30匁は112・5gで、60mは飛んだ。

遠くの海面にオモリが落ちて、着底とほぼ同時に1発目のアタリ！

しかし、次のアタリが遠い。あせりは禁物である。2度ほど、イシダイ特有の小さなアタリが穂先を微動させるが、それっきり沈黙……。

「私はタバコを出して火を付けた。そのタバコが半分ほどになった時に、一気に竿先を持ち込んでいった」

さあ、ここから式根島の磯の勇者との決死の闘いが始まる。

「懸命に竿を立てようとするが、右手が竿で岩におしつけられたままで竿が立たない。私は岩に顔をふせ、右肩を岩につけて、竿を握った右手を上げようとした。そしてやっと全身の力を出して竿を立てた」

サオが立ったら、次はリールを巻きにかかる。しかし、簡単には巻けない。ジリジリと、少

しずつ巻いていくが、魚は一向に姿を現わさない。

「左か右のハエ（筆者注＝隠れ根）に持ち込まれては大変と思いながら巻く」

すると、「やっと魚が見えてきた。魚の縞が見える。大きい」

これを溝に誘導すると、神谷が強引にワイヤーを持って岩場に引きずり上げた。

「『でかいぞ！　記録もんだ！　二貫目はありそうだ！』という。なるほど大きい。幅もある」

後で測ると、1貫700匁で、2貫には300匁足りなかった。一貫目以上のイシダイはたいてい縞が消えているものだが、縞模様がクッキリと浮き出ている。この本のグラビアページには、そのときの大イシダイを右手にぶら下げ、冬の陽を浴びて式根の港に立つ永田のモノクロ写真が大きく載っている。手にした獲物の魚ではなく、遠くの幻を見つめているような永田のニヒルな表情は、どこかあの《プラウダを持つ蔵原惟人像》を想起させる。

永田一脩（1903〜1988）

福岡県門司市生まれ。昭和12年に東京美術学校西洋画科卒業。前衛芸術家同盟や全日本無産者芸術連盟（ナップ）などに参加。《静物》《プラウダを持つ蔵原惟人》などを描く。同16年、東京日日新聞社に入社。戦後は日本美術会会長となり、また、写真や趣味の釣りに傾倒。釣り関連著書はほかに、『魚拓』『釣りの世界』『江戸時代からの釣り』などがある。

『呑馬先生釣日記』

野間仁根

1962年、オリオン社出版部より刊行

写生旅行の南房・太海海岸で大クロダイ釣りを決意！

「呑馬先生とは、トンマ先生に濁音したのである。間抜け野郎がもう一枚ふぬけているという意味からである」（「あとがき」より）

　野間仁根は、鮮やかな色彩と骨太のタッチで知られた西洋画家。ユーモアがあり豪放磊落だが、根は几帳面で繊細だったといわれる。

　自分の姓の野間をもじって自らを呑馬先生と名のった。その読み方は「の（ん）ま」ではなく、「どんま」であり、その意味するところは頓馬のさらに上をいくということである。また、呑馬の漢字は酒を馬のようにガブ呑みする呑み助の姿を連想させ、その平仮名読みは何が起こっても「どんまい！」のひと言で片づける極めて楽観的な人生観にも通じている。ちなみに「どんまい」とは、Don't mind（ドント・マインド＝気にするな、悩むな）というれっきとした英語である。

呑馬先生は瀬戸内海の伊予大島（愛媛県今治市）の旧家の生まれ。元は庄屋だった広い屋敷の目の前は海で、子どものころから釣り遊んだ。また戦争で故郷に疎開していた8年間は、釣りと写生三昧の日々だった。

戦後の混乱が落ち着き、東京へ戻って画業にいそしむ呑馬先生は、昭和34年の伊勢湾台風が過ぎ去った後の9月末の夕暮れに、房州・太海の寂れた駅舎に降り立った。カンバスなど油絵具一式を背負っての写生旅行である。

このとき、「ぷんと潮の磯のくささが肌身にじかに感じられ」、「磯と潮の香りを聞きわけたとたんに、『ああ、来てよかった』」と感激。その理由は、「（画業で）忙しくて魚を釣らなかったくやしさが、今この太海の駅頭に佇んで、いくらかずつではあるが、ほぐれとけて流れるような安らかさ」に包まれたからである。

さっそく、江沢館という宿に逗留。

翌朝、早くから写生に出かける。砂の上にビニールの風呂敷を広げ、レインコートを折りたたんで座布団を作り、靴を脱いでこの上にあぐらをかいて、一心に筆を走らせる。午後2時には描き終えて宿へ帰って昼食。

その玄関口で、宿の次男の「栄二君が『先生、これみさっせ』とぶら下げて来たのは、目の下たしかに一尺に余る生きてはねている大黒鯛」であった。

近くの磯でイモをエサにして釣りあげたという。クロダイは、釣り人の間では何でも食べる悪食で知られている。夏にはスイカで釣れるし、某事務機器・用品メーカーの社長が消しゴムで秘かに爆釣していた話は知る人ぞ知るである。

この大物を目にして、先生の中で眠っていた釣りの虫が起き上がった。

かくして翌日から、午前中は写生、午後〜夕方は釣りという「絵筆とサオ」の2本立て生活が始まったのである。

小フグに突っつかれ、小メジナに遊ばれる日々

ふかしイモの輪切りに太いハリを埋め込み、ハリスのイトをぐるぐる巻いて、「断崖の底の白泡の噛む潮波の中へどぼんと、遠くまでそのふかし芋の切れっぱしを投げ飛ばした」。たちまちコツコツと当たるが、いずれもエサ取りの小フグばかり。

いきなりのボウズで、呑馬先生の負けん気に火がついた。

翌日朝には、「栄ちゃん、すまないが俺にも竿と鈎を買ってくれないか」と言って、布袋竹の継ぎザオの三間半（約6・3m）の磯ザオを注文。栄二君がサオを買いに行っている間に、ササッと写生して昼ごろに宿へ帰ると、「先生、これがね、竿ですよ」とハリやイトもそろえてやってきた。

昼飯を食べるのももどかしく磯へ飛び出す。しかし釣れるのは、またしても「きゅっきゅっ」と小憎らしく鳴く小フグばかり。

こうなったら「夜釣りをやろう」と栄ちゃんに案内を頼む。その釣り場は、足場が悪く、し

かも眼下は「白泡の滝の奔流」逆巻く荒場で、「栄ちゃんここはよそうよ」と尻込み。

豪放磊落な呑馬先生であるが、根はいたって臆病なのである。というか、波静かな瀬戸内海育ちなので、岩に砕ける太平洋の怒涛を目の前にすると心が落ち着かないのである。

そこで、太海の港の目の前の仁右衛門島への渡船場で釣ることに。ここなら、たとえ落ちても大ごとにはならない。ここで、やっと魚が釣れた。「この魚はなんというの」と先生。栄ちゃんが答える。「それはメジナの子でしょう」。哀れ、コッパメジナ1尾のみ。

雨や風が続き、写生も釣りもはかどらない。

「栄ちゃんはたしかに二百五十匁の黒鯛を釣ったし、その弟の幸二君はこれまた三百匁の大黒鯛を釣ったではないか。なぜその黒鯛が呑馬先生には釣り上れないのであるか」――。

先生は尻尾を巻いて東京へ帰るのだった。

サオは折れ、やっと釣った大ものは波にさらわれる

しかし、1ヵ月も経たない10月半ばには、「再度太海の黒鯛にあこがれて、第二回目の写生と釣魚に出かけ」たのである。

しかし、やはり釣れる魚はコッパメジナばかり。絵を描けばパレットの上にトンビやカラスに糞を見舞われるなど、まさに糞だり蹴ったり。

そんなある日の、猛烈な台風の夜、呑馬先生は渡船場の岸壁の突端の塀の陰からサオを突き出した。ここで、「五、六十匁」（220g程度）の中型クロダイと、尺メジナ2尾を釣り、さ

あ次こそ大物だと、大荒れの海原に愛竿を振り込む。

「餌が潮に入ったと思った瞬間に、ぐぐっと強い魚のもちこみで竿が前に曲がった」

「魚は姿も見せずに強引に、ぎゅっとしめて引きこむ」

そして、「糸がからんだなと思った時には穂先が折れて、ぶらんぶらんと中空にただよっていたのである」

自慢の布袋竹の3本継ぎが折れて、やっと巡り逢えたと思った大魚に逃げられてしまったのである。

しかし、これに味をしめて、次の大嵐の日に岸壁に突撃。すると「竿に大一番の大黒鯛のあたり」があった。サオを折られたばかりであったから、サオを投げだし、ミチイトをつかんで強引に手繰り寄せ、「その巨大な大黒鯛をコンクリートに引き上げた」のである。

ヤッタ！

とそのとき、大波がコンクリートの上に打ち寄せ、その引き波が大クロダイをかっさらって行ってしまった。

ああ、無残やな！

失敗こそ成功の妙薬なり！

負け犬は東京に帰って画業に励む。所属する絵画団体「一陽会」の大阪の展覧会に出かけたりと、忙しさにまぎれて過ごす。暇ができると、またもや大クロダイの夢にうなされ、太海に旅立つのだった。早や11月の紅葉の季節であった。手には、新調した1間の短ザオを携行。朝9時〜午後1時まで写生。昼食の後は夕方まで釣り。夕食の後は9〜10時ごろまで夜釣りに出て就寝。規則正しい〝2本立て〟生活である。

この間、先生の腕は上がり、カイズクラスは普通に釣れた。強烈な引きに耐えて釣り上げて見たら、ナマダ（ウツボ）でガックリということも再三再四。

どんな目に遭っても「どんまい！」の精神でメゲない、あきらめないのが呑馬先生である。

そしてついに、その日はやってきた。

前日に東京から奥さんがやってきて、夜は雨。翌日の潮は薄ニゴリ。絶好のクロダイ釣り日和だ。いつものコンクリに腰かけて、新調の短ザオを置きザオにして煙草をぷかり。

そのとき、足もとのサオが、「魔法にとりつかれでもしたようにふわふわと首をもたげ」、あっという間に早瀬の海へ引きずり込まれた。港の倉庫から大縄を取りだしてサオを引っかけて回収はしたが、しかしその得体の知れない大物の姿はなかった。

それでも、「どんまい、どんまい！」と〝どんまい先生〟はあきらめない。午後にはまたサオをだす。

もう、絵を描くことなど頭にない。

そして、「糸を手に持った時である。怪しい魚はがっと糸を張った。そうして烈しい強いすばらしい引き」……。

その夕刻、呑馬先生は「宿へ魚の生きた奴を持ちこんだ」。奥さんが飛びでてきて仰天。三百匁（1kg超）の大クロダイを釣りあげたのであった。

腕に大クロダイの引きの余韻を感じ、舌にその美味を味わい、勝利の歓酒に酔いながら、呑馬センセイはしみじみ思うのであった。
「失敗こそあるいは帰死回生の妙薬であるかも知れない」と。

野間仁根（1901〜1979）
愛媛県今治市前島大島吉海町生まれ。大正9年、東京美術学校（現東京芸大）に入学。卒業後、昭和3年の第15回二科展に出品した《夜の床》で樗牛賞受賞。昭和30年、一陽会結成。釣りを愛し、魚を愛し、海が大好きで、外房・太海の江澤館を定宿として、釣り風景や魚、海の絵を多く描いた。大らかで明るく、ユーモアにあふれる画風は親しみやすい。『野間仁根画集』（三彩新社）あり。井伏鱒二の小説の挿絵なども描く。

『釣聖 恩田俊雄』

斎藤邦明編

1995年3月1日、つり人社から刊行

長良川は子ども時代のユートピアだった

目次の前ページに、「生きた川には夢がある」と恩田俊雄の筆とみられる味わい深いサインとアマゴの絵が印刷されており、プロローグには次のような一節がある。

「わしはな、釣り人全部の腕があがって欲しいと思っとるんや。（釣りが）上手な人というのは自然をよーく観察し、十分に理解せんことには釣れんことを知っとるでな、自然を大切にするんや」

そして、次のように続く。

「逆に下手な人は、『木化け、石化け』なんて理屈ばかりが先行し、まだまだ自然に溶け込んだ釣り方をしとらん」

長良川郡上に生まれ、その清冽な流れと魚たちに育てられ、砂粒が年月とともに大きな石になるように、長じてサツキマス釣りのレジェンドになった恩田俊雄。彼に密着取材し、彼の言葉で、その釣りの思想・哲学、そして人生を語ったこの本は、釣りインタビュー文学ともいえる内容で、釣りの初心者からベテランまで、すべての釣りに親しむ人たちに読んでほしい1冊である。

木化け、石化けになるような形ばかりを追うよりも、自然を知ること、それが上達への道だと、釣りを志す者に檄を飛ばす恩田は、この本の刊行当時80歳であり、いまだ渓の岩に立ち、流れに立ち込んで郡上ザオを振る現役の釣り人であった。

「わしの子供のころは」、「川は唯一の遊び場だった」、「これ以上楽しいところはなかった」とその子ども時代を懐かしげに振り返る。

「例えば、潜ればアユやアマゴ、サツキマス、シロハエ（オイカワ）、ウグイが泳いでおったし、底石の裏にはカブ（カジカ）やらウナギがおった。ナマズの子分のようなアカザやヤツメウナギ、アジメドジョウ、アユカケにヨシノボリ、モクズガニもエビもカメもおった。それを毎日あきもせず、ぼっ（追いかけまわし）とったもんや」

海にタイやヒラメの舞い踊る竜宮城があるように、かつての川にはアユやアマゴが乱舞する子どもたちのユートピアがあった。恩田は、それら水中できらめく生き物を追い回して大きくなった。

気がつくと、サオを手にして、アマゴを釣るようになっていた。すると、

「この魚の魅力にとりつかれてしまってしばらくはアマゴ釣り一本になったんや。ま、わしの

釣りの歴史でいえば、高級な釣りの第一歩というところかな」

1日でサツキマス29尾を釣り上げた

家業の材木屋で見習いとして働き始めたのは17、8歳のころ。山を知り、樹木を知るために郡上とその周辺の山々を歩き回り、その奥深くまで分け入ることもしばしばだった。そんなとき、必ずサオを持って行った。

「伐採予定地の下見やら伐採の指揮を取りがてら、そこここの谷で竿をだすわけさ」

この山仕事で、川も魚も知りつくしたのである。

「ひるどきの小一時間で二十も三十も釣れた」

ところが35歳のとき、戦後復興で木材需要が急拡大し、忙しさで体調が悪化。医者に「命をとるか商売をとるか」とまで言われ、木材事業をすべて清算。「何か仕事をせんと食べて行けんので」、「芳花園」という中華料理店を始めて、店のやりくりは妻に任せた。そして自分は、療養のために各地で湯治場暮らし。

飛騨川支流の小坂川沿いの湯屋温泉でのことだ。

「川沿いを歩いていると大石の頭でヒラヒラしているのよ、いい型のアマゴが。で、ちょこちょこと行ってはパッパッと尺アマゴを何本か釣ってくる」。そうして再びアマゴ釣りに熱中。

「四十二歳の厄年をこえたあたりになると逆に身体の調子がだんだんよくなってきて」、渓流のアマゴ釣りから、本流のサツキマス釣りへ興味が移っていった。

妻に任せている中華料理店は順調、身体も釣りで見る見る回復し、本流釣りの楽しさを満喫していた。

「そのころや、わしがサツキマスを二十九匹釣ったんは」

サツキマスはアマゴの降海型で、海へ下ったアマゴが大きく成長し、五月のサツキの花が咲くころに川へ産卵のために遡上してくるので五月鱒《さつきます》と呼ぶ。ちなみに、ヤマメの降海型のサクラマスは、桜の花の咲くころに帰ってくるのでサクラマスの名がついている。

その日は弟と一緒に、車で吉田川の明宝村の手前にある神谷の堰堤下に入った。

いつもの釣りの時間は日の出からせいぜい午前十時ごろまでだが、その日はよく釣れるので夢中で釣った。

「途中で腹が減って（中略）、弟に頼んでな、弁当取りにいってもらったことを覚えている。／弁当食って、また釣った」

気合充分だったのだ。その日、掛けた魚の数は40尾程度だった。が、「サツキマスは掛けても、なかなか捕れんのよ。四十センチからあるんやから、イトを切られたり、ハリをはずされたりでな。（中略）それでも、二十九匹。わしの記録や」

これ以来、恩田は、「残りの人生を釣りに生きようと思った。かれこれ、三十年ほど前になるがや」

恩田流の釣り哲学がぎっしり詰まっている

以後、恩田はサツキマスの数釣りに突っ走るが、ある先生との出会いによって、「釣り」に対する考え方が一変することになる。

その「先生は当時、名古屋市立大学医学部の医局長」で、恩田の華麗な〝本流釣り〟の技に魅せられて、店まで訪ねて来てくれたのだった。そして、何回も釣りに同行し、釣りをしながら先生の、魚や自然に対する付き合い方などを見たり聞いたりしているうちに、恩田は数釣り一辺倒の己《おのれ》の釣りに疑問を抱くようになったのだ。

「それまで特別気にしとらんかった長良川や吉田川の自然に目が向くようになったのや。アユやサツキマスがあふれる故郷の川が急にいとおしくなったんやな。魚ばかりでなく、水中の昆虫や水生植物にまで興味がわいてきて、川を見る目がガラリと変わった」

それからは、恩田のアマゴやサツキマス釣りの技術だけではなく、その考え方や人間性を慕って、全国から釣り人が芳花園を訪ねてくるようになった。

さて恩田俊雄といえば、7・2mの長尺の郡上ザオを、両手で持って振り込み・食わせ・寄せる、あるいは引き抜く神技ともいわれる「恩田流郡上釣法」を確立したことで知られる。

郡上釣り自体は、「掛けた瞬間に引き抜いて、腰に差したままの受けダモにアマゴを飛ばす〝取りこみ〟」方法のことで、特別なテクニックはないと恩田。そして、

「水質を知り、波を読み、魚の動向を予知する。天候や気温によって釣法を変え、エサを選択

する。ポイントへのアプローチの方法もあれば、場所移動を決断する的確な判断力」などが必要。そうした「もろもろの経験と知識が基礎になり、そのうえにテクニックがのっかるんや」というわけである。

恩田の独創性は、たとえば目印に表われる。普通、目印は移動式だが、恩田は固定式だ。さばき（天井イト）の下に1つ、オモリから1〜1・2mに1つ、その上30〜40㎝上に1つの計3つ。「大淵、水量の多い段々瀬、浅いひらきやチャラ瀬でも目印はそのままや。移動はせん」とキッパリ。その理由は、「わしは、目印でアタリをとらんでな」。では、何で取るのか？

「目印で釣る人は、アタリの判断材料をそれだけにたよろうとするから浅深に合わせて移動式にするわけやろう。そういう釣り方の人は、アタリがはっきりでんかぎりよう合わせせんのや」。つまり、目印を見てアタリを取る人は、微妙なアタリが取れないので、アワセが遅れる。

「郡上のアマゴを上手に釣るには早合わせが不可欠」なので、それでじゃ釣果は伸びないというわけだ

そしてこう続ける。

「早合わせはイトふけでしかとれん」

ナイロン0・8号の細いイトを凝視し、そのわずかなフケやユレでアタリを取るのが恩田流である。固定式の目印は、エサの流れ方を見る「方向指示器」に過ぎないとも言う。ほかにも、仕掛けの全長を長く取り、イトを張らずに流す、できるだけ軽いオモリを使うなど、恩田の釣りの極意はいまでは常識になっているが、当時は驚きであった。

こうした釣聖・恩田俊雄の独創の釣り哲学が、この本にぎっしり詰まっている。

恩田俊雄（1915〜2007）

岐阜県郡上郡八幡町生まれ。八幡町内で食堂「芳花園」を経営しながら、恩田独自の郡上本流釣りを確立。とくにサツキマス釣りでは右にでるものはいない。生前、芳花園には連日、恩田氏を師と仰ぐ釣り人たちの姿が絶えなかった。

斎藤邦明（1947〜）

栃木県宇都宮市生まれ。青山学院大卒。新聞、雑誌記者を経て平成4年に独立。小学校時代から鬼怒川でアユ、黒川支流の小来川でヤマメを釣り始める。以前から本業のかたわら山住み、川暮らしの人たちと交流を持ち、日本の原点をさぐる「旅」を続けてきた。著書に『日本鮎百河川』（つり人社）、『鮎釣り大全』（文藝春秋）などがある。

『将軍鮒を釣らず』

獅子文六

獅子文六の短編6作品を集めた『将軍鮒を釣らず』（昭和17年、錦城出版社発行）に収載

釣り嫌いの流行作家が書いた爽快な釣り短編

『てんやわんや』、『大番』、『娘と私』、『自由学校』などで知られる獅子文六は、戦前・戦後を通じて鋭い風刺を伴った独特のユーモア小説で人気を博した。

随筆『釣りの経験』を読むと、出だしからいきなり「釣魚というやつが、どうも、性に合わない」と書いている。普通は、このように否定から入って最終的には〝釣りもなかなかいいものだ〟で終わるのが常套だが、頑固者の獅子文六は全編を「釣りなぞをするものではない」で押し通している。

その理由は、ミミズが苦手であり、生まれつき不器用で仕掛けづくりが難儀、それにどうやら子どものころに、弟と横浜の家の近くでハゼ釣りをして、ついに一度も弟に勝てなかったのがトラウマになっているようである。

このように、釣りを毛嫌いしている作家が著わした釣り短編が、今回の『将軍鮒を釣らず』である。どんな内容なのか、さっそくページをめくってみよう。

主人公は幾多の武勲を誇る元陸軍中将・梶原喜十郎将軍である。退役後の現在は、毎日が暇である。俗世間を見わたせば、世知辛いことはなはだしく、腸《はらわた》の腐った卑劣漢ばかりが横行。さらには、戦場を共にしてきた愛馬が老衰で斃《たお》れ、日課にしていた朝の騎乗散歩も叶わず、運動不足で体の調子まで狂ってきた。で、つい春子夫人にも当たり散らす日々。

そんなとき、女学校2年の孫娘が、「お祖父様への贈物《プレゼント》！」と紙包みを差しだす。将軍が目じりを下げながら開くと、「赤い浮標《うき》と錘《おもり》と、糸と鉤《はり》が出てきた」。釣り道具である。愛馬が死んで運動不足なのを心配して、「せめて釣魚《つり》でもなさったら、お体のためにいいのじゃないかと思って」というわけである。ただし、「釣竿は高いから、お祖父様ご自分で、お買いになるといいわ」とちゃっかりしている。が、目の中に入れても痛くないほどかわいい孫娘からのプレゼントであるから、将軍は大感激。

かくして、朝一番の電車で古利根水郷のフナ釣りに、たった1人で突撃とあいなった。

電車で知り合った老人が入れ掛かり

ボロ服にボロ外套、縁のすり切れたソフト帽をあみだにかぶり、肩から雑嚢《ざつのう》（布製かばん）をさげ、片手には、袋入りの釣りザオという見すぼらしい姿で座席に座っていると、隣に腰かけたモジリの外套姿の隠居風の老人が「釣りですか」と話しかけてきた。見れば相手もサオを手にしている。さては同好の士かとよく見れば、「彼の所持品は、魚籃《びく》といい、餌函《えさばこ》といい、いずれも上等品の上に、黒光りがするほど時代がついて」おり、まさにいぶし銀の釣り人だ。日焼けもしていない将軍は、一応〝名手〟ぶっていろいろ話すうち、相手も古利根でフナ釣りということなので、「ご一緒に参りましょう」ということになった。

釣り場に着いた。

「あたしア、去年、ここで尺鮒をあげたことがあるからね」と老人は言いつつ、サオ5本を用意。将軍は1本きりだが、負けん気は人一倍であるから、「(なるほど……。多くの兵器を装備して、包囲作戦をやる気らしいな。よし……、わしは、寡兵《かへい》を以て、中央突破と行ってやろう)」と、歴戦の勇士らしく寡兵戦（少兵で大軍と戦うこと）で立ち向かうらしい。

エサ付けに手間取っている間に、老人は手際よく5本の仕掛けすべてを投入し、「あなたは、餌は、何をお用いです？」と問う。将軍は「ミミズの子を、使っとる」と大威張り。老人は不審な顔になり、「ミミズの子というのは、聞いたことがないが、ボッタ（筆者注＝イトミミズ）のことでしょう。ボッタも悪くないが、どうも寒鮒には、赤虫の方がいいね」とサラリと言う。

将軍はカチンときて、「赤虫も悪くないが、黒虫はなおいいようだ」と知ったかぶったばかりに、馬脚を現わしてしまう。黒虫などという虫は、この世にいないし、釣り用語にもない。

ポカポカ陽気の水面にウキが漂う。小一時間の沈黙の後、老人がサオの1つをサッと上げると、「六寸ほどの金鱗《きんりん》が、手許に躍」った。「釣れましたな」と将軍は一応称賛の声をかけるが、腹の中は「先陣の功を奪われて、すこぶる羨《うらや》ましかった」。

先陣の1尾を合図に、老人はそのすご腕を発揮し、次々に小気味よく金鱗を躍らせる。

2時間ほどで、ついに将軍は「白状しますがね、わしは、釣魚は今日が初めてです。ちと、ご教授にあずかりたい」と白旗を揚げる。

老人は嫌な顔一つせず、フナの習性からアタリの取り方などを懇切に指導。しかしやがて、「お前さんも、ブキッチョな男だね。今、教えたばかりじゃないか」などと声を荒げ始める。将軍はごもっともと、おとなしく従うのだった。

やがて、お昼時である。将軍は春子夫人手作りの豪華折詰で、魔法瓶にはお酒まで。老人は質素な握飯。将軍はご馳走と酒を老人に勧めて歓談。「おまえさんは、何のご商売だね。見受けるところ、区役所でも勤めていなすったらしいね」と老人。まさか、「陸軍中将正三位勲一等」と明かすわけにはいかないので、「まず、そんなところです」と言葉を濁す。老人は木場の材木屋で、いまは倅《せがれ》に代を譲っているが、若い者のやり口を見ていられなくて毎日釣りに出歩いているのだという。将軍はわが意を得たりとばかりに、「近頃の若い者は、まったく気に食わん」と合いの手。と、「お前さんもそう思うかい?」と応じる。

2人の老人は「眠っている寒鮒が跳びあがるほど、笑い声を揚げ」、意気投合して愉しいランチタイムが終わる。

フナでなく、珍しい魚を釣り上げた！

午後の釣りはさっぱりだった。将軍は結局、空ビクのままサオを仕舞う。老人は気の毒がって、自分の魚を分けようとするが、将軍は「戦場の拾い首や貰《もら》い首は、潔《いさぎよ》しとせんね」ときっぱり断る。すると老人、「えらいッ。お前さんは軍人みてえなことをいうよ」とその品性を讃える。将軍は胸の内で苦笑する。

その帰り道、2人はこのまま別れがたく、「その辺で一パイ」やるかと、浅草の雑踏へ繰りだす。そのとき、正面から「お、閣下」の声。見ると、大佐の襟章をつけた軍人が直立不動で最敬礼。「やア、君、しばらくじゃったね」。師団長時代の副官だった。オンボロの釣り着姿だが、「犯すべからざる威厳が、将軍の体に溢れ」るのであった。

材木屋の隠居は黙ってしまう。そこで将軍は、改めて身分を示す名刺を手渡す。武勇の誉れ高い将軍の名前を見て、びっくり仰天。そんなことに構わず、早く飲みに行こうと誘う将軍に対して、隠居老人は断固遠慮し、「お暇《いとま》致します」ときびすを返す。その後ろ姿に向かって、「もう、逢えんのですか」と呼びかける将軍。

「いえ、そんなことアありません。ご縁があったら、また、電車の中でお目に掛かりましょう」

そういって、「老人の姿は、雑踏の中へ消えて行った」

屋敷に帰った将軍に、孫娘の道子さんが「お帰り遊ばせ。お祖父様、何匹、鮒をお釣りになって？」と聞くと、将軍は晴れ晴れとした顔でこう答える。

「鮒は一匹も、釣れん。しかし、釣魚りは面白いな……。電車の中で、珍らしい魚を、釣り上げたよ」

ここに至って、この掌編のタイトルを見かえすと、はは～んと納得がいくだろう。

備中岡山・高梁川に面して「油屋」という江戸期から続く老舗旅館がある。食通として名高く、とくにアユをどんな魚より好み、壮年のころには一度に塩焼き26尾をたいらげたとの伝説を残す獅子文六は、昭和44年6月5日に清流のアユを求めてこの宿を訪ね、興のおもむくままに色紙に一句したためた。

《鮎と蕎麦 食ふてわが老い 養はむ》

目の下の高梁川では、初夏の陽を浴びてアユ釣りが盛んであった。ちなみに、獅子文六はその年の12月13日に生涯を閉じている。老いに鞭打ち、わざわざ東京から岡山県まで出向いて人生最後の若アユを渇望したのであろう。

※引用に際しては、『獅子文六全集 第11巻』（朝日新聞社／1969年）を参考にして、原文の旧仮名遣いを現代仮名遣いに改めました。

獅子文六（1893～1969）

神奈川県横浜市生まれ。慶應義塾大学中退。29歳でフランスに渡り演劇を学ぶ。帰国後、岸田國士らと文学座を興し、本名の岩田豊雄で劇作家、演出家として活動。また、獅子文六の名前で小説を発表してベストセラーを連発。戦前は『金色青春譜』『悦ちゃん』『海軍』など。戦後は、『自由学校』『てんやわんや』『大番』ほかユーモアとペーソスにあふれる大作を数多く手がける。

『魚はゆらゆらと空を見る　釣りバカ放浪記』

土屋嘉男

「小説新潮」平成13年1月号〜12月号に連載されたものに書き下ろしを加え、同14年に新潮社刊

釣りを通して2人の文豪と知り合う

「俳優になればいいのになあ」

土屋嘉男が俳優の道を志したのは、太宰治のこのひと言がきっかけだった——。

土屋は黒澤明監督『七人の侍』で、盗賊に妻を略奪された農夫利吉役で映画デビュー。その撮影期間中、狛江にあった巨匠の家に居《い》候《そうろう》し、2人はよほど気が合ったのか、撮影のない日は近くの多摩川で仲良くコイ釣りを楽しんだ。以後、土屋は黒澤映画に欠かせない名脇役として巨匠がメガホンを取る作品のほぼすべてに駆り出され、生涯を〝黒澤組〟で通した。

話をもとに戻そう。土屋が太宰を知ったのは小学6年のころだ。土屋の故郷は甲斐の国・塩

山の大菩薩峠の麓。そこは、「遠くに南アルプスの白い峯々が見え、金峰山、乾徳山、大菩薩連嶺、笹子山、黒駒山、富士山……」（土屋著『思い出株式会社』の「はじめに」より）と高峰にぐるりと囲まれた盆地の一角。小学校のころから、それらの山々から流れ落ちる渓流をテンカラザオを担いで釣りめぐり、村民から〝毛鉤小僧〟と呼ばれていた。

ある日、「私の地元甲州の黒駒川や下部《しもべ》の渓流で、時々出合ってすっかり仲良しになった人がいた。そのおじさんは名前を井伏鱒二《いぶせますじ》、と言った」（本書「井伏のおじさんの宿題」より）。

もちろん、小学生の土屋が文豪井伏鱒二など知る由もない。その名前から、魚屋か鮨屋のオヤジだと思っていたそうだ。が、そのおじさんは子どもが見ても上等とわかるサオを振り、〝尊魚堂〟という釣りの雅号も持っていて、「君もそのうち雅号をつけてもいいね」と言ってくれた。土屋の釣りが、子どものくせに妙に達者だったからそんな言葉をかけたのだろう。別の日には、オヤジは自分の住まいに〝毛鉤小僧〟を招いた。

家は御坂峠のてっぺんにあり、「天下茶屋」の看板が出ていた。おじさんはこの2階を借りて文筆と釣りの生活にいそしんでいたのだ。

2階の部屋に入ると、「そこにはもう一人ウサンクサイ男の人がいてびっくりした。釣りもしないでゴロゴロしていて何となく好かん男だった」。この男の名前は、

「ダザイと言っていた」——。

甲斐の国の釣り少年は、小学6年のころに、あの太宰治を知るのである。もちろんこの男の素性も、このときの土屋は知るはずもない。

当時、土屋は本当に天下茶屋に行ったのだろうか？　検証してみよう。

まず、土屋が小学校6年生のことだから、出会ったのは1938年（昭和13）である。では太宰治の1938年はといえば、29歳である。前年に最初の妻初代と自殺をはかったが生き残り、ろくな原稿も書けず、作品も売れず、鬱々たる日々だった。見かねた文学上の師である井伏が、その年の7月から滞在していた御坂峠の天下茶屋に太宰を呼ぶ。それに応じて太宰は9月13日に「思いをあらたにする覚悟で」（太宰著『富嶽百景』より）東京を出発。そして、井伏の世話で後に妻となる石原美知子と甲府市内で9月18日に見合いをし、その日のうちに太宰は天下茶屋に引き返し、井伏は帰京した。

つまり、土屋は9月13日～18日の間に、川で井伏に会い、そして天下茶屋に連れて行かれて「ダザイ」に会ったことになる。どうでもいいことだが、その日の特定を試みると、土屋は小学生なので、平日は学校であるから釣りに行けない。半ドンの土曜午後か、休日の日曜の公算が強い。昭和13年の9月の暦では、17日が土曜日で18日が日曜だ。18日はお見合いの日だから、残るは17日である。その日、半ドンで学校から帰った土屋は、釣りで知り合ったヘンなおじさんに連れられて天下茶屋へ赴き、翌日の見合いを控えて部屋でゴロゴロしていたダザイという名の男に出会ったのである。

太宰と酒を酌み、「俳優になれ」と勧められる

中学生になって、土屋の釣り熱はさらに増した。級友と笛吹川の支流を釣り上がっていて、久しぶりに魚屋だか鮨屋だかのおじさんと遭遇。おじさんは「私の頭を何度も何度も軽くたた

いて」うれしがった。魚籠をのぞくと、「型のいいアマゴが二匹入っていた」という。文学少年であった級友は、そのおじさんが『山椒魚』の作者であることに気付いて、「バカ。あの人は、井伏鱒二という有名な作家だぞ」といって本を貸してくれた。それを読んで初めて、土屋は2人のウサンクサイ男の正体を知るのだった。

時代は風雲急を告げてきた。

毛鉤小僧は成長し、親の期待を担って医学校へ合格。当時、学徒動員で愛知県の中島飛行場に動員されていたが、医学生は兵役免除ということで、故郷に戻る。そして甲府の街を歩いていて、「ボロ自転車に乗ってすごい速さで突っ走っていく男を見た」

なんとその男は、天下茶屋の2階でゴロゴロしていたアノ男だった。昭和20年4月から7月下旬まで、太宰は妻子とともに甲府に疎開しているが、その時期だろう。土屋は太宰の本を読んでいたので、後日訪ねると、「太宰さんはとても喜んでくれた。なんだかやたらと明るく元気で、一緒に酒を呑《の》みに行った」

敗戦直前だったが、太宰は当時執筆に大忙しで、本もよく売れて勢いがあった。土屋は医学校になじめず、新劇に興味を持っていて、酔いも手伝って本音を吐いた。

「俺《おら》あお医者さんなんかなりたくねえよ」

そのときの太宰の返答が、冒頭の言葉、「俳優になればいいのになあ」であった。

実はその前年の昭和19年9月、太宰の短編『佳日』が『四つの結婚』という題名で東宝で映画化され（出演女優陣は、入江たか子・山田五十鈴・山根寿子・高峰秀子と超豪華）、12月には水谷八重子一座によって芝居にもなっている。また、太宰はその映画の脚本を共同執筆して

おり、映画の道に少しは通じていたからの言葉だろう

巨匠黒澤監督に多摩川でコイ釣りの特訓を受ける

ほどなくして戦争が終わる。

土屋は戦後青年らしく自由を主張して医者への道をはずれ、太宰の言葉に触発されていた俳優を志望し、俳優座の研究生になった。黒澤との出会いは、土屋嘉男著『クロサワさーん！黒澤明との素晴らしき日々』によれば、なんと、「劇団俳優座のトイレだった」という。

その日、黒澤は『七人の侍』のオーデションで劇団にきていた。土屋はまだ研究生だったので対象外である。それで、オーデションが終わるころ劇団に戻り、「トイレで小便をしていた。そこへ、背の高い男が入って来て、私の隣で小便を始めた。（中略）横目でそっと見ると、なんと男も横目で私の方を見た」

目と目が合ったのであった。

後日、東宝撮影所にこいと電話が入り、行くとトイレの男が待ち受けているではないか。その男こそ黒澤明だった。こうして、農民側の中心人物利吉の役で『七人の侍』への抜擢が決まったのである。

冒頭部分で、黒澤監督の家に居候して、2人でコイ釣りを楽しんだと書いたが、前出の著書『クロサワさーん！』によれば、釣り好きの黒澤は当時多摩川漁協の会長だったそうだ。土屋は釣り好きだがコイ釣りの経験はなく、エサのイモのふかし方から練り方、さらに投げ方まで、

黒澤に厳しく指導された。この投げ方が決まらず、どうしてもエサが空中で落ちてしまう。すると監督の雷が落ちる。

「カット、カット、もう一ぺんヨーイ、スタート！」

釣り現場でも、細部にこだわる巨匠監督らしいエピソードだ。

こんな話もある。『七人の侍』の、撮影前の本読みの段階で土屋に真新しい衣装が予備も含めて3着支給された。貧しい農民役だから、これを泥と汗で汚してクランクインに備えなければならない。そこで彼は、土に寝転んだり、多摩川の魚釣りに着て行って汚泥まみれになっていたら、「あそこの息子は可哀想に変になった」と近所で噂になったという。

黒澤と土屋は17歳違い。隣近所では父と息子と思われていたようだ。

それからさらに時は流れ、土屋はテレビの仕事で、「井伏のおじさんも、太宰のお兄さんも、今はもういない」天下茶屋を再訪。そして、階段を上がって部屋の小窓から外をのぞき、その眺望をこう書き表している。

「富士のお山だけが、変わらず均整がとれた姿で浮かんでいた」

太宰は、『富岳百景』に「富士には、月見草がよく似合う」と書いた。確かに、富士（巨匠黒澤明）には、月見草（土屋嘉男という脇役）がよく似合う――。

土屋嘉男（1927～2017）

山梨県・塩山町（現甲州市）生まれ。親の希望で医学校へ進学するが、太宰治に俳優になることを勧められ、23歳で俳優座養成所へ。黒澤明監督『七人の侍』で利吉役に抜擢され、舞台俳優から映画俳優へ。黒澤映画では欠かせない脇役として、『椿三十郎』『赤ひげ』など9本の映画に出演。また、東宝の専属俳優として、『透明人間』『ゴジラの逆襲』『ガス人間第一号』など特撮ものなどにも出演。釣りの趣味から、関西のサンテレビ『ビッグフィッシング』の司会も務めた。

『二つの心臓の大きな川』

アーネスト・ヘミングウェイ

新潮文庫『ヘミングウェイ全短編1
われらの時代・男だけの世界』（高見浩＝訳）所収

戦場から帰還した主人公が、マス釣りキャンプに出発する

前著で紹介したヘミングウェイの代表作『老人と海』は、老漁師と巨大カジキとの三日三晩に及ぶ死闘を描いた晩年の作である。

今回取り上げる『二つの心臓の大きな川』という奇妙な題名の短編は、〝パリ時代〟といわれる初期の名作。この作品を通して、まだ地位も名声もない時代のヘミングウェイに迫ってみよう。

1899年7月、米国イリノイ州（現シカゴ）生まれ。父は外科医で、幼いころから夏は北ミシガンのワルーン湖畔の別荘で過ごし、「ここで父から釣りや狩猟の手ほどきを受け」（巻末の「年譜」より）、自然と親しむことの喜びを知る。その後、ハイスクールを卒業し、新聞社の見習い記者となる。

18歳の夏、第一次世界大戦のイタリア戦線に救急要員として参加。前線での任務中に迫撃砲弾の破片を浴びて重傷を負い、療養生活を余儀なくされる。傷は治って退院するが、戦場で負った心の傷が癒されることはない。彼は20歳で故郷に戻り、今でいう〝引きこもり〟のような生活で家族を戸惑わせる。当時の状況は、同書に収録の『兵士の故郷』に見ることができる。戦場からの帰還兵が食事にも、女性にも、仕事にも興味を示さず、ただ無為に過ごす日々が描かれている。

やがてその傷も癒え、22歳で最初の結婚。そして突然パリに移住し、本格的な作家修行に入る。４年後の26歳の秋に『われらの時代』を刊行するが、この中に、今回取りあげる『二つの心臓の大きな川』が収録されている。二部構成になっていて、第一部はマスの釣れる川に着いてテントをセッティングし、翌朝からの釣りに備えて眠るまでが描かれている。

主人公のニックが汽車でシーニーという町へ降り立ったところから始まる。その町は、１年前の大火で「線路と焼けた原野だけ」になっている。キャンプと釣り道具を背負って線路伝いに歩いて行くと、川に架かる橋にでた。

川をのぞくと、流れに逆らうように静止している何尾かの美しくて大きくて、「文句のつけようのないマス」の姿があった。カワセミが水面を鋭く横切り、マスは水中から空中へ飛び出しては、また流れの底の定位置に戻っていく。そうした自然の躍動に接して、「ニックの心臓は引き締ま」り、「遠い日々の、あのさまざまな感動がよみがえってきた」とある。かつて友人と釣りにきたことがあるのだ。

町は焼けても自然がすべて焼き払われていないことを確認したニックは、川の上流を目指して山道を登って釣り場を目指す。切り株に座ってタバコを吸いながら休憩していると、1匹のバッタが靴下を這い上がってきた。前年に起きた火事の影響なのか、バッタは全身真っ黒だった。これを空中に放すと元気よく飛んで行った。

彼はひたすら山道を登る。そして「見わたすかぎりはるか下流に至るまで、そこかしこでライズする鱒が、川面いっぱいに無数の波紋を描いている」絶好地に野営する。

このテント張りや料理のプロセスを、ニックが几帳面に、黙々と、淡々と、しかも精妙完璧にこなしていくようすが長々と描写される。食後はかつての親友ホプキンズ流の「ポットを沸騰させるやり方」でいれた苦いコーヒーを飲み、それから毛布にくるまり、眠りに落ちる。

巨マスと格闘するうち、生きるエネルギーがよみがえる

第二部は、次のように始まる。

「早朝の川はあくまでも澄み、淀《よど》みなくすみやかに流れていた」

1匹のミンクが下流の深い淵をわたって湿地に消えた。静かな朝に、きらめくような自然の目覚めがあった。

コーヒーをいれるためのお湯を沸かしている間、彼は露に濡れた草地でバッタを採る。マス

釣りのエサにするためだ。丸太をひっくり返すと、そこは「バッタの下宿屋」のような場所で、またたく間に壜1本分の茶色いバッタが採れた。さっきのバッタは真っ黒だったのに。

　マスのエサの後は、彼自身の朝食だ。そば粉のパンケーキを作るのだが、そば粉をこねるところから始まり、フライパンに油をひいてそれを流し、キツネ色に表面はカリッと、中はふんわりと焼き上げ、リンゴジャムを付けて食べるまでが、テントの設営と同様に実に精妙でありながら楽し気に描写される。

　出発前の仕掛け作りや装備も同様で、結び方1つとっても、細部まで事細かに描写される。そうした行為を終えるたびに、ニックの心は晴れやかになっていくようである。

　流れに立ち込むと、「ぞくっとする水の冷たさが、足元から背筋に這いあがってくる」。エサをハリに付ける場面も微に入り細を穿《うが》っている。

「バッタが壜から顔をだした。触角が揺れている。前肢を壜の外にだして、いましも飛び上がろうとしている。ニックはそいつの頭をつかみ、体を押さえながら細い針を顎《あご》の下に突き刺して、胸部から腹部の最後の結節部まで刺し通した。バッタは前肢で針をつかむと、タバコの汁のような茶色い液体を吐きだした」

　こうした冷徹な描写力は、物語に緊張感と迫力を生む。

　最初に釣れたマスは小型で、流れに戻してやる。さらに立ち込んでバッタを投入すると、いままで出合ったことのないような大ものが掛かるが、水中から躍りあがった拍子に無念のラインブレイク。ハリの結び目のところで切れていた。おのれの不注意に落胆し、いら立ち、怒り、気を静めるためにタバコを取りだし、丸太に座って休憩。

そして、新しいハリをリーダーにしっかり結んで、再び深場のポイントにハリの付いたバッタを振り込んだ。すると、「一匹の鱒が食らいつ」く。これをキープして。さらなる大ものを求めて移動すると、ブナの垂れた枝が水中に没して流れが逆流しているポイントに出くわした。一投必殺で食ったが、ラインが枝に引っ掛かって逃げられる。

川の中に大きな丸太があった。中は空洞で、流れがその中を貫通している。ニックは急いで、「餌《えさ》の壜《びん》の栓《せん》を抜きとると、バッタが一匹、しがみついてきた」。そいつにハリを通して、空洞に続く流れのスジに投げ入れる。

すると、重いアタリ！　合わせると、「丸太に引っ掛かってしまったような重い手応えだったが、まぎれもなく生き生きとした動きが伝わってくる」。格闘の末、このマスをランディング・ネットにすくい取った。

満足して、用意してきたサンドイッチをポケットから取り出して食べ、帽子で川の水を汲んで飲み干した。そしてタバコをくゆらしていると、ニックは「急に本が読みたくな」るのだった。

最後に、キープした2尾のマスの解体にかかる。

2尾のマスの頭を丸太に叩きつけ、これを横たえて「肛門《こうもん》から顎《あご》の先まで切り裂」き、「内臓、鰓《えら》、それに舌まで、一つなぎのままとりだし」、その贓物を「岸に放り捨てた。いずれミンクがみつければいい」と思って——。

この短編は、ヘミングウェイが戦場で負傷して故郷に帰還していた〝ひきこもり時代〟に、ハイスクール時代の友人とマス釣りに出かけたときの体験がベースになっている。

その背景を考えれば、戦場で絶望したヘミングウェイの心の傷を癒し、「小説家への道」の第一歩を踏み出させたのが、この釣りキャンプだったともいえる。最後のマスを撲殺してさばくシーンなどは、彼の精神が野生を取り戻し、完全に元に戻ったことを表わしている。

また、焼け跡の「黒いバッタ」にも注目したい。これは当時のヘミングウェイの心の暗闇を象徴しているのではないか。なぜなら、釣り場でキャンプした翌朝、そこにいたのは同じバッタでも普通の茶色であった。つまり、渓流に分け入り、マスと格闘して大自然の活力を浴びることで、心の闇が癒されていったことを暗示していると考えられる。

終わり近くの、「急に本が読みたくな」ったという箇所は、作家として身を立てる決意につながっているようにもとれる。戦場から帰還した当初は、本も読めないほど疲弊していたのだ。

この釣りキャンプで心に生きる力を取り戻したヘミングウェイは、その後結婚し、妻とともに作家修行のためにパリへ飛翔する。

そういえば、開高健はベトナム取材で九死に一生を得て日本に帰還し、その後釣りにのめり込んでいくが、どこかヘミングウェイのたどった道に通じるところがある。

アーネスト・ヘミングウェイ（1899〜1961）
アメリカ合衆国シカゴ近郊に生まれる。幼少期は父親とともに釣りや狩猟を楽しむ。1918年、第1次大戦に従軍して負傷。21年に渡仏してパリに住み、『われらの時代』『武器よさらば』などを発表。その後、スペイン内戦、第2次大戦に記者として従軍。52年『老人と海』発表。54年ノーベル賞受賞。61年、猟銃自殺。

『ありがとう魚たち。面白かったよ、釣り人生！』

西山 徹

2001年、つり人社より発行

51歳の師走に胃がんを宣告される

この連載が始まって以来、いつかはこの本に取り組まざるを得ない日がやってくるだろうことはわかっていた。そして、今まで何度か、本棚から取り出してページをめくっていたのだが、少し読み進むとやり切れなくなってすぐに本を閉じてしまい、今日までやり過ごしてきた。あまりにも生々しい闘病記録のため、キーボードに向かう気力がなえてしまうのであった。

今回、今度こそはという決意をもってこの本に立ち向かった。

著者の西山徹さんに関しては、巻頭の佐々木功（現・ささきいさお）さんの檄文から引用させていただく（西山、佐々木両氏は同じ釣りの仲間として、〝さん〟付けで呼ばせていただく）。

「心から釣りを愛し魚を愛した彼（筆者注＝西山さん）は、わが国のルアー、フライフィッシングの先駆者でもあり、キャッチ&リリースの普及にも多大な功績を残したが、釣りをトータルで楽しむ名人でもあった。自ら自然の中に溶け込んでいき、持てる技術を駆使して1対1の戦いを挑み、その魚の味を最高に生かせる方法で料理して食べる……。」

釣りという、いろんな意味で広大な世界を、すべて抱合して愛せる懐の深い人であったといえよう。

西山さんと筆者とは、会えばひと言ふた言、言葉を交わす程度の仲。同じ1948年生まれだが、彼は筆者が釣りの世界に入ったときにはすでに遥か先を進んでいて、その遠い背中を追うことで、釣りに関するさまざまなことを学んだ。その背中がある日突然、姿を消した。2001年3月2日、食道がんにより三途の川を越えてしまったのだ。それから1ヵ月あまりあとに、この遺稿が緊急出版された。

西山さんが、身体に異変を感じたのは1999年の師走である。51歳だった。医者に行くと胃がんの宣告が下された。それまで、大した病気もせずに好きな釣りをして生きてきた彼にとって、まさに寝耳に水、ショックだった。しかし、「大丈夫ですよ、手術をすれば治りますから」と担当医に言われて気分が楽になり、じゃあ任せてみるかと手術台に乗ったのである。

三途の川に3度召されるも生還！

すぐに終わると楽観していた手術は、なんと12時間にも及んだ。この後、ベッドで西山さんはとんでもない目に遭っていた。そのすさまじい闘病記が第一章「臨死体験から再生への道」に綴られている。

「突然、呼吸が苦しくなり、体中が猛烈に熱くなってきた。」この緊迫した出だしから、読むに堪えないような激烈極まるがんとの戦いが始まる。心臓は激しく脈打ち、頭の中は沸騰したように熱い。手足はブルブル激震し、まぶたの裏は真っ赤な世界、激しい耳鳴り、怒涛のように押し寄せる頭痛。ついには、「オレの体は、まるで心臓と脳みそだけになってしまった」と絶望の底なし沼に落ちていく。

薄れゆく意識の中で、医師や看護師の必死の姿は見えるが、麻酔が効いているからだろう体には痛みも何も感じない。しかし、耳は聞こえる。医師が叫び、看護師の緊張した声、医療機器のデジタル音。それらにまぎれて、奥さんのすすり泣く声……。

そのとき、西山さんは「これでオレは死んでいくのか」と覚悟した。恐怖心はなく、助けてほしいとも思わなかった。むしろ、現在のこの苦しみから逃れられる、「ようやく死ねるのだという安ど感のほうが強かった」。やがて心臓の鼓動が鈍り、「周囲の音や人影がどんどん遠ざかって」いき、「突然、暗闇の真っ只中へ引き込まれて」いった。これで一巻の終わりかと思いきや、「にわかに周囲が明るくなってきて、目の前に広くゆったりと流れる川の景色が広がってきた」

ようすをうかがうと、そこは通いなれた長良川の中流域だった。何人か、フライフィッシャーの影も見える。やがて、体が浮いて上流の薄暗い河原へ運ばれる。「これがあの三途の川なのだろうか」と思っていると、再び身体が浮揚し、あたりは真っ暗になり、天にポッカリ穴が開いて、そこに吸い込まれていく。そして光り輝く「とてもいい気持ち」の世界へたどり着いたところで、「意識がスーッと途絶えていった」のだった。

半日か、1日後、目が覚めるとベッドの上だった。看護師が「本当によかった」と喜んでくれたが、当の本人は「とんでもねえやと思った」。生きて戻ったということは、またあの苦痛に遭わねばならない。あのままあの世へいっていたほうがマシだとの思いだったのだ。

三途の川との2度目の遭遇は、それからほんの数日後だった。

前回と同様の耐え難い苦しみの後、今度はアメリカのマディソンリバーのラストチャンスという、イエローストーン国立公園近くの有名スポットに立ち込んでいた。西山さんは1970年代の終わりにこの川で釣りをしたが、それとまったく同じポジションに立っていた。やがて体が浮揚し、またもや三途の川へ到着。そして、芦澤一洋さんに遭遇。「芦沢さんは、つい数年前にすい臓がんで亡くなったフライフィッシングの大先輩」だ。駆け寄ろうとするが、そのまま意識が遠のいた。今度こそ万事休すか。しかし、神はまだ死なせてくれなかった。カムバックもつかの間、今度はさらに激しい全身けいれんに襲われ、三途の川へ一直線。もう終わりだろうと〝期待〟するも、またもや生還――。

釣りができる奇跡に涙がポロポロ

大手術は奇跡的に成功し、ついに2月末に退院。何事にも全力を尽くす、負けず嫌いの西山さんは、こうして1度はがんに克ったのだ。そして、リハビリを兼ねて近くの多摩川でコイのフライフィッシング（FF）に励む。コイ釣りは普通エサで釣るが、毛バリで釣る「コイのFF」を開拓・提唱したのは西山さん自身だ。釣りのためなら河原を歩くのも楽しいし、魚が食いつけば大はしゃぎ。日に日に歩く距離は伸び、フライも遠くまで飛ぶようになった。6月の声を聞くと、「アユ釣りに行くぞ！」と心が奮い立った。西山さんはフライフィッシングとルアー釣りが本業で、一番の趣味はおそらくアユ釣りだった。

7月12日。西山さんはアユ釣りのために、助手席に乗って自宅から1時間余りの神奈川県・中津川をめざした。運転は奥さんである。まだ、ハンドルを握る自信がなかったのだ。中津川漁協管内の最下流部「カジ渕」の上手に到着。オトリ缶は奥さんが川まで運んでくれた。ウエーダーを履き、仕掛けをセットして、岸辺に立ち込んだ。ハナカンは一発でスーッと通った。オトリを斜め上流に向けて放つ。イイ感じで泳ぐが、てんで掛からない。釣り人が多すぎるのだ。

すぐ下流の「大石が点在するチャラ瀬がすいた」ので、すかさず移動しようとする。しかし、「ヒザがワナワナと震え」て1歩も動けず、元気のいいお兄ちゃんに先を越され、いきなり目の前で引き抜かれてしまう。

「チクショーめえ」と口惜しがるが、この口惜しさによって、逆に釣りができていることの喜びを知る。そうなると、サオを構えているだけで楽しくなって、雑念が消えた。するると、「目印がビビビッとジグザグに走り、初めてのアタリがきた」

背掛かりである。いつもなら簡単に引き抜けるが、これが一苦労。寝たきりの闘病生活で、9mの長サオを操れるだけの握力も腕力も失っていたのだ。それでも何とか引き抜いて、「よっしゃあ～、オトリが替わった」と喜んだのもつかの間、ハナカン周りにトラブルが発生して、今度は細イトと悪戦苦闘だ。

見かねて、奥さんがお茶とおにぎりを差し入れ。気を取り直して仕掛けを交換すると、先ほどのチャラ瀬が空いていたので、そこへ移動。大石に腰掛けて、新品オトリを送り出すとガツーン！　それから怒涛の6連発！　2つバラすが4つ取り込んだ。

「嬉しくて、嬉しくて、涙が出てきましたよ」

その後西山さんは、釣友の小説家夢枕獏さんと酒匂川で友釣りを楽しみ、そして夏の終わりには別宅のある北海道忠類川へ、恋焦がれていたサーモンに会いに行く。しかし11月11日に、再び入院――。

読み終えて、この本のタイトル『ありがとう魚たち。面白かったよ、釣り人生！』を想った。釣り人であるなら誰しも、このような想いで三途の川を悔いなく渡ることができれば、この上なく幸せであるだろう。

西山　徹（1948〜2001）

四国・高知県の物部川近くの生まれ。釣り好きの父親の影響で幼少期から釣りに親しむ。フナに始まり、小学生でアユのドブ釣り、友釣りを覚え、中学では海の投げ釣りと渓流釣り。高校時代にルアー釣りの真似事もし、大学では魚類学を専攻。卒業後、釣り具メーカーに就職。国内外を釣り歩く。その後、フリーに。日本でのフライフィッシング、バスフィッシング、海のルアーフィッシングの草分け的存在で、業界の興隆に多大な功績を残した。人気テレビ釣り番組『THEフィッシング』のキャスターも務めた。『テツ・西山のバッシング講座』『同　フライフィッシング講座』（いずれも、つり人社刊）など著書多数。

『釣りキチ三平の釣れづれの記』

矢口高雄

昭和52年、講談社から刊行。
平成21年、同社から文庫版発売

マンガ家の夢を断って銀行へ就職

矢口高雄といえば、釣りマンガの金字塔『釣りキチ三平』である。1973年から10年間にわたって「週刊少年マガジン」（講談社）に連載され、全65巻が刊行された。天才釣りキチ少年が、釣りを通じてさまざまな苦難と対峙し、人間的に成長していく様を、ダイナミックな展開と緻密な情景描写で描いた感動の65巻である。

今回の『釣れづれの記』は初の釣りエッセイ集。

生誕地は、秋田県の「町の本屋まで普通に歩いて片道3時間、冬は雪道で5時間」（筆者インタビューの『釣人かく語りき』より）。こんな奥羽山脈の山深い里で、魚を追い、昆虫を追い、漫画に夢中。手塚治虫に傾倒し、将来はマンガ家になる夢を育んだ。

学業優秀で、「クラス委員長はもとより、生徒会長もつとめていた」（本書第三章「マンガとの出会い」）。が、家はわずかな田畑しかなく貧乏で、高校進学は断念。しかし、「恩師が二日二晩泊まり込みで両親を説得」（「同」）して、進学を果たす。遠足や修学旅行はお金がかかるので不参加。学校から帰ると、「農作業を手伝い、あい間に釣りをしたり昆虫採集、ケモノのワナをしかけたりすることに楽しみを見出す毎日」であった。家族の生活のためにマンガ家への夢は断ち切り、高校卒業後は地元の銀行へ就職。そして、将来立派な行員になるために、「勤務が終わるとすぐ六法全書などひもといて、小切手、手形法などを学ぶ日々」だった。一家のために、ソロバン仕事にまい進である。

がんばった甲斐あって、行員数8人の西馬音内《にしもない》という小さな支店から、行員40数人の湯沢市の大支店へ栄転。付き合っていた彼女と結婚してささやかな家庭も持つ。

こうして、いよいよ行員人生に埋没していくのだった。

友釣り初挑戦の釣り大会で4位入賞

そんな25歳の夏、アユの友釣りを知る。

第二章・わが釣り仲間たちの「アユ釣り大会」にそのくだりが書かれている。

近くの支店に友釣り好きのベテラン行員がいて、役内川で友釣りを教えてもらう手はずだったが、あいにくの大雨増水で中止。2回目も豪雨中止。銀行員であるから、当時は日曜日しか休めない。

　次の日曜日は、その行員が結婚式で釣りに行けない。しかし、その日は快晴で絶好のアユ釣り日和！　まだハナカンを1回も通したことはないのだが、一通りのレクチャーは受けていたので、我慢できずに単独アタックを決行する。

　アユの川、役内川に到着して驚いた。早朝から花火がとどろいていたのだ。この日は、「全県アユ釣りコンクール」で、参加の釣り人は約300人。大会会場で釣るのは無理だが、「（お前も）参加すれば釣ってもいいと言われ、500円のエントリー料を払って出場」した。

　オトリは2尾。その1尾に、何とかハナカンを通し、流れのおだやかなヘチへ。いつまで経っても掛からない。周りはカラフルなアユベストやフィッシングキャップ姿の強者ばかり。対岸の選手が立て続けに3尾を釣った。矢口は「その時はじめてアユの取り込みを目のあたりに見た」のだった。何しろ、この日が友釣りの初日なのだから仕方がない。

　開始から1時間半あまり。

「ボクの竿にはじめての衝撃《しょうげき》があった」。最初は何が起こったのかわからず、オトリを手もとに寄せて確かめようとしたところ、

「ボクのオトリが、一尾の白い魚体を抱いて組んずほぐれつしている」ではないか。

「やった!!」

　しかし、それからが一苦労。岸に寄せてタモにすくおうとするが、腰のタモが抜けないのだ。抜こうとすればするほど抜けない。焦る。やっと、強引に抜いたかと思いきや、「今度は、かぶっていた麦わら帽子が流れにポシャン!!」

ここで、あわてて帽子を追っかけると、二兎を追うもの一兎も得ずになるが、そこは銀行員の冷静な判断が働いて、どちらも無事回収。安どの表情を浮かべながら、「周囲をぐるりと見わたす」ことも忘れない。

釣り人は、自分が釣ったところを見てもらいたいのである。これは、釣り人の性ともいうべき宿命のような欲求であり、あの井伏鱒二センセイにして、魚をタモに取り込んだ後に周囲をキョロキョロ見る欲求から逃れることはできなかった。

それからの「ボク」は入れ掛かり。しかも、「周囲で釣っている人々はほとんど釣れないのだ」と〝釣り自慢〟が顔をだす。

11時30分、競技時間終了。

尾数集計では、矢口センセイ11尾。

「周囲からホーッという軽いざわめきがあがった」と得意満面。初めての友釣りで、300人中4位という好成績だった。賞状と副賞のポリエチレンの洗面器をもらい、「おれは釣りの天才ではなかろうか」と鼻高々。

銀行員・矢口高雄は翌年の大会では優勝を果たし、その翌年も優勝して、友釣り3シーズン目で2連覇を成し遂げたのだった。

仕事も順調、家庭生活も円満、そして趣味の釣り――。この幸せな日々がこれから先、末永く続くはずであったのだが……。

白土三平の劇画に触発されて再びペンを執る

昭和41年（27歳）のある日、矢口高雄は仕事の合間に立ち寄った書店で1冊のマンガ本を手にする。そして、ページを開いて、その画に衝撃を受けた。

「その作品は『カムイ伝』、その作家は白土三平氏であった」

マンガ家への夢は、銀行に就職したときにきれいさっぱり捨てていたので、作品名も作家名も知らなかった。が、雷に打たれたようなショックを受け、その日から白土三平のとりこになった。

当時すでに、白土は『忍者武芸帖　影丸伝』『赤目』などで注目を集め、『カムイ伝』は昭和39年から「月刊ガロ」（青林堂）に連載中だった。その漫画は、当時だれもが憧れていた手塚治虫を凌駕する迫真の描写力と骨太のストーリー展開で、マンガ（漫画）から劇画時代への転換を促した。白土作品をむさぼり読むうち、矢口は自分の求めていた夢がその画の中にあることを悟った。そのときの口惜しいような挫折感と、それに触発された高揚感を次のように表現している。

「それまで心の片隅に悶々と持ち続けていた〝なにか〟がくずれるように欠け落ちて中心が姿をあらわしてくるかのような感じを味わった」と。

そしてやにわに、忘れていたペンを執り、またたく間に一編のマンガを仕上げた。若いころ、何度かマンガに挑戦したが、一度も完成に至らずじまいだったのが、一気に描けてしまったのだ。それからは、昼はソロバン、夜はペンの日々が続き、白土の『カムイ伝』が連載されていた「月刊ガロ」に作品を投稿するようになる。

しかし、プロのマンガ家になる意志はなかった。なぜなら、白土の劇画に出合った翌年2月に、長女を授かったからである。待望の第一子ではあるが、矢口は、長女誕生の「オギャア」という声を聞いた瞬間、「ボクは自分でも不可解としかいいようのない気持ちに沈んだ」とその鉛のような非情を告白している。

そのうえ、44年6月には次女が誕生。こうなると、男として、また父親として家族の生活を守らねばならない。しかし、ペンを捨てることはなかった。ハシ（生活）のためにソロバンも捨てなかった。つまり、アマチュアのサラリーマンマンガ家として両立の道を選んだのである。

ところが、当時地方銀行の世界に組合闘争の波が押し寄せ、矢口の銀行もそれに巻き込まれていた。そのさなか、敏腕のエリート支店長に、自分がマンガを描いて銀行業務をおろそかにしているのではないかと強烈に批判されて逆上。

「その夜、ボクは妻に銀行を退職し、プロマンガ家になる決意を打ち明けた」のだった。

プロデビュー作は「週刊少年サンデー」に掲載の『鮎』であった。この釣り短編が評価されて、47年「漫画アクション」での『釣りバカたち』の連載につながり、48年「週刊少年マガジン」誌上での『釣りキチ三平』誕生を見たのである。

矢口高雄（１９３９～２０２０）

少年時代、手塚治虫のマンガを読んで感激し、マンガ家への夢を育む。高校卒業後、銀行生活12年を経て、プロのマンガ家になるために妻子を秋田に残し、30歳で上京、１９７３年「週刊少年マガジン」誌上に連載を始めた『釣りキチ三平』が大ヒット。釣り人の間では釣りのバイブルとして読まれ、いまも〝三平クンが師匠〟という釣り人は少なくない。また、２００９年には、滝田洋二郎監督による実写版の映画も公開された。

『イワナの夏』

湯川 豊

1987年に朔風社から刊行され、
1991年に筑摩書房により文庫化

ダム湖で体験した奇跡のイワナ釣り

この湯川豊の本は、表現が完璧すぎて読み進むごとに誰もが感嘆の声をあげるだろう。たとえば、三陸・大船渡の盛川で16㎝の小さなヤマメを「オレンジ・パートリッジ」の16番で釣り上げたときの描写だ。

「パーマークが銀色のヴェールの下に煙ったように霞んでいた。掌の上にのせると、いかにもそこに春があった」（「ヤマメ戦記3・水の中のナイフ」より）

海へ下るためにスモルト化した小さなヤマメの魚体に淡く沈んでいるパーマーク。そこに春を見つけるという、ハッとするような感覚の新鮮さと、その表現のセンスのやわらかさ。こんな描写に出くわすと、もう、ただ夢中に読み進んでしまう。

完璧すぎてどこから手を付けていいかわからない。

とりあえず、表題作の「イワナの夏」に没頭してみよう。第1章ともいうべき「本流育ち」の次に、メインの物語「乱舞」が続く。

これは、エサ釣りの兄と、ルアー&フライの弟（「私」）が金峰山川上流のダム湖で体験した奇跡のようなイワナ釣り体験記である。金峰山川は長野県の千曲川支流である。

梅雨の晴れ間の、きらめく光の渓流のほとりに寝そべり、ダム湖に流れ込む瀬音や、時に緑の林から耳の奥深くに侵入してくるオオルリの「艶っぽい旋律」を聴きながら、「私」は兄とともに夕暮れを待ちわびている。

釣り人が待ちわびる夕暮れとは、夕マヅメのことだ。日が落ちる前後30分の、魚が猛烈に口を使う時間帯、釣り人にとってゴールデンタイムなのである。

その日、兄弟は「まだ明けきらない、薄暗いうちからこのダム湖に来て」、兄はミミズをエサに尺を含む数尾のイワナを釣り、弟の私はルアーで1尾釣った後、始めたばかりのフライを試すが、アワセのタイミングを2度失敗し、もう1度はアワセが強すぎてリーダーが切れる。

やがて日が高くなると、ぴたりとアタリが止まり、「シャクナゲの花の下で弁当をひろげ」る。焚火を起こして、釣ったばかりの「宝石のようなイワナ」を塩焼きにして、ゆっくりとランチタイムに浸る。

そしてふたたび、フィッシングタイム。

雲一つない真昼間の渓流から、魚は勢いよく飛び出してくる。そのたびに、「私は胸がしめつけられ、口が半開きになり、竿を持つ手が動かなくなった」。まだフライフィッシングの修行が足りず、魚をバラしてばかりなのだ
4時が過ぎて、兄の車でふたたびダム湖に戻ってくる。兄弟ははやる心を抑える。
「日が翳るまで、水辺でひと眠りするか」
といってみたものの、魚釣りに絶好の時間帯である夕マヅメを前にして眠れるはずはない。ただ目をつぶり、耳をそばだて、自然の奏でる繊細な音楽を聴きながら、夕暮れのゴールデンタイムを待ちわびるのだった。

カゲロウもイワナも釣り人も狂喜乱舞

「まだ少し早いかな」

兄が最初にサオをだした。いい型のイワナが釣れた。それを見て、「私」はもう我慢できない。最初のポイントでは釣れず、水面にもじりの見える浅場へ移動。すると、

「確実に魚がいて、餌を採るために動きまわっていることを告げる印《しるし》。音をそのまま文様にしたような優雅な水の輪」が広がった。その水紋のあたりにルアーを投げ込み、「ほとんど息を詰めるようにしてルアーを引いた」

優雅なもじりの下から、今にも飛び出してくるだろう魚の予感に脅えながらルアーを引く、息苦しいほどの緊迫感。

すると、「ガツンとひどく正直な当りがあり、私は魚と力くらべをするように容赦なくリー

ルを」巻いて、まず1尾確保。

緊張から解放され、タバコに火を点ける。この後の描写がまた印象的だ。

「大きく煙を吐き出し、煙を目で追うように空を見上げた。空の淡いバラ色の中を、ツツーッとカゲロウが横切った」

それを合図に、カゲロウのすさまじい「羽化《ハッチ》」がスタート。

こうなったら、もう止められない。カゲロウの大乱舞が始まり、羽化するカゲロウをねらって「バシャッ。バシャッ」とイワナたちのライズが始まる。

もうエサもルアーも、イワナには見向きもされない。兄がいう。

「フットバシだ。フットバシで釣ろう」

フットバシとは、漢字で書くと〝吹っ飛ばし〟だろうか。

振り出しザオに太めのイトを付け、イトの先にハリを直接結び、そのハリに空中を飛び交うカゲロウを帽子で採ってハリに刺し、前方の水面にふわりと着水させる釣りだ。

やみくもに水面のカゲロウに食いつくイワナたちが、このエサにかぶりつく。テクニックは不要。

「十数えぬうちに魚影がくねった。竿を後方にハネあげるように力いっぱい引くと、尺イワナがドサッと足もとの土の上に落ちた」

完全にスイッチが入り、イワナを釣っては石で頭を打って土の上に放り、カゲロウを採って釣りバリに刺してはまたサオを振る。すぐにイワナが食いつき、石で頭を打つ……。

カゲロウは狂ったように浮遊し、魚は狂ったようにライズし、釣り人は狂ったように釣っては魚の頭に石を振り下ろし、カゲロウをとらえてまたキャストを繰り返す。

カゲロウもイワナも釣り人も、時が過ぎ行くのを怖れるように、夕闇迫る湖上で、三者三様ただ無心に狂喜乱舞しているのである。

「背後の地面の上に二十匹近い大イワナが転がったとき、私はやっと少しだけ我に返った」

そして、今度こそフライでこの魚を釣ってやろうと車にロッドを取りに戻る。その途中、立ち止まって湖のほうを見ると暮れなずむ空の下に山々は黒い影となり、湖は鈍く光って、「まだ無数の水の輪があった」

そこにカゲロウを追う兄の踊っているような姿を見て、自分もまたあの中で踊り狂っていたのかと、おかしさがこみ上げてきて、クスクス笑うのだった。それは、

「幸せな笑いだった」

ズシリと重いイワナを入れたビニール袋を担いで、「まるい月が東の空に出て」いる中を、兄弟は去りがたき思いを胸に車へと急ぐ。

「あすもこんなライズがあるんだろうか」

——終わり方も完璧である。

畏友植村直己に「渓流の宝石」を手向ける

本書には、ほかに「逝く夏」「密猟の研究」「約束の川」など、珠玉という言葉がぴったりの釣り短編が収められている。

そのうちのもう1編、「緑の中で」は、1984年に冬季マッキンリー単独登頂を果たし、その下山中に消息を絶った年下の畏友植村直己への鎮魂の記である。

1968年の暮れ、湯川は「当時はまだほとんど無名の青年だった」植村が3年間に及ぶ世界放浪の旅を終えて帰ってきたのを知り、その旅の記録を自分の所属していた雑誌に掲載するために彼と接触。それ以来の長い付き合いだ。

ここに、植村が消息を絶つ前の1983年5月の、〝千曲川遡行山遊びキャンプ〟のことが書かれている。植村はすでに、世界初5大陸最高峰登頂者、世界初犬ぞり単独北極点到達など数々の偉業を成し遂げていた。が、そのときは「南極横断とビンソン・マッシフ登頂を断念」した後の、失意の中にあった。そんな彼を慰めようと、湯川が新緑の〝ゆる山キャンプ〟に引っ張り出したのだった。

テントの中で、いつもは寡黙な植村が思い出話を始める。

「子供の頃はね、やっぱり魚捕りが一番の楽しみで、毎日のようにやっていました。（中略）いろんな魚をとったなあ。五月頃、ちょうど今時分ですが、夕方、浅瀬に毛鉤を流すと、ハエっていってた、小さいきれいな魚がかかってきて……」

ハエはオイカワのことだ。ほかに、アユやウグイ、ナマズなども釣り、「釣れるともう嬉しくてね。なんであんなに嬉しいもんでしょうか」とまで言わせている。

子どものころだけではなく、魚が釣れると「なんでこんなに嬉しいのか」と、今年72歳の老いらくにある筆者はいまも思うのである。

ちなみに湯川はその遡行中、植村がまだ見たことがないというアマゴを1尾釣りあげ、「上顎に鉤が刺さったままのアマゴを軽くその手で包むようにして、僕は水を蹴散らして植村のところまで走った。息を切らせ、肩で呼吸しながら、彼の目の前に、両手ですくうようにして持ったアマゴを差し出した」

この「渓流の宝石」が、天国の畏友への手向けになったのか。

湯川　豊（1938〜）

新潟県新潟市生まれ。慶大文学部卒後、文藝春秋社に入社し「文學界」編集長などを務める。退社後、東海大文学部教授、京都造形大教授などを歴任。釣本のほか、『須賀敦子を読む』（読売文学賞受賞）『植村直己・夢の軌跡』『丸谷才一を読む』『星野道夫　風の行方を追って』などがある。

『海の修羅王』

西村寿行

徳間書店発行『釣りミステリーベスト集成』（山村正夫編）に所収

巨大イシダイ釣りを題材にしたハード・ロマン

1970～80年代にハード・ロマンの旗手として活躍した西村寿行。代表作は、高倉健主演で映画にもなった『君よ憤怒の河を渉れ』だろう。ある日突然、無実の罪を着せられた主人公の決死の逃亡劇。ヒグマやサメと格闘し、挙句はTOKYO新宿の夜の繁華街をサラブレッドの馬群が疾走するというとんでもない展開。そんな破天荒な物語でも、並外れた筆力で強引に読ませてしまうのが西村寿行である。

昭和5年、瀬戸内海に浮かぶ男木島という面積1・34㎢の小さな島の網元の家に生まれた。子どものころの遊びといえば、泳いだり、潜ったり、魚を獲ったり、釣ったりということしかなかったという。

本書を編纂した推理作家山村正夫の「解説」によれば、島を出てからは「ダンプやタクシーの運転手、板前、業界誌の記者、飲屋経営など二十近い職を遍歴」とある。合間に文筆修行。昭和44年、『犬鷲』が「オール讀物」新人賞の佳作となり、小説家デビュー。39歳の遅咲きだったが、48年『瀬戸内殺人海流』が出世作となり、50年の『君よ憤怒の……』のヒットでその地位を確立。同じ年の「小説現代」11月号に発表されたのが、八丈島の巨大イシダイ釣りを題材にした『海の修羅王』である。

八丈島のイシダイ釣りスポット〝かぶり岩〟沖の三つ根には、「〈歯っ欠け〉と呼ばれる石鯛が棲んでいた。二十キロはあるといわれる超大物石鯛」である。

土地の漁師も、名うてのイシダイマンたちも、「歯っ欠けに挑戦することは諦めていた」。巨大すぎて、釣りという概念に入らないからだ。

しかしただ1人、この化け物を執念深くねらう釣り人がいた。東京の内科医・前島武士である。かぶり岩に通い始めてすでに2年。岸壁に座してアタリを待ちながら、前島は空を見ていた。その広大な空を猛禽類のミサゴ（鶚）が悠然と旋回していた。実は、この島は、前島がここに通ってくるたび、必ずといっていいほど姿を現わし、いまでは「顔なじみ」になっていた。

突然、ミサゴが「岩つぶて」のように頭から海にダイビング。獲物を発見して、海面に突撃したのだ。しぶきが上がり、ミサゴが海中から姿を現わして、「はげしく翼をあおりたてた。獲物を掴んで飛び立とうとしているのだ」

魚を足の鉤爪《かぎづめ》でつかんで、すぐに海から飛び発つだろうと、前島は固唾を飲むが、しかし、羽ばたけど体は一向に浮き上がらず、それどころか一気に海中へ飲み込まれてしまった。

あの獰猛なミサゴが、海へ引きずり込まれた——。

ガイド役の老漁師が「これは凶兆」だと脅える。果たして、島の港へ引き返した前島を待っていたのは、1人娘が交通事故に遭ったという凶報だった。娘は重傷を負い、前島の勤務する病院で4日後に死んだ。

物語はまだ序の口、これからどんな展開が待ち受けているのか。

〝歯っ欠け〟を釣り上げるために八丈島へ移住

妻は娘の死にショックを受けて自宅に閉じこもりっきり。前島は病院を辞めて、独立することを考えていた。

半月後、前島は妻を誘って八丈島へ向かう。そこで妙な噂を耳にする。かぶり岩の三つ根付近で、鬼のように2本の角のある「鬼石鯛」が現われたというのだ。そんな怪物がいるのか？

前島はウエットスーツを着けて海中へ潜る。海底の岩陰で彼が見たものは、背中に2本の白い角を持つ、2mもある巨大イシダイだった。噂は、本当だったのだ。

実は、この鬼石鯛こそ歯っ欠けであった。

両方の角はともに30㎝ほどあり、それはなんと、背中に深く食い込んだミサゴの足であることが判明。ミサゴの肉は腐り、足の骨だけが残って、それが2本の角のように見えるのだった。

実は娘が交通事故に遭ったのは、ミサゴが海に引きずり込まれたのとほぼ同時刻であり、前島は歯っ欠けとの因縁を感じた。同時に、「顔なじみ」のミサゴへの弔いの気持ちもふつふつと湧いてきた。そこで前島は八丈島へ移住し、歯っ欠けを、自分の手で仕留める決意をしたのだった。

歯っ欠けをねらって、すでに2ヵ月が過ぎた。狂ったように釣り場へ通う前島。妻は、娘を失って精神に変調をきたしたうえに、夫に相手にされない日々に絶望し、島の男と出奔。娘と妻を失った前島は、以前に増して歯っ欠け釣りに執念を燃やす。しかし、1度サオが折れて釣り逃がす失態を犯し、その年は徒労に終わる。

2月の終わりのことだった。島のあちこちでイセエビ漁の網が破られ、イセエビを食い荒らされる事件が頻発。犯人は、歯っ欠けだった。漁師たちは怒り、ダイバーを雇って水中スクーターで追いつめ、水中銃で射止めるという計画を立てて実行。

歯っ欠けを追い、待ち伏せたダイバーが水中銃を発射。モリは魚体に突進——。その日から、歯っ欠けの姿が海から消えた。5日経ち、半月が過ぎ、とうとう4月になって、歯っ欠けの死を疑う者はいなくなった。

歯っ欠けは死んだ！

こうなると、前島は八丈島にいる意味がなくなる。

島を出よう。前島は決心した。

ところが、島を出る前日に、八丈島から4、5㎞離れた八丈小島のそばの三角島周りに仕掛けたエビ網が食い荒らされたとの情報を耳にする。

「—— 歯っ欠けが生きていた」

嵐の夜の海で、人間と魚の死闘が始まる

それから3日後、前島は漁船をチャーターして三角島に渡る。食糧や寝袋など、準備は万端だった。

島は周囲200mほど。岩だらけで草木ははえておらず、何をエサに生きているのか痩せたヤギが1匹だけいた。

サザエをエサに1週間粘ったが、アタリ1つなかった。迎えの船に乗って八丈島へ引き返し、再び釣りエサや食料、それにヤギのエサの青草も調達して三角島へ。

3日間粘るが音沙汰なし。4日目の夕刻、漁船が迎えにきた。低気圧が通過して海が荒れるから危険だというのである。では、ヤギはどうなるのかというと、「岩山の北側に回っていれば濡れるだけ」ですむという。

「だったら、おれもそうしよう」

前島は嵐の孤島に残って、チャンスを待つことにした。海が荒れて、歯っ欠けが油断するかもしれないという目論見もあった。

「午後遅くに本格的な嵐になった。強風が岩山を割《さ》いて号《な》き叫び、飛沫が襲いだした。合羽を着てロープを腰に巻いた。斜めに伸びた道糸が高い波浪の山と谷を交互に切る光景が、なんともいえずおどろおどろしくみえた」

暴風雨の中に、1人サオをだす男の孤独と怖れ。嵐はますます猛り狂い、サオを上げて避難

しようかという矢先、「竿先が、ふいに目の前でぐいと大きく半円形に撓んだ」

「――来たッ！」

それから夜明けまで、4ページ以上にも及ぶ壮絶な嵐の海での格闘が始まる。ヘミングウェイ『老人と海』、フォーサイス『帝王』のクライマックスにも勝るとも劣らない西村寿行の熱情ほとばしる魚対人間の死闘。

夜は明け、嵐は去り、歯っ欠けは静かに浮き上がってきた。これを、波のうねりにのせて岩場に引き上げる。

「前島はみた。二本の角の根にある鶚の鷲爪は歯っ欠けの背筋を両側からガッシリと縫い貫いていた」

西村寿行は、奇想天外な物語で読者をアッといわせるが、その多くは事実に裏打ちされた発想に基づいている。というのは、彼は小説を書き上げるのに膨大な資料を読み漁り、それは小説を書き上げるたびに、1m以上の高さに積み上がったという。

たとえば本書において、〝歯っ欠け〟が夜中にイセエビ漁の網を破って漁師に被害を与える箇所があるが、イセエビの生態と漁について次のように書いている。

「伊勢海老は夜行性である。昼間は岩穴などに潜んでいて夜になると這い出して採餌活動をはじめる。漁師はそこを狙って岩の周辺に網を張る」

筆者は房総・館山の漁師から話を聞いたことがあるが、まさにそのとおりである。「夕方刺し網を仕掛け、夜中の2時に起きて漁に出るんだお～。夜行性のイセエビは夜中に散歩にでてエサを探し回ってっから、それで網に掛かんだわ」

こうした西村の真摯な執筆姿勢が、一見無謀で破天荒とも思える内容に真実味を付与していることは確かであろう。

西村寿行（1930～2007）
瀬戸内海に浮かぶ香川県・男木島の網元の家に生まれる。旧制中学を卒業後、ダンプやタクシーの運転手、業界誌記者など20種類近くの職業を転々。昭和44年に『犬鷲』でオール読物新人賞の佳作となり、作家デビュー。『瀬戸内殺人海流』『滅びの笛』『化石の荒野』、国際冒険アクション『赤い鯱』などの〝鯱シリーズ〟も。最盛期には月間800枚もの原稿を書きまくった。

『釣り師の心境』

坂口安吾

初出は「文學界」1949年8月号。
1988年10月発行の講談社文芸文庫『風と光と二十の私と』に収載

『堕落論』の著者にとって、釣りとは何か！

「新しく生きるためには、この一人の女を、墓にうずめてしまわねばならぬ。この女の墓碑銘を書かねばならぬ。この女を墓の下にうめない限り、私に新しい生命の訪れる時はないだろう」

坂口安吾は、『死と影』（昭和23年9月1日発行の「文學界」に掲載）でこう書いている。

時をさかのぼって昭和11年、当時30歳の安吾は1歳下の美貌の女流作家矢田津世子との一世一代の恋に破れる。その失恋後の狂おしい心境が、ここにたたきつけられている。

絶望の淵からはいでるには、矢田津世子との無残な恋を小説世界の中で清算するしかない。

小説家はそこで、「千枚ほどの原稿用紙だけぶらさげ」（「ぐうたら戦記」より）、東京から京都に移って大作の執筆に挑む。

その『吹雪物語』は、わずか3ヵ月で原稿用紙約700枚まで到達。しかし、そこでピタリと筆が止まってしまう。それ以上書き進めなくなったのだ。そのときの状態というのは、700枚の原稿が積みあがっている「その机の方を見ることすら、できない」（「『吹雪物語』再販に際して」より）ほど酷かった。

失恋から立ち直るどころか、安吾は作家としての力量に絶望し、京都の場末にあって酒色と碁の自堕落な生活に溺れる。それでも、どうにかその大作の体裁を整えて帰京。

昭和13年7月、竹村書房から『吹雪物語』刊行。案の定、この長編は大失敗作の烙印をおされる。安吾の絶望はますます深まり、東京から逃げるように茨城県取手市へ転居。

今回取りあげる『釣り師の心境』は、こんなどん底状態だった当時の、釣りのエピソードを回想するところから始まる。

小田原の早川でアユの蚊バリ釣り

引っ越し魔の安吾は、釣りの経験も興味もないのに、「妙に魚釣りに縁のあるあたりに住んできた」と書く。今回転居した取手も釣りに縁のある土地だった。

「私は取手という町に一年あまり住んでいた。利根川べりの小さい町で、本屋のオヤジはここをフナ釣りのメッカみたいなことを言っていたが、これを割引して考えても、魚というものは、よほど釣れない仕掛けになっているようだ」

　安吾が東京から取手に移ったのは昭和13年である。本屋のオヤジとは、『吹雪物語』の版元竹村書房の社長。彼は安吾の取手住まいを画策した人物であり、釣り好きだった。

　ある日、そのオヤジと作家の下村千秋、劇作家の上泉秀信の自称釣り名人3人組がやってきて、利根川へ舟を浮かべる。安吾が小一時間見物している間に、釣れたのは「三人合計して一匹」だけ。それでも、1日中釣って帰るころには各自4～5尾になっていた。安吾は皮肉を込めてこう書く。

「塵《ちり》もつもれば山となる、というのが釣りの心境かも知れない」と。

　自称名人ご一行が次にサオをだしたのは、「町はずれのタンボの中の水溜り」。周囲は5間四方というから約9m四方の溜池で、周りに肥溜めがあって悪臭ふんぷん。

　こんな無粋な釣り場で、「彼らは血走っているのである。セカセカと移動し、舌打し、又セカセカと水溜りを廻ってヤケクソに糸を投げこんで」いる。にもかかわらず、丸1日で2、3尾という貧果。

　そのくせ、宿へ帰れば「何年前の何月に、何貫釣れたというような大きなことばかり話し合って」ご満悦なのだ。

　安吾からすれば、「渓流とか、海とか、釣りなどというものは風流人のやることで、無念無想、風光にとけこんでいる心境かと思ったら、とんでもない話」に映る。

　田舎に引っ込んで、のんびり釣りでも楽しんで浩然の気を養い、再び東京へ舞い戻ろうとの目論見も、これでは逆効果。

1年ほどで神奈川県の小田原に転居。詩人の三好達治の手配だった。そこは、「箱根から流れ落ちてくる早川が海へそそぐところ」の松林に建つ小さな一軒家。さっそく達治から、「六月一日の鮎の解禁日に大いに釣ろう」と釣りの誘いがくる。期待が少しふくらむ。

解禁当日、達治は安吾のために、蚊バリ（毛バリの一種）釣りの道具一式をそろえてくれた。そして、「君は流し釣りでタクサンだ。素人だからね。僕ぐらいになると、ドブ釣りをやる」と得意満面。

アユの流し釣りというのは、短ザオに蚊バリを付けて、水面を流して釣る簡単な釣法。ドブ釣りは仕掛けの一番下にオモリを結び、その上に蚊バリをいくつか付け、トロ場に仕掛けを沈め、サオを上下動させてアユの食いを誘う江戸時代から続く伝統釣法である。

そんな勿体ぶった釣法なのに、釣れるアユはメダカのように小さい。

それでも安吾は、河口の釣り場であるため、太平洋の波しぶきを背中に感じながらの雄大きわまる釣りに好感を抱く。そして、蚊バリであるからいちいちエサを付け替える必要がなく、また「鮎は、手でつかんでも、手が臭くならない」ので「私もひとつ釣ってみようという気持ち」になる。

「朝の四時にはすでに流れに」立ち、わずか「三十分ぐらいの時間に三十匹程」釣れた。蚊バリは5個付いており、一度に3尾釣れたことも。

釣れるアユは「メダカ」でも引きは鋭く、「ちょっと悪くない」と感じ入り、安吾は解禁日から3日連続で釣りに通う。これから釣りの真の醍醐味がわかるかというところで、急にアユが釣れなくなる。蚊バリにアユが慣れ、特定の色や形のものにしか食いつかなくなったからだ。さらに、アユは成長してナワバリを持ち始めると蚊バリにあまり反応しなくなる。

このために、安吾はアユ釣りから遠ざかってしまう。

時は移って、終戦の年の5月。当時の安吾は東京住まいで、食糧ひっ迫のために酒の肴を求めて羽田に潮干狩りに出向く。いきなり空襲警報。皆が四散する中で、安吾は海苔ヒビの雑木と一体化して、頭上の敵機の目から巧みに逃れ、「慾念湜しく」ハマグリの大物を掘り続ける。皮肉にもその潮干狩りで、安吾は「釣り師の心境というものを若干会得した」というのがこの小品のオチである。

釣り師の心境に達する1歩手前で急死

昭和21年、安吾は「堕落論」を発表して、焼け野原の日本文壇に爆弾を投下。すでに矢田津世子は肺結核で他界。安吾は妻をめとって伊豆の伊東、そして群馬の桐生へと移る。この2つの地でも、実は安吾は釣りザオを振っている。

安吾の死後、妻の三千代が著した『追想　坂口安吾』の中に「安吾と釣りと海」と題した小文がある。それによれば、昭和24年8月に伊東の音無川（松川上流）沿いに引っ越し、ここで昔取った杵柄《きねづか》とばかりにアユの流し釣りを試みている。しかし、川幅が狭く雑木が繁っていて、仕掛けが枝に絡まったりして釣りにならない。そこで、毛バリの流し釣りはやめて、エビのエサで再度アタック。しかし、釣れたのはダボハゼ1尾のみ。お手上げだ。

昭和27年、伊東から桐生へ転居。近くを桐生川が流れ、安吾はここでも懲りずにアユの流し釣りに挑む。そしてやっと、ひと夏通って「延べ十匹ぐらい釣った」と成果をあげる。

このようすは、福田蘭童も「坂口安吾の裏ばなし」（冬樹社『定本　坂口安吾全集』の月報5号）で触れている。それには、「桐生へ移転してからの（安吾からの）便りに釣りをたのしんでいると書いてあった。心も落ち着いたのだろう。ほっとした気持であった」とある。人生の荒野をさまよう無頼派作家にも、釣りを楽しむ心身のゆとりができたことに、道楽の達人である蘭童は大いに喜んだ。

その後、安吾は赤ちゃんにまで恵まれ、「安定した春がめぐってきた」のも束の間、「安吾、脳出血による急死」の知らせに、蘭童は人生の無常を嘆くのだった。

代表作『堕落論』で安吾はこう書いている。

「人間は生き、人間は堕ちる。そのこと以外の中に人間を救う便利な近道はない」

安吾のいう堕落とは、「共同存在から『堕ちる』こと」（柄谷行人『坂口安吾論』より）。つまり堕落とは、人間社会の呪縛から外れて自立した自由な自己を取り戻すこと、と解釈できる。

そうであるならば、社会生活の規範から外れた釣りという道楽は、安吾の言う堕落に値するに充分だ。はた目には人生の浪費に見える釣りだが、「人間を救う」何か未知の要因がそこには宿っている。安吾は数少ない釣りの機会を通じて、そうした釣り師の心境の1歩手前までたどり着いたのだが…。

坂口安吾（1906〜1955）

新潟市西大畑町生まれ。小学校時代はガキ大将、中学時代は不登校。新潟の中学を退学して東京の私立豊山中学に編入。陸上競技に打ち込み、ハイジャンプで全国大会入賞も。同時に文学へ傾倒し、芥川龍之介や谷崎潤一郎らを猛読。昭和5年、東洋大学印度哲学科卒業。昭和6年、処女作『木枯の酒蔵から』発表。翌年、矢田津世子を知る（矢田は昭和19年に38歳で死去）。終戦後、『堕落論』『白痴』を発表し、太宰治、織田作之助らとともに無頼派と呼ばれ、戦後文学の新潮流を形成した。

『相模湾の沖釣り』

福田蘭童

1977年、現代企画室から刊行の『志賀先生の台所』に所収

志賀直哉が海のボート釣りに挑戦

戦時中、尺八奏者の福田蘭童は湯河原に隠遁し、相模湾に釣り用の手漕ぎボートを浮かべて、自由気ままに釣り三昧の人生を送っていた。

蘭童は夭折の天才洋画家青木繁の遺児。音楽や釣りだけではなく、狩猟、料理、ギャンブル、文筆など諸芸百般に通じ、さらには〝人付き合い〟にも天才的な能力を発揮。交流のあった著名人の顔触れをざっと挙げると、横山大観、菊池寛、佐藤惣之助、小津安二郎、西園寺公一、安井曾太郎、室生犀星、谷崎潤一郎、萩原朔太郎、井伏鱒二、開高健……。多士済々である。

戦中～戦後の湯河原や熱海には、疎開や敗戦後の東京の荒廃から逃れて移り住む文豪・文

士・芸術家が多く、彼らとにぎやかに交流した。昭和23年1月、長編小説『暗夜行路』や短編『城の崎にて』などで知られる文豪、志賀直哉（当時65歳）が、湯河原と熱海のほぼ中間に位置する大洞台の相模湾を望む高台へ東京から転居してきた。

ほどなく、蘭童は「志賀先生」と親交を結ぶ。当時熱海の清水町に住んでいた作家の広津和郎の紹介だった。広津は東京にいるころから志賀直哉と親しく、空襲が激しくなった昭和19年から疎開していたのである。

広津と志賀はお互いがお互いを敬愛してやまない仲であったが、志賀より22歳も年下で乱暴者の〝乱童〟と物静かな志賀直哉とは、どう考えても不釣り合いに思える。ところが、2人は会ってすぐ意気投合。蘭童は大洞台の志賀の自宅まで、釣魚やキジ、時にはイノシシ肉など〝自獲り〟の土産をぶら下げて足しげく通っては包丁を握り、文豪の舌を喜ばせた。

2人の共通の趣味は麻雀だった。志賀夫人の康子も麻雀が好き。広津夫妻も嫌いではない。これに、志賀の弟子筋にあたる阿川弘之や瀧井孝作、出版社の編集者らが集まっては頻繁に卓を囲んだ。

遊びの天才蘭童は、麻雀もプロ級の腕前。2番手は数馬身離されて志賀直哉。それ以外は烏合の衆。たとえば志賀が「熱海へ鴨狩りに行こうよ」というと、これは広津和郎の家に麻雀を打ちに出かけようという意味であった。ことほど左様に、広津夫妻たちは麻雀で「カモ」にされていたわけである。

そんなある日、蘭童は「志賀先生」をボート釣りに誘った。蘭童の硬軟・虚実入り混じった愉快な釣りの話を聞いていた志賀は、その誘いに乗った。このときの模様を描いたのが、『志賀先生の台所』に所収の『相模湾の沖釣り』である。

蘭童が発明した「百発百中」の〝新兵器〟

本格的な海釣りは志賀直哉にとって初体験で、末娘の貴美子も同行した。ターゲットは「カマスかアジ」というから、季節は秋だろう。

湯河原・吉浜海岸の船着き場から、蘭童の漕ぐ小型ボートが海原を目指す。沖はだいぶ波が高いようである。

「しばらく乗っていないから酔うかもしれんなァ」

文豪は立派な白銀のアゴヒゲを撫でながらつぶやいた。志賀は学生時代ボートの選手だったし、櫓も漕げる。見かけによらず体力自慢である。だが、沖の白波を見て船酔いの不安がよぎったのだろう。しかし蘭童はこともなげにいう。

「波が小さいと魚は釣れません」

こういう直截な物言いが、思案深げな志賀をして蘭童に惹きつけられるゆえんだろう。志賀を先生と呼びながら、自分の領分においては遠慮を見せない。文豪に媚びを売る取り巻き連中とは、そこが決定的に異なっている。自由人・蘭童の所作が志賀の目にはことのほかまぶしく映るのだ。

そのうち、「福田さん、ちょっと気持ちがわるくなってきたわ」と娘の貴美子が訴えだした。蘭童はそっけなくいいなす。

「仰向いて寝ていればすぐになおりますよ」

ヘンに同情したり介抱することもしない。自分で解決してくれというわけである。こうなると、文豪も顔色が悪くなっていても、それを口にだせず、我慢して釣りに取りかかる。

「福田君、エサをくれ給え」

待ってました！　蘭童はピースの空缶のふたを取り、とっておきの〝エサ〟をつまみあげる。そして、

「これは、わたしが発明した新兵器です」

とのたまう。その新兵器こそ、後年に数多《あまた》の釣り愛好家を惑わせた蘭童創案の擬似餌であった。戦時中、釣りエサが手に入らずに困った蘭童が、苦肉の末に考え出した「百発百中」の傑作で、湯河原や熱海の漁師も教えを請いにきたという代物だ。

志賀先生が手に取ってみると、小魚の型に切ったゴムのように伸び縮みするたわいのないモノだった。この正体は何なのか。蘭童は答える。

「コンドームを切ったものです」

コンドームとは、もちろん、避妊用のアレである。

「こんなもので釣れるのかい？」

怪訝な表情の先生の目の前で、蘭童はこの新兵器をテンビン仕掛けのハリ先にチョン掛けし、海の底へスルスルッと下ろす。そして一定の速度でイトを手繰りあげると、アジやカマスが次々に手品のように釣れあがってきた。この場面を引用しよう。

「『こりァ面白い』

志賀先生は中腰になって釣りだした。始めのうちは釣れなかったが、何度か繰返すうちにアジが釣れだした。胴の間で寝ころんでいた貴美子さんも起きあがって釣りだした。

またたく間に、イケスの中はアジとカマスとムツの子でいっぱいになった」

天下の文豪父娘にコンドームで釣りをさせるとは……。

大もの釣りの〝珍兵器〟も開発

数は釣れても小物ばかりでは飽きがくる。蘭童は舟を漕いで、カツオ漁の撒きエサ用に生かしてあるイワシのイケス周りに場所を変える。大もの釣りのポイントである。

「ここは深いし、ゴムよりも白いものがいいんです」

何を釣るのかとの先生の問いに、「今夜の刺身用にイナダでもあげてみましょう」といって蘭童は、銀色に光る白っぽい毛バリに付け替え、１００ｍほど沈めた。

「スイスイとたぐってくるとゴツーンときて、道糸に（原文ママ）横に走りだした。イナダの引きかただ。五分ほどかけて手繰りよせてみると二尺もあるイナダがかかっていた」

２尺、60㎝の大ものだ。イナダというよりも立派なワラサだろう。イナダを釣ると宣言して、その兄貴分を一発で釣り上げるのだから、まさに釣りの達人、蘭童の面目躍如である。

先のコンドームが新兵器なら、イナダを釣った擬似餌は「珍兵器だ」と志賀先生は大はしゃぎ。そして、「いったいその擬餌は何の毛で作ったもんかね」と問う。すると達人は何食わぬ顔で言葉を返す。

「大洞台の紙屑籠の中から拾ってきたものです」

……。

大洞台は志賀直哉の居宅のこと。志賀は白く長いアゴヒゲがトレードマークで、伸びると康子夫人がはさみでカットして整えていた。切り取ったヒゲは紙屑箱にポイッ。蘭童はその銀色に光るヒゲクズに目を付けて毛バリに巻いたのである。天才のひらめきである。自慢のアゴヒゲを釣りエサに使われた天下の文豪の心中やいかばかりか。

「志賀先生はにが笑いしながら、あご鬚をつかんでしごかれた」と蘭童はこのエピソードを味わい深く締めくくっている。

後年、福田蘭童は東京の渋谷に「三漁洞」という小料理屋を開く。ある夜、店に作家の開高健が突然現われ、座敷へ上がるなり避妊用のゴムサックを卓に広げた。このことが、蘭童著『わが釣魚伝』（二見書房刊）に書かれているので紹介しよう。

開高は、その中の一つをプーッとふくらませてこう言った。

「このコンドームの使い方を教えてもらいにきた」

蘭童の〝コンドーム釣法〟のうわさを聞きつけてやってきたのだ。

「（コンドームを）丸ごとつけるの？」と尋ねる開高に、「丸ごとつけるとイイダコの化けものがきたと思って魚は逃げちゃうよ……」

そういいつつ蘭童は、〝紡錘形に切ってハリにチョンガケにし、底に沈めたら一定の速度で水面へ引き上げてくるだけで釣れる〟と懇切丁寧に秘術を伝授。

開高健がアラスカでキングサーモン釣りに出発する直前のことだ。釣り紀行の金字塔『フィッシュ・オン』にも、この三漁洞の一夜は登場する。だがしかし、開高がこの擬似餌をアラスカで実際に使ったかどうかは定かでない。

福田蘭童（1905～1976）

代表作『海の幸』で知られる洋画家青木繁と福田たねとの間に生まれる。2歳で父と生別。幼少期は栃木県・水橋村の母の生家に預けられ、祖父母のもとで育つ。13歳で東京へでて尺八修行のかたわら、ピアノやバイオリンを習得。やがて、尺八奏者として独立し、ラジオや映画音楽で活動。戦後、ラジオドラマ『新諸国物語・笛吹童子』の音楽を手がける。釣り、麻雀、狩猟、料理が趣味で、渋谷に「三漁洞」という店を開いた。『世界つり歩き』『わが釣魚伝』などの著書がある。

『殺意の三面峡谷―渓流釣り殺人事件』

太田蘭三

1978年、祥伝社「ノン・ノベル」から刊行の
書き下ろし長編冒険推理小説

「月刊つり人」誌に釣りの時代小説を連載

釣り推理小説で知られた太田蘭三は、昭和4年三重県鈴鹿市生まれ。家の裏を小川が流れ、小学生のころからフナや雑魚釣りに夢中だった。昭和24年に中央大学法学部に合格して上京。荻窪に住み、勉学そっちのけで多摩川や秋川へ出かけてはハヤやヤマベ釣りに遊び、釣れすぎてビクの底が抜けたこともあったそうだ。

卒業後、文学青年であった彼は、就職せずに小説を書き続ける。しかし、純文学では食っていけず、太田瓢一郎のペンネームで貸本向けの時代小説に手を染める。

「昭和32年から36年にかけて、長編時代小説を二十数冊書き下ろしている」（新刊ニュース編

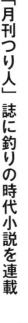

集部編『そして、作家になった。作家デビュー物語Ⅱ』より)。

4年間で長編を20数冊執筆とはすさまじい濫作ぶりである。案の定、体調を崩して筆を絶ち、会社を興すが倒産。暇はあれど金はナシのどん底生活の中で、「金のかからない釣りや山登りに熱中」(同)した。釣りのターゲットは多摩川のフナやコイだった。

暇つぶしとはいえ、自然に親しむことで体調は徐々に回復し、やがて渓流のヤマメやイワナ釣りに目覚める。そして、遠く朝日連峰や南アルプスなどにも遠征するようになった。そんな折、昭和50年に「月刊つり人」に『浪人釣り師』を連載。浪人釣り師・船田鯉四郎が江戸の難事件を解決する笑いあり、お色気ありの痛快な釣り時代小説である。

太田は当時を振り返ってこう書いている。

「この連載小説が、わたしにとって、ふたたび筆をとる大きなきっかけになり、(小説を書く)トレーニングにもなった。しだいに筆が慣れてきたのであった」(祥伝社『浪人釣り師鯉四郎事件帖』の「あとがき」より)。

そして、祥伝社から書き下ろし推理小説の依頼がくる。

当時の大衆小説は、森村誠一『野生の証明』、西村寿行『滅びの笛』など、バイオレンス色の濃い作品が脚光を浴び始めていた。

当時50歳に一歩手前という人生の岐路にあった太田は、心機一転、ペンネームを蘭三に改めて大作に立ち向かった。そうして一気に書き上げたのが、この『殺意の三面峡谷——渓流釣り殺人事件』であった。新書版に2段組で358ページ、400字原稿用紙換算で800枚あまりの力作だ。

釣りライター釣部渓三郎が源流事故死の真相に挑む

山形県と新潟県にまたがる壮大悠遠な朝日連峰の山岳渓流を主な舞台に、フィッシング&レジャーライター釣部渓三郎《つるべけいざぶろう》が謎の殺人事件の真相にせまる物語だ。浪人釣り師時代とは文体の冴えも構成の緻密さやダイナミックさも飛躍的に向上し、釣りや山登りになじみのない人が読んでも存分に楽しめる。

物語は、主人公の釣部渓三郎とヒロインの東京女子T体育大学ワンゲル部のアキと名乗る美女とが、豪雨の三面川《みおもてがわ》源流部で遭遇するところから始まる。

47歳の釣部は6年前に妻を肺がんで亡くしてやもめ暮らし。月刊誌やスポーツ紙に趣味の釣りや登山の紀行文などを執筆して、どうにか生計を立てている。今回、三面川源流のイワナを求めてやってきたのだが、豪雨で釣りにならない。

一方のアキは、身長168㎝、58kg、3サイズは90・60・92というスタイル抜群の天真爛漫アスリート美女。女だてらに朝日連峰単独行を果たし、その下山途中であった。

2人はそのとき、わずかな時間会話をしただけで別れる。東京へ帰った釣部が自宅近くの多摩川で釣りをしていると、1人の男がコップ酒をやけ飲みして、目の前の流れに入って溺れ死ぬ。自殺か?

その死に不審を抱いた釣部は、溺れ死んだ男が上条善三郎という名前だと知る。コイ釣り仲間の大沢警部が知らせてくれたのだ。その住まいを訪ねると、顔をだしたのは豪雨の三面川で遭遇したアキだった。アキは、上条善三郎の娘だったのだ。そのアキが訴える。

「父は自殺したんじゃないわ、殺されたのよ。菱川豪蔵に殺されたんだわ」

菱川豪蔵は、資本金6億3500万円のレジャー開発会社「菱川興業」の成り上がり剛腕社長。ホテル、ゴルフ場、レストラン、不動産業など、あくどい手口で手広く事業を展開していた。その菱川に、善三郎は土地をだまし取られて自殺に追いやられたというのである。

それから時が経ったある日、朝日連峰三面峡谷の岩井又沢の岩壁の一角で、中年男の無残な転落死体が発見された。死体は釣り服姿の菱川豪蔵であった。源流釣りのベテランでも安易に近づかないという「朝日連峰随一の峻険な谷」である岩井又の、「高さ三十メートルの崖の上から転落、二十メートル落下して岩棚に叩きつけられたもの」だった。

上条アキが容疑者として浮上。アキは大柄で体力があり、登攀技術も高いし、朝日連峰一帯の土地勘もある。それに、自殺した父親の恨みを晴らすという立派な動機がある。

しかし釣部は、アキがそんな大それたことをするはずはないと信じて、独自の犯人捜しを開始。すると、ある疑問が浮かんだ。菱川の死体と一緒に発見された釣り道具の中に、手元に細工を施した毛バリ釣り用のサオと、巻き方に工夫をこらした毛バリが残されていたのだ。

菱川は源流釣りの初心者であり、毛バリ釣りの経験はほとんどないはずだ。それなのに、サオも毛バリもベテランが使うような代物である。それに、そもそも「朝日連峰随一の峻険な谷」である岩井又へ、単独で釣りに行くほどの源流経験などありえないのである。ベテランの源流釣り師が同行していたにちがいない。この同行者こそ犯人に直結する。

こうして、釣部渓三郎は真相を求めて奔走。そこに、第2の殺人事件が発生した——。

釣りと登山の知識・経験を注ぎ込んだ渾身作

この物語の面白さは、犯人捜しだけではない。作者の趣味である釣りと山登りの知識・経験に裏打ちされた情景描写がリアルに迫ってきて、まるで読者自身が源流に分け入って、大イワナを釣り上げたような感動を味わえる。

たとえば、菱川が大井川源流部の小西俣を釣り上って、目指す大イワナと格闘する迫真の描写である。

まず、振り込み。

「大石の陰から、そっと竿を出して送りこむ。一瞬、銀糸がキラッと光る。生き餌のミミズがガン玉オモリに引っ張られるようにスーッと水底へ吸いこまれていき、黄色い山吹の芯の目印が流れに落ちる。わずかに穂先を上げて、その目印を水面から切る」

次にアワセだ。

「反射的に手首をかえす。すると、ガクッというものすごい引きだ。(中略)道糸がゆっくりと水面を切り、流れに逆らって、上の落込みの方へ引っ張られていく。(中略)糸が鳴る。穂先が流れの中に引きこまれそうになる」

そして、猛烈なやり取り。

「イワナは水中で反転して、のたうち、もがいて、グッ、ググっと、二度三度竿をしぼりこむ。落込みの岩陰に逃げこもうと、死物狂いになっているのだ。(中略)ようやく水面に魚影が近づいてくる。それでもまだ反転しようともがいて、水面が波立ち飛沫が跳ねた。いま一度ググっと穂先をしぼってから、水面が割れて、ようやくイワナが顔を出す」

取り込み場面に移る。

「イワナの抵抗がしだいに弱まり、サオをしぼる動きが緩慢になる。ふたたび流れに顔を出した。口を開け、魚体をななめにして背ビレが水を切る。

菱川は、やっとの思いで、イワナを岩の上に引きずりあげた」

35㎝を超える大物。菱川は思わず快哉を叫ぶ。

「でっかいぞ、うわっははははは……」

この渾身の書下ろし長編1作で、太田は一躍流行作家の仲間入りを果たした。「芸（釣り）は身を助ける」の典型といえよう。ただし、そのほんの数年前の彼の暮らしぶりは次のようであった。

「当時、小学生だった三男坊主に、『お父さん』と題する作文で、『……うちのお父さんは、コイ釣りばかりして、ショウチュウばかりのんでいます……』と書かれた」（角川文庫『浪人釣り師今昔』より）

この作文を読んで、身につまされる釣りキチ父さんも少なくないだろう。

太田蘭三（1929〜2012）

三重県鈴鹿市生まれ。中央大学法学部卒。純文学作家を志すが、生活のために三文時代小説を書き散らす。濫作がたたって体を壊し、一念発起して冒険推理小説の新境地を開拓。趣味の釣りを素材にした「釣部渓三郎シリーズ」で評判を呼び、テレビでもシリーズ化された。釣りはどんな釣りも一通りこなすが、とくに渓流のイワナ、ヤマメ釣りを好んだ。山歩きも趣味で、自称「ひとりで山を歩く会」の会長を名乗った。

『剣ヶ崎』

立原正秋

新潮文庫『剣ヶ崎・白い罌粟』所収。
初出は「新潮」昭和40年4月号

磯釣りの名礁で展開する宿命の血をもつ兄弟の物語

「剣ヶ崎。神奈川県の東南、三浦半島の突端にある岬角《こうかく》で、対岸の千葉県の洲崎《すのさき》と相対して東京湾の入り口に位置し、岬《みさき》の頂上には灯台がある。ここは土地の人から、つるぎがさき、とは呼ばれず、けんさき、と呼ばれている」

立原正秋は、今回取りあげる『剣ヶ崎』の主要舞台をこのように解説している。いまでは、この地は劔《つるぎ》（剣）崎《ざき》の名でほぼ統一されているようだが、釣り人の間では〝けんさき〟、あるいは〝けんざき〟の呼び名で通っている。現場一帯は岩礁帯で、磯釣りの一級ポイントがそこここに点在しており、釣りの名礁として人気が高い。

この小説は、かつてこの地の別荘に住んだ、日本人の母と朝鮮人の父という宿命の血を受け継ぐ兄弟の物語。現在もなお、混沌の真っ只中にあって出口の見えない日韓関係の根本に突き刺さるような読後感がある。

日韓2つの民族の間に横たわる深い溝が、時を超えたリアル感でヒリヒリと迫りくるのは、立原正秋という小説家自身が日韓混血（後年、生粋の韓国人と判明）の苦悩を生きたからだろう。彼には大人の男女の愛と死を題材にした作品が多く、「自分は純文学と大衆文学の両刀使い」と自ら称しているが、『剣ヶ崎』は純文学的な色彩が濃い初期の意欲作である。

主人公・石見次郎は、昭和12年の秋から21年の春まで暮らした剣ヶ崎に、16年ぶりに戻ってきた。この地に眠る3基の墓に、菊の花を手向けるためである。

かつて兄の太郎とともに釣りをしながら人生を語り合った荒磯は、白波に打たれて時の流れのままにある。しかし、住んでいた別荘は激しい潮風にさらされて荒れ果てている。

「剣ヶ崎は、いったい俺にとってなんであったのか」

次郎は海鳴りのように押し寄せる己の過去に思いをはせる。

昭和12年7月北支事変が勃発。

北支事変とは、北支（華北）の盧溝橋事件に始まる日中間の軍事衝突に対しての、当初の日本側が用いた呼称で、それはすぐに泥沼の日中戦争へ発展し、太平洋戦争へと拡大していく。

当時、石見家は父の祖国朝鮮に暮らしていて、次郎は小学5年生、兄の太郎は中学1年生だった。ところが、李朝貴族の末裔で軍人である父が8月に連隊を脱走し、家族を捨てて姿をくらました。残された日本人の母と兄弟は憲兵の監視下におかれるが、やがて日本へ戻されて鎌倉の母方の祖父の家に引き取られ、さらに剣ヶ崎の別荘に移される。

こうして3人は、この半農半漁の寂しい村で暮らすことになる

混血の家系に生まれた孤独と苦悩を釣りで振り払う

地元の小学校に編入した次郎は、「あいつはチョウセンだ」「親父《おやじ》はアカだ」といじめられるが、負けずに立ち向かう。中学は、兄の通う横須賀の学校へ入学。

ある日、兄と弟は自分たちの家系のことで語り合う。その最中、兄が言う。

「叔父貴や俺たちの父親が、それぞれ日本人になり、朝鮮人になりきれると思うか？ できやしないよ。間の子ってのは、どっちにもなり得ないよ。言わば、そこら辺をうろついている雑種の犬と同じだ」

痛烈である。「間の子（あいのこ）」という言葉はハーフを意味する差別用語だが、当時は普通に使われていた。

父親の李慶孝は日本の軍隊を脱走して朝鮮人として生きようとし、その弟である叔父貴の李慶明は日本軍人として天皇に忠誠を尽くすことをよそおって生きている。2つの国の間で引き裂かれた血の絆。〝雑種の犬〟の悲しみが、その系図に連なる太郎と次郎の苦悩をより深くする。

しかし、そんな論争の後味の悪さは、「めしを食ったら釣りに行こう」という太郎の言葉で救われるのだった。実際魚はよく釣れた。立原はそのようすを次のように書く。

「一面の岩礁帯のはずれは急激に落ちこんでおり黒潮が渦をまいていた。そこでは、季節に応じて黒鯛、石首魚《いしもち》、鰺《あじ》、あいなめ、ぼら、めばる等が釣れた」と。

立原は鎌倉住まいの文士であり、食通としても知られ、新鮮な魚を求めて散歩がてらしばしば市場めぐりなどもしていたという。その延長として、時に三浦半島の剣ヶ崎方面に足を運んで実際に釣りをしたことがあったかもしれない。「岩礁帯のはずれは急激に落ちこんでおり黒潮が渦を巻いていた」という表現に、釣り人としての視線の確かさがある。実際、磯釣りの絶好ポイントは、岸壁に激しく当たっては返す白波が渦を巻くあたり、つまり海底が鋭く深場へ落ち込んだ場所なのだ。

また、その後に兄が京都で暮らすようになって1人取り残された次郎は、「毎日、釣糸を垂れて房総を眺《なが》め、兄はどうしているだろうかと」思うのであった。

戦争中の食糧事情もさることながら、釣りは混血の家系に生まれた兄弟の孤独や苦悩を束の間忘れさせてくれるものでもあった。

昭和16年1月のある日、母親の実家である鎌倉から従姉の志津子が剣ヶ崎の別荘へ越してきた。志津子は16歳で華奢だが目の大きな娘だった。胸を病んで転地療養のためにやってきたのである。

その春、3月末のことだ。剣ヶ崎でサオをだしているはずの兄を捜しに岩場の先端に向かっていた次郎は、波音の狭間に志津子のただならぬ声を聞く。

「あなたがいなかったら、あたし死んでしまう！」

あなたとは、兄の太郎のことだ。2人は恋仲になっていたが、兄は4月の初めには京都三高

(旧制)に合格して京都へ旅立つ身であった。

1年後、次郎も兄の学ぶ三高に合格して京都へ。しかし次郎は、入学早々に教練の実包射撃訓練で不始末をしでかして退学処分を受ける。白皙《はくせき》で思索型の兄は、激情型の弟に面食らい、「剣ヶ崎で釣りでもしながら(将来について)考えろ」と諭すのだった。

荒涼たる岬に眠る3基の墓石

「昭和二十年八月七日の朝十時頃、次郎は潮のひいた岩礁帯の先で釣糸を垂れていた」

時は流れ、戦況は急を告げている。空には硫黄島から飛来する米軍の爆撃機が連日到来。次郎は、早稲田大学に転入していたが、こんなご時世では通学もままならず、剣ヶ崎で釣りに明け暮れた。

そんなとき、

「『おうい、次郎う』

と呼ぶ声にふりかえると、白い断崖《だんがい》の突端に兄が立って手をふっていた。

『よおう、兄さん! 紅色の笠子が釣れたよ』」

次郎は2尾の、鮮やかな紅い魚を自慢げに見せる。京都から帰省した太郎は、「昨日の朝、広島に原子爆弾が投下されたらしい」、「戦争はもう終るよ」と語り、「戦争が終わったら、志津子を京都につれて行くつもりだ」と打ち明ける。

戦争が終わったら、自分たちはどう生きればいいのか? 弟の問いに兄は答える。

「混血というのは、不世出《ふせいしゅつ》の新しい民族だと思えば、気は楽になるな」

つまり、日本人とか朝鮮人といった民族の血の宿命を超越した〝不世出の民族〟になって堂々と生きろというわけである。

この日から終戦までの短い日々を、2人の兄弟は昼間はほとんど釣りで過ごした。

「(八月)十二日は一日中よく釣れた。入食《いれぐい》で鰺《あじ》がバケツ二杯釣れた。魚の寄りと潮加減がよほど好い日で、滅多にないことだった」

終戦によって、いよいよ新しい明日がやってくるのか。しかし次郎は、「なにか燃え滅びて行くような」不穏な気配を禁じ得ないのだった。

果たして、剣ヶ崎の3基の墓石の下に眠っているのは誰と誰と誰なのか? そこで起こった悲劇とは? 次郎は日本人と朝鮮人の宿命の血を乗り越えることができるのか――?

※引用文中、現代では不適切な語句、表現が使われている部分があります。執筆時の時代背景等を考慮し、原文のまま掲載しました。

立原正秋(1926~1980)

朝鮮慶尚北道安北郡生まれ。早稲田大学国文科中退。世阿弥を代表とする日本の中世美学に傾倒し、丹羽文雄の「文学者」に参加して小説家として琢磨する。雌伏の小説修行を経て、『薪能』(昭和39年下期)、『剣ヶ崎』(昭和40年上期)が芥川賞候補となり、『漆の花』(昭和40年下期)が直木賞候補に。そして『白い罌粟』で昭和41年下期、第55回直木賞受賞。以後、『冬の旅』『残りの雪』『夢は枯野を』などを発表し、流行作家として人気が定着。

『1万回のキャスティング』

根津甚八

朝日文庫2000年5月1日初版発行。

単行本は1997年5月、ダイヤモンド社から発行

たった18㎝のイワナを釣って渓流釣りのとりこに

まず、「あとがき」を読む。すると、こう書いてある。

「釣りを始める以前、俺はとにかくバイクがこの世で一番面白いと思っていた」

ところが、

「その俺がなぜか、なぜか、釣りという異次元にはまり込んでしまった。あれだけ嫌っていた釣りに、狂うほどに熱中してしまったのだから、人生はわからない」

根津甚八は1947年山梨県生まれ。妻・仁香が著した評伝『根津甚八』によれば、根津は

子どものころは桂川で釣りを楽しんだとある。その後、熱狂の70年代を唐十郎主宰のアングラ劇団「状況劇場」の看板役者として疾走し、やがて唐との仲に亀裂が入って退団。映画やテレビ俳優として地歩を固めて行く。

俳優としての円熟期に差しかかった42歳のとき、突然釣りに目覚める。

村上龍原作・監督『ラッフルズホテル』のハンティングシーンの撮影でライフルをぶっ放す快感に魅了され、ハンターになろうと思ったそうである。ところが、日本でハンターの免許を取るには10年かかることがわかってあきらめる。

しかし、〝狩り〟の欲求は押さえ切れない。そんなとき、バイク仲間の風間深志が「釣りに行こうぜ」と誘ってきた。釣りなんてカッコ悪いと、それまで耳も貸そうとしなかった男が、その言葉に食いついた。

「そうだ。釣りだ。魚だって大自然で生き抜いている生き物だ。ハンティングに似ているに違いない」

風間に案内されたのは、新潟県魚野川の上流部の毛渡川。午前10時に入渓。途端に風間は魚を求めて上流へ姿を消し、ポツンと残された根津は何のアドバイスも受けられないまま、サオを振る。釣り人は、行きや帰りの電車や車の中ではアーダ&コーダと講釈するが、サオを持って水辺に立ったら他人のことなど構っちゃいない。

これでは、釣れるはずがない。仕事の都合で、釣りは午後1時までの3時間。見る間に残り時間はなくなり、エサのブドウムシを新しく付け替えた最後の一投を落ち込みのプールへポチャン！

「そのときだった。

突然、道糸（ライン）がピーンと緊張した。

俺は無意識のうちに竿をあおっていた。竿先がブルルンとしなる。

『ついに、来た』

（中略）

初めての手応えの力強さにうろたえながらも思い切って抜いてみると、意外なほどに軽々と俺の胸元に飛び込んできた」

緑がかった背に白い斑点のキラキラとまぶしい、きれいなイワナだった。

この、たった18㎝のイワナを手にして、根津は渓流釣りのとりこになった。

ルアー釣り3回目の師匠が、ずぶの素人に負ける

その後すぐ、降旗康男監督『タスマニア物語』のオファーがきた。出番が少なく渋っていると、ロケ地のタスマニアは「マス釣りのメッカで、六十センチクラスのブラウンが、バンバン釣れるそうですよ」と言われて一発ＯＫの返事。何のことはない、釣りをエサに釣られたのだ。

今度はエサ釣りというわけにはいかない。ルアー釣りだ。プロショップに駆け込んでサオ、リール、ルアーなどを用意し、「オーストラリアの南端、南極までもうすぐ」のタスマニア島へ。

「道具に夢中になって、危うく台本を忘れそうになってしまった」のはご愛敬。

ホテルに着いて打ち合わせのあと、近くの寿司屋に入る。寿司屋のオヤジがいう。「釣りだったらうちの息子がよく行っているよ」

その息子に、「なかば強引に、釣りのガイドを引き受けさせて」しまう。寡黙で人見知りの激しい根津が、このように図々しい男に変身できるのも、釣りの魔力の1つだろう。

1回目の釣果はゼロ。

2回目も苦戦。だが、太陽が西に沈もうかというとき、「いきなりガツン」。「イワナとは格段に違う」引きの感触。そして突然のジャンプ。

「夕陽のオレンジ色に、まさに黄金色の魚体が輝いて見えた。水の飛沫は一瞬のダイヤモンド」

釣りはぶきっちょな男を詩人にする。40㎝のブラウンだった。

有頂天になった男が、ロケ現場に戻ってその模様を吹きまくると、20歳年下の共演者、緒形直人が餌食になった。

ルアー釣りのずぶの素人緒形を釣り場へ連れて行くと、なんと初心者の彼が即座にブラウンをヒット。しかも45㎝。先に根津が釣ったのより、5㎝もデカイ！　その日、根津は型を見ることもできずに撃沈。〝師匠〟の面目丸つぶれだ。

根津は面白くない。オフの日はもちろん、出番のある日でも2、3時間の暇があれば釣り場へ直行。あるときは、時間の経過を忘れて30分ほど遅刻して助監督に烈火のごとく怒られる。それでも、緒形が釣ったのより1㎝でも上回る魚を釣り上げるために、必死になって釣り場へ通う甚八。

ロケの中盤、1週間の休みが取れることになった。遠征して、大ものを釣るチャンスと、現地コーディネーターに相談すると、ロケ地から5、6時間のところに「アベレージ60㎝」のブラウンが釣れる湖があるという。

ただ、そこはフライフィッシングオンリー。ルアーもエサもダメ。しかし、道具を貸してくれるし、FFの技術はガイドが教えてくれる。「そこお願いします」と、4時間半かけて標高700mのロンドンレイクスという3つの人工湖で構成されたフィッシングエリアに到着。この3つの人工湖の大きいのは本栖湖ほどもあり、すべてジェイソンさんというロッジのオーナーが造ったというから驚く。

フライで60㎝のブラウンを手にして歓喜

1日目と2日目は、ジェイソンさん直々でFFの特訓。根津は自分のつたない英語力を嘆きながら、湖に向かってロッドを振り続ける。そして3日目の朝、「俺はジェイソンさんと老ガイドとともに、湖へ向かった」

やっと釣りができるのだ。

「しばらくして、ガイドが湖の一点を指して、オーケーのサインを出した」

そこは倒木のそばで、ちょうど「魚が湖面の虫などを食べるときにできる〝ライズリング〟」の輪が広がっていた。老ガイドが1個のフライを選び、ティペットに結んでくれた。

4回目のキャストでリングの中央にフライが着水。

「フライが浮かんで三秒か、四秒か。鏡のような水面が一瞬、盛り上がったかと思うと、フライは水中に吸い込まれていった」

合わせると、「今まで感じたことのない、強い勢いで、ラインが一気に水中に引き込まれていく」

しばらくやり取りすると、「だんだんと魚の気力が衰えていくのがラインを通して」伝わり、「あと少し。もう一息。そうだ、慎重に。ゆっくりとたぐり寄せろ」と自分に言い聞かせながらリールを巻く。

「うわぁ～っきれ～だなぁ～」

60㎝をゆうに超えるブラウントラウトを抱え上げて、根津甚八は感動に酔いしれた。

これを持って意気揚々とロケ地に帰着し、根津はやっと〝師匠〟の面目を保ったのである。

ほんの3ヵ月前まで釣りに見向きもしなかった男が、エサ釣りで釣りに目覚め、ルアーを覚え、ナント、フライフィッシングの〝師匠〟とは。

それからは、遊び仲間の風間深志らも強引に釣りに引き込み、日本の源流や湖はおろか、世界の釣り場を飛び回ることになる。アラスカのシルバーサーモンやスチールヘッド、カナダのキングサーモンなどにも挑戦し、シベリアでは103㎝の巨大タイメンをGET——。

晩年は体調を崩し、2010年俳優稼業を引退。さらに椎間板ヘルニアで車いす生活となり、釣りもままならなくなった。その後うつ病も発症し、2016年12月29日に69歳で静かにこの世から立ち去った。

男・根津甚八を偲ぶなら、名曲「ゆきずり」を聴くがいい。彼の特徴である「ら」行の巻き舌がいかんなく発揮されていて、嗚呼、甚八〜！と思わず（幻のテント舞台に向かって）叫びたくなるはずだ。

根津甚八（1947〜2016）
山梨県生まれ。高校時代から演劇に興味を持ち、大学を中退して22歳で唐十郎の状況劇場入団。劇団の看板役者になるが、10年後に退団。NHK大河ドラマ「黄金の日々」の石川五右衛門役で一躍人気者に。映画「さらば愛しき大地」で日本アカデミー賞優秀主演男優賞。黒澤明監督「影武者」「乱」にも出演。CDは「ゆきずり／根津甚八・男の哀歌」（テイチクから発売）がある。

『10万回のキャスティング』

風間深志

1997年4月〜2000年2月まで「報知新聞」に連載され、
2002年8月1日インフォレストから単行本化された。

冒険は仕事、釣りは趣味

風間深志といえば、冒険家としてバイクで世界を駆け巡り、エベレストバイク登攀で高度6005mの世界記録樹立、史上初めてバイクで北極点、および南極点到達など数々の偉業で知られる。また彼は、大の釣りキチでもあり、「冒険は仕事、釣りは趣味」と語っている。

この本の「まえがき」によれば、「釣りを始めてから三十年」というから、1972年あたり、22歳のころから釣りにも興味を抱き始めたようだ。釣りの中でも、渓谷に分け入る冒険心あふれる渓流釣りの魅力に取り憑かれ、「餌釣り10年、テンカラ7年、フライ5年、アユ0年……これが私の渓流釣り歴とその経験だ」というように、釣法を変えながら長年渓魚と付き合ってきた。

風間の釣りはあくまでも趣味であり、バイクツーリングの添え物としての遊びの要素が強く、釣りを極めようというようなものではない。ただし、遊びだからといっていい加減ではない。この破天荒な冒険家は人一倍の負けず嫌いなのである。

まず、この著作のタイトルからして、負けず嫌いのたまものである。俳優・根津甚八は風間の一番の釣り仲間であるが、その根津が5年あまり前の1997年5月に出版した本のタイトルは『1万回のキャスティング』であった。

「『おーし、ヤツが一万回なら、俺は十万回だぜ！』と、瞬間芸でひらめいた題名なのです」と同じく「まえがき」で告白している。

彼の負けず嫌いはジメジメしていない。勝っても負けてもカラッと晴れ渡って大らかである。そこのところが小人との違いだろう。

根津甚八との「ハク製」大きさ比べ

負けず嫌いのエピソードをもう一つ。本書の「自慢のハク製はミイラ？」と題された箇所である。それによれば、風間は当時自室に3つの魚の剥《はく》製を飾っていた。その中で一番大きいのは、「新潟の最源流の魚止で釣った46㎝の大イワナ」だった。これを釣り上げるまでが面白い。

その魚止の大滝へは、ダムのバックウオーターから険しい尾根越えを敢行して4時間半かけてようやくたどり着いた。

まず、風間が27㎝のイワナを釣る。が、同行の友人がナント42㎝の大物を手にする。その友人は、「河原に大の字になって寝転び、空を見上げてむやみやたらと笑ったものだ」と大満足のようす。

負けてられない！　風間は必死にキャスティング。すると、46㎝の大物がエサに食いついて見事にこれをタモに納めた。それを見た大の字の友人はむっくりと起き上がり、ものもいわずにサオを手にして真顔で振り続けたのだという。風間に劣らず、負けず嫌いなのだ。

結局、風間はこの勝負に勝って、魚を持ち帰って剥製にして自室に飾り、いまもそれを見ながらニヤニヤしているのだ。

話はこれで終わりではない。

風間が大親友の根津甚八を訪ねると、「ロシアのシベリアでとったタイメン（筆者注＝アムールイトウ）の1ｍ5㎝とか。アラスカで釣ったドリーバーデン（同＝降海型のオショロコマ）の65センチとかを誇らしげに家に飾って」あるのを目にする。

それに対して、風間は涼しい顔でいう。

「我々の間では、海外物は3分の1、ダム物は2分の1っていう厳しい掟がある（笑）。ゆえに、彼の家の壁に飾ってある魚は、どれもたいしたことはないんだよ」

海外物やダム物は、いくら大きくても価値は半分以下ということなのだ。実に〝かわいい〟負け惜しみである。こういう負けず嫌いは、きっと人に好かれる。とくに、同じ負けず嫌いの男には――。

大物を求めて決死の断崖絶壁下り

バイクを仕事に、釣りを趣味に、日本ばかりか世界を駆け回る風間深志は、２０００年2月、トラウト・フィッシングの聖地ともいえる南半球のニュージーランド3泊4日の釣り旅へ出発。同行者は、釣りの最大のライバルであり、宿敵ともいえる根津甚八だ。

首都オークランドまでのフライトは約12時間。全土が釣り場といわれるが、今回は南島のクイーンズ・タウン一帯。胸ワクワクで湖畔のロッジに着くが、「昨年の暮れに街が沈むほどの洪水があって、川に魚がいない！」という。

話が全然違う！

1日目、「グリーン・ストーン・リバーで終日ロッドを振った」が、案の定すべて空振り。初日から暗雲が漂っている。

2日目、クイーンズ・タウンから車で2時間のテ・アナウ湖から流れ出る「ワイアウ川」へ。ところが「大きなブラウンがいたが、（中略）フライを鼻っ面に流しても見向きもしない」。これでは、10万回キャストしても全部空振りに終わるのではないか――日本から12時間もかけてはるばるやってきたトラウトの聖地で、1尾の勲章も得ることなく帰るわけにはいかない。2日目にして、早くもボウズの恐怖におびえる風間深志。

しかし彼はそのとき、崖を2つ越えた向こうにゆらりと流れる深みがあるのを発見する。よし、あそこまで行ってみよう。「崖を登ったら垂直の壁」に行き当たった。眼下はいかにも大物が潜んでいそうな深い淵だ。

破天荒な冒険家は、ここで躊躇することなく挑戦する。口にロッドをくわえて、断崖絶壁を下降。

勝負は一瞬だった。

「(フライを流れに)入れた瞬間、わずか1秒くらいでパックリと食った。『釣れた!!』って思ったら、でかすぎてタモにも入らない(笑)」

それでも、何とか65㎝のブラウントラウトを手にした。

普通なら、その場でリリースだが、そうはいかない。「下流で釣ってる根津君に見せたい(笑)」というか、〝見せつけてやりたい〟という欲求に逆らえない。

「今度はロッドをくわえて降りた崖を、魚を片手によじ登る。全身が土だらけになって、魚は死なせたくないから途中で水に浸しつつ彼の所まで走り寄った」

垂直の崖を、サオを口にくわえ、生きたブラウンの大物を持って、顔の泥も何のその、必死の形相で這い登る風間深志。

その魚を見せられた根津甚八は、

「『何だよ、釣ったのかよ』って、あの時のいまいましい顔つき」

この顔を見たくて風間は垂直の崖を登り、本来なら現場でリリースすべきこの1尾を息せき切って運んできたのである。

おまけに風間は、「写真を撮ってよ」と根津にカメラを押し付ける。

根津は「チキショー!!」を連呼しながらシャッターを押し、敗者の憎まれ口をたたきつける。

「でかいけど、年取ってるな」「ヨボヨボだぜ、今にも死にそうじゃん」「汚い顔してやがんな～」

汚いのは、根津の心根じゃないか。勝者はご満悦である。

その日、〝根津君〟はいつにも増してキャスティングに力が入るが、アタリさえなく終了。風間は、「込み上げてくる笑いを押し殺しながら、『まだ明日があるさ』と、神妙な顔つき」で、大親友を慰めるのだった。

結局、トラウトの聖地の4日間で、2人は風間が釣った1尾しか勲章を得られなかった。風間は次のように結ぶ。

「帰りの飛行機の中でも僕には（隣席の根津に）かける言葉もなかった」と――。

この本のカラー口絵に、風間深志・根津甚八・西山徹（プロの釣り人にして、釣りジャーナリスト）・夢枕獏（作家）の釣りキチ4人衆が、北海道・標津町で釣りを楽しんだ折りの、今からほぼ20年前に撮ったと思われる〝ワンス・アポン・ア・タイム〟的な写真が載っている。この冒険家と、俳優と、釣りの巨匠と、作家のうち、2人はすでにこの世にいない。彼らの、人生という苦行から解き放たれたような屈託のない笑顔に見入っていると、それだけで何ともいえない幸せな気分に満たされてくるから不思議である。

ひょっとしたら、この4人の笑顔の中に釣りの真実というものが隠れているのだろうかと、ふと思ったりもするのである。

風間深志（1950〜）

山梨県山梨市生まれ。16歳からバイク人生スタート。昭和55年にアフリカ大陸の最高峰キリマンジャロをバイクで登攀。以後、「パリ・ダカールラリー」に日本人として初参戦。バイクでエベレストに挑み高度6005mの世界記録樹立。北極点、南極点に到達など数々の偉業を成し遂げる。平成23年の東日本大震災時にはバイクで約100日に渡る支援活動に従事。障害者支援にも積極的。

『フライフィッシング紀行』

芦澤一洋

1995年に宝島社から出版の『きょうも鱒釣り』を改題し、一部編集しなおして、1998年につり人社から発刊

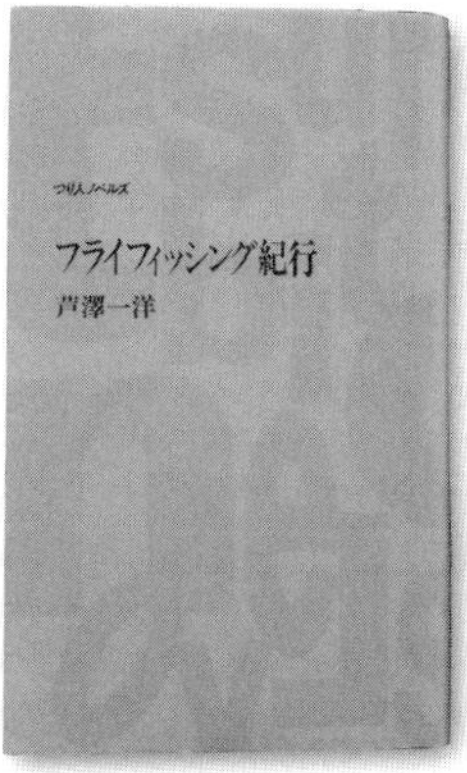

失われた〝故郷の川〟を求めて

「一尾の山女魚《やまめ》に出会った遠い昔、私はかけがえのない人生を、川とともに過ごすことを固く決意した」（「はじめに」より）

この、どこか翻訳調の文体とともに釣りの道へ分け入った芦澤一洋。その釣りは、当然のようにフライフィッシングであり、その釣りのエリアは必然的に国内から海外に飛び出していった。「合衆国、ロッキー山脈の東麓に位置するイエローストーン国立公園とモンタナ、アイダホ、ワイオミングの西部の地に心の川を見つけたのを手始めに、私はカナダ、アラスカ、ニュージーランドへと旅の足を延ばした」（同）

目次を眺めると、「マディソン川と鱒たち」「ポンズロッジのメニュー」「モビーディックが跳んだ日」「スティールヘッドにとりつかれて」「わが心のサーモンリバー」「タウポ・レインボー」「ニュージーランド南島」などとカタカナが行儀よく並んでいる。

全257ページ、故若杉隆の「芦澤さんという人（解題にかえて）」までを読み通して感じたことは、フライフィッシング（西洋の釣り）の世界が日本のいわゆる釣りとは、ほんの少しだけだが、異なる世界ではないかということだ。

それをどう表わせばいいのか、うまくいえないが、ひょっとしたら、大リーグと日本野球程度の違いではないかと思う。

芦澤の釣りは単に魚を釣ることではない。それはたとえば、生態学者であり、文化人類学者であり、また登山家でもあった今西錦司が、渓を山の一部として見て、そこに棲む渓魚や川虫に対しても、樹林の1本を見るのと同じ眼差しを向けたのと似ている。そこにいる魚、そこにある石は、芦澤の眼差しの中では平等なのである。魚が愛おしいのと同じように、その川の中の石ころ1つ、川虫1匹1匹も愛おしいのである。それは樹林の1本1本が愛おしいのと同じである。

釣り人である芦澤がこの視線を獲得したのには理由がある。それは、故郷の川の喪失であった。ちょっと長いが、その部分を引用しよう。

「これまでの人生で、私は実に多くのものをすでに失ってきたのだが、とりわけ心痛む亡《な》くしものがひとつある。故郷の川である。この喪失感は実に癒しがたいものがある。人はそれぞれ、わが心の川という存在を胸のうちに秘めているものらしく、私もまたその例外ではなかった。

ところがその私の故郷の川は、今から二十年ほど前、突然姿を消してしまった。金色の粒が混じる白砂の浜にねむの花が咲く美しい川が単なる水路に変わってしまったのである。その時からである。私が川を求めて旅を始めたのは……」（「私が釣りに行く理由」より）。

この引用文は、全日空の機内誌「翼の王国」1992年9月号に掲載されたもの。その〝20年ほど前〟といえば、1970年初頭であり、東京都知事の美濃部亮吉が「ゴミ戦争宣言」（71年）を都議会で発表し、田中角栄の『日本列島改造論』（72年）が発売された時代だ。1938年生まれの芦澤は当時30代前半。このころ、彼は本格的に釣りを始めたことになる。ここでいう釣りとは、「川を求める旅」のことであり、魚を求めるだけの釣りではない。彼の場合、魚を釣りに行くことは、失われた川を求める旅につながるのである。

ライズの残像に向けてフライを投入！

本書は全編をほぼ海外でのフライフィッシングシーンに費やしているが、後半に《付録》として、「ふるさと——日本の川」という章が設けられている。ここに最初に登場する「未必《みひつ》の故意《こい》」という、探偵小説のような題名の短編に興味を惹かれた。

島根県南西部、中国山地のただ中にある〝川〟でのフライフィッシングである。川ではなく、〝川〟とわざわざ二重引用符がつけてあるのは、そこが失われた川ではなく、かつての故郷を流れていたのと同じような生命感あふれる自然豊かな川ということであろう。こういう生き生きとした〝川〟が、この地にまだ残されていたのだ。

季節は6月。第1投。「大角鹿の毛で巻きあげた黄褐色のカディスフライ」をとらえたのは、残念ながらハヤだった。

ひなたには「私の魚」、つまりヤマメやイワナはいない。

あきらめて少し歩くと淵が見えた。

大淵の日陰の岩壁のエグレ。おまけに棘草《いらくさ》が茎葉を落としていて、キャスティングが難しい場所。

ライズだ！　その残像に向けてフライを投入。「成長したトビケラの姿を模した鉤《はり》が、ふんわりと石壁の際に着水した」

次の、「その水が光り、小さく割れた」という短い描写が秀逸だ。魚が顔をだして水が割れる前の、一瞬の水のふくらみに、初夏の朝の透明なクモの糸のような木漏れ日が、ひと筋差したのだろうか。移り行く大自然の営みの中の瞬間の輝き。

アワセは失敗する。あわてて再度投入するが、崖の棘草にフライが突き刺さる。ロッドを小刻みにあおっても外れない。万事休すか。

故意なのか、偶然なのか

実は彼は先週、南会津へ入渓したが「痛い一敗」を喫していた。「荒い遡行」で、川を歩き回り、釣りにならなかったのだ。今回、生つばを飲み込むような絶好のポイントを荒らすわけにはいかない。2週連続の失敗は許されないのだ。しかし、ラインを張っても、棘草はお辞儀するばかりで毛バリは外れない。

あきらめて、リーダーが切れることもフライを失うことも覚悟して、思い切り強くラインを引っ張る。葉がむしり取られて水面を騒がせた。ラインは空中に放り出された。当然、リーダーは切れてフライも回収できないだろうとあきらめていたが、リーダーは切れなかったし、フライも無事だった。

「その時だった。漂っている数枚の葉の間の水が突然ざわめいて、魚の、黒く、そして盛り上がった背が躍り出た」

考える間もなく、その棘草の葉のゆらゆら漂うあたりにキャスト。着水した途端にフライが水面下に消えた！　ラインが左右に激しく揺れ、一気に下流に走られた。

「いけるぞ。心臓が一回転した」

――やがて、無心にすくい取ると、魚は「茄子《なす》型の美しい形をした竹枠の内法《うちのり》二十七センチ」の新品のネットの枠の外に尾ビレを出して躍っていた。尺に及ぶ「居つきの山女魚に違いなかった」

狡猾に、用心深く生き延びてきたこの魚が、なぜ見境もなく釣り人の罠にはまってしまったのか。その答えを芦澤は、次のように提示する。

「頭上はるか高くの、不透明な膜面に、突然草の葉や細茎とともに、柔らかなシルエットを見せる小虫が、いくつか姿を現わした時、その奇妙な、そしてなんとも魅力的な景色に、魚は一瞬魂を奪われてしまったに違いない。魔がさしたのだ」

つまり、棘草の葉に偶然仕掛けが掛かり、外そうと思い切りラインを引っ張ったときに、数枚の葉が落ちたが、同時にそのとき、葉についていた小さな虫も水面に落下。この天然自然のエサに魂を奪われて、魚は警戒心をなくしてしまったのだと――。

ここにきて、タイトルがなぜ、「未必の故意」なのかの想像をめぐらすわけである。

未必の故意＝認識ある過失――意地悪な想像だが、芦澤は、故意に棘草に毛バリをぶつけて茎に絡ませ、葉を揺らして落とすことで、葉についているであろう小さな虫の落下を、心の奥のどこかで予感していたとしたら――。予感通りに小虫が水面に落ち、それを水底から仰ぎ見た大ヤマメは、思わぬご馳走に我を忘れてしまう――。

その無作為の過失を、彼は次のように説明する。

「図らずも私は、生きた昆虫を水面にばらまき、寄せ餌をして魚を釣るという前代未聞のフライフィッシングを体験した」と。つまり、故意ではなく偶然だったのだと。

芦澤が仕組んだ本当の意味での未必の故意は、これに続くラストの場面に仕掛けられているのである。こっちの故意はしかし、「胸の中を後悔が激しく吹き抜けた」と書くほど後味の悪い、無残な結果を呈するのだが、それはこの本を読んで実感していただきたいと思う。

芦澤一洋（1938～1996）
山梨県鰍沢生まれ。早稲田大学第一文学部卒業。昭和43年からバックパッキング、フライフィッシングを中心にしたアウトドア活動を展開。著書に『バックパッキング入門』（山と溪谷社）、『アーバン・アウトドア・ライフ』（講談社）などがある。また、本書の続編『続　フライフィッシング紀行』（つり人ノベルズ）は日本の川の釣り紀行集。

『列伝日本の釣り師』

金森直治

岳洋社発行の月刊誌「関西のつり」に１９７６年６月から
50回続いた同名連載を単行本としてまとめ、１９８０年に同社から発刊

日本一の釣り史家による「釣り名人コレクション」

――自粛疲れ、急速老衰、体調絶不調、もうペンが進みません。
かんじんのことは書いたのでこのあたりでおゆるしを。

91回目の新春
　見えぬ魔の闊歩している去年今年
　　　　　直治

「月刊つり人」に長期連載の「浮世絵これくしょん」令和3年3月号（発売は1月25日）にこう書いて、それから2カ月後に、金森直治さんが静かにあの世へ旅立たれた。見えない悪魔（新型コロナウイルス）が世界を跋扈《ばっこ》している最中だった。

「もうペンが進みません」という部分にドキッとして、あるマラソンランナーの記憶がよみがえった。

「父上様母上様　幸吉は、もうすっかり疲れ切ってしまって走れません。何卒お許し下さい」

そう、1964年東京五輪マラソンの銅メダリスト円谷幸吉である。この遺書は、日本一有名な遺書といわれる。

円谷の場合は悲痛な文面だが、金森さんのこの「もうペンが進みません」にはそれほどのひっ迫感はない。なぜなら、「かんじんのことは書いた」ので、これ以上はもういいでしょうという諦観が潜んでいるからである。そして、「このあたりでおゆるしを」という結びは、「そういうわけで、お先に逝かせてもらいますよ。後は皆さん、よろしく」といった軽い覚悟が感じられる。

つまり、もうこの世に未練はないという、サッパリした金森さんらしい〝逝きざま〟なのである。

この、金森さんの連載「浮世絵これくしょん」は平成6年3月号から始まり、12年ほど続いた平成18年に、『浮世絵　一竿百趣――水辺の風俗史』としてつり人社から一冊の本にまとめられている。その後も連載は止まることはなく、都合27年間の長きにわたっている。釣りが素材の浮世絵や絵画などの発掘とその文献にあたる作業は、まさにマラソンランナーが42・

195㎞を走り抜くに等しい艱難の道だったであろう。

その釣り史家金森直治さんによる、〝釣り名人コレクション〟ともいうべき『列伝・日本の釣り師』が、今回取り上げる釣本である。岳洋社の月刊誌「関西のつり」に昭和51年6月から同名のタイトルで連載され、50数人を取りあげた中の43人が選ばれている。

顔ぶれは、幸田露伴、石井研堂、佐藤垢石、葉山嘉樹、佐藤惣之助……。本書（前書も含む）に登場の人物も多数含まれているが、釣り人として現代にはほとんど知られていない名手達人も少なからず発掘されている。その中の1人、ブリキ屋のオヤジ「山田孫八」に焦点を当ててみたい。

人の5倍は釣った名人山田孫八とは？

ネットで検索すると『山田孫八の釣』という本が、昭和12年6月1日に金潮社という出版社から発売されており、メルカリで売りに出されているではないか。非売品で著者名はなく、編集兼発行人として山田武次とあるのは、孫八の死後に遺族か釣り仲間が編んだものだろう。それだけ人に慕われ、また卓越した釣りの腕を持っていたことがうかがえる。

メルカリでの出品価格は、1万8000円。高額である。出品者も申し訳ないと思ってか、「大変貴重な釣りの本になります」とわざわざ注釈を加えている。

金森さんはこの本をちゃんと手に入れ、大正から昭和の初めにかけて名を売った名人孫八の釣りと生涯を、鮮やかに浮かび上がらせている。

孫八は明治10年、千葉県八幡町の農家の二男に生まれ、18年に小学校に入学。わずか2年で修了し、東京の板金加工屋へ奉公にでる。そして、18歳で早くも親方の代理として仕事を取り仕切るようになり、その後独立。

「孫八が釣りの道へ入ったのはこのころであった」。頭の回転が速く、カンが鋭く、また研究熱心だから、釣りの腕もたちまち上達。六尺を超える堂々たる体格だったが、海のアオギス、シロギス、川のフナ、タナゴ、ハヤなど小物釣りを得意とした。

研究熱心といえば、こんなエピソードがある。

「〝ハヤ（ウグイ）の腸釣り〟と称する変わった釣り」で、エサににイワシの腸の塩漬けを使うのである。いわば、臓物の「廃物利用」なので、エサ代はただ。しかも非常に食いがよく、大物釣りの特効エサだという。

細長い腸をハリに付けるには、「一匹分の腸を形をこわさないようにハリの軸の部分に刺し通し、小腸をヒモのように使ってグルグル巻きつける」。が、これだけではエサがずり落ちて長持ちしないし、掛かりも悪い。そこで、孫八はハリに工夫を加えた。

「（ハリの）軸の部分に短く切った虫ピンの先をハンダ付け」にして、「軸だけ段付きのダブル」にしたのである。凡人は、こういうアイデアを人に明かすことを拒むが、孫八はむしろ積極的に公開した。それに対して、金森さんは次のように賛辞を贈る。

「よほど（腕に）自信があったのだろう。それにしてもさすがに名人、着想といい、根性といい、並みの釣り師とはちょっと違うようだ」と。

アイデアといえば、折り畳み式の玉網も考案。「細い板バネを広げると丸いワクになり、折りたたむと線状になって竿と一緒に持ち運べる」という代物だ。特許をとったほうがいいと勧められるが、孫八は、「みんなが使ってくれればと笑っていたそうだ」。そのため猿真似製品が続出し、折り畳みの昆虫採集の網まで登場したという。

後年は主に江戸前の釣りに没頭した。「乗合船などどんな悪い場所へ座っても、普通の人の五倍ぐらいは釣った」といい、「しまいには皆いやがって同船する者がいなくなってしまった」というほどで、当時の東京近辺の釣界を席巻していた。

そこに、「K」という34、5歳の「負けず嫌いで小物釣りには相当な自信を持っている男」が現われた。品川の船宿で、2人は鉢合わせ。その顛末はどうなったのか。

釣りが上手いだけでは名手とはいえない

「あっ孫八だ」

Kは激しい競争意識を駆り立てて同船した。シロギスの乗合である。席はくじ引きで、「孫八とKは胴の間で背中合わせになった」。Kは絶好調で、「釣って釣って釣りまくった」

一方の孫八は、背後にそんな競争意識丸出しで釣っている男がいようなどとは知る由もなく、「いつものペースで悠然と釣っていた」

やがて、Kが優勢のうちに昼になった。それぞれサオを置き、弁当を開いた。Kは孫八を気にしながら、弁当を腹にかき込んでいると、何を思ったか孫八がイケスのふたをちょっと取った。すかさず、Kは中をのぞいた。

「その瞬間、彼は『あっ！』危うく声を呑んだ。同時に心の中でウーンとうなった。そして張りつめていた競争意識は消え去ってしまった」

何が起きたのだろうか。孫八は、Kの戦意を喪失させてしまうほど大量の魚を釣っていたのか。そうではなかった。釣った数ではおそらくKのほうが多かった。ではなぜ――。

「あの死にやすい白ギスが孫八のイケスの中では全部生きていたのだ」

狭いイケスの中のシロギスが1尾残らず元気に泳いでいるということは、「ハリを呑まれないように」「釣った魚を強く握ったりせず、軽くイケスへ落としてやらねばならない」

一方のKのイケスの中のシロギスはといえば、「大部分が白い腹をかえしていた」のであった。

「やっぱり孫八は名人だった」とKはあっさりカブトを脱いだのであった。

数を釣ったり大物自慢をするだけでは一人前ではない。その釣り姿、立ち居振る舞い、その語り口に人を魅了する何かが備わっている人物のことを名人というのである。ブリキ屋「孫八」は、単に釣りの腕が達者であっただけではなく、死後に文集が編まれるほどの人品を備えていたということである。

金森さんが本書で、このブリキ屋を釣聖幸田露伴に次いで第2番目に取り上げているのは、どこか自分と似たニオイに包まれた孫八に親愛の情を抱いていたからかもしれない。

金森直治（1930〜2021）

昭和5年12月、名古屋市生まれ。少年時代から釣りに熱中し、とりわけイシダイ釣りに傾注。やがて、釣り史研究の道に足を踏み入れる。書籍や浮世絵、絵葉書など釣りに関する文献を手探りで集め、その資料収集は国内随一の質と量だった。その「金森コレクション」は、金森さんの没後、中京大学などに寄贈された。俳句にも造詣が深い。ほかに、『つり百景』などの著書がある。

『釣ひとすじ』竹内始万

1961年、つり人社から刊行された釣り随想集

20歳ころに故郷の川で友釣りを会得

昭和21年に創刊された「月刊つり人」の初代編集長佐藤垢石が病に臥し、その後を引き受けたのが竹内始万である。昭和26年のことだ。始万はその後20数年間にわたってつり人社の社長を務めて会社の確たる礎を築き、また「月刊つり人」誌上に釣り随筆を連載。その人柄をほうふつとさせる清廉潔白な文体は、多くの釣り人に愛された。

明治31年、静岡市生まれ。

始万著『釣りの日本的性格と近代化』（つり人社刊）の「文化の向上と自然との調和」で、少年時代の釣りを回想している。

「近郊の山野にはたくさんの鳥獣が飛んだり跳ねたり歌ったりしていた。流れをのぞけば必ず

魚の影があった」

流れに魚の影があれば、当然子どもたちは魚釣りに夢中になる。始万も例外ではなかった。

「少年のころのわたしたちにとって最も楽しい遊びの一つは魚釣りだった。(中略)、十か十一のころにはもういっぱしの釣りをしていた。遊び仲間の同年の亀ちゃんという少年と一緒に釣りに行って、二、三寸から四、五寸のフナを小さい魚篭へいっぱい釣ってきたことを覚えている」

まさに「♪小鮒釣りし　かの川」である。故郷の小川で無邪気に釣った1尾1尾は、たとえ小ブナであっても、少年時代の彼にとってはまばゆいばかりに輝く宝石なのだった。

その後、勉学のためしばらく故郷を離れるが、「十八、九のころ肋膜炎を二度も患い、学校もやめてまた静岡へ帰って、二、三年遊びながら、釣りばかりしていた」

そして、「友釣りをはじめたのもそのころのことだ」と記している。

ということは20歳前後、つまり大正7年前後という相当早い時期に友釣りを覚えたことがわかる。当時、友釣りは川漁師の一部に普及している程度だった。場所は、故郷静岡市の川だから、安倍川やその支流の藁科川だろう。伊豆の狩野川に近く、狩野川漁師の釣法も伝わっていただろう。

そして実は、この病気療養時代に覚えた「友釣り」が、後に始万が佐藤垢石と交わり、ひいてはつり人社を引き継ぐ大きな要因になったのである。

始万が創刊した釣り雑誌に、垢石が記事を書く

今回取りあげる『釣ひとすじ』は、「月刊つり人」に連載の文章をまとめた『釣は愉し』、『続釣は愉し』に続いて昭和36年に発行された釣り随想三部作の最終作。その中の「釣友佐藤垢石のこと」を読んでみよう。

「七月四日の午後、自宅で来客と話をしているところへ、今朝佐藤さんが亡くなりましたという知らせがあった」で始まる佐藤垢石への追悼を込めた内容で、冒頭には《われ死なば三途の川に釣りせむと　言ひて垢石ついにみまかる》の追悼歌が添えてある。2人の、友釣りを通しての深い交友のようすがうかがえる。

「わたしがいちばん頻繁に彼と行き来をしたのは、昭和十年の前後六七年の間で、彼がまだ文人としても釣人としても、世間から知られていなかった頃のことです」

垢石は当時、報知新聞社を退社後の素浪人時代であり、始万は「国民新聞社」という大新聞社の文芸部長だった。マスコミに関係ある身とはいえ、2人に接点はなかった。

「わたしと彼との中だちになったのは釣り――しかも友釣りなんです」

始万は前述のように、大正7年前後に友釣りを会得。一方の垢石は明治40年ごろに酒匂川（神奈川県）で覚え、2人とも友釣りの面白さに魅了されていた。垢石のほうが、年齢も友釣り歴も先輩である。

2人の出会いを、始万は次のように書いている。

「その頃の釣界では、アユ釣りといえばドブ釣りが主で、友釣りは職業漁のように考えられ、多摩川や相模川では漁師以外にはほとんどやる人がなかったのです。それでわたしは（中略）相模川へ行くようになってからも、はじめは主に友釣りをやっていたのですが、友釣りでは友達がいないので、五六年の間はドブ釣りをやっていたのです。そこへ友釣り専門といっていい彼が現われたのですから、双方ともにいい相手だったわけで、それからの二人はどっちが誘うともなく一緒に釣るようになったのです」（筆者注＝この引用部分、原文に用字用語の不統一があり、少し訂正してあります）

垢石の腕はさすがに達者、一日の長がある。始万は教えられることばかりで、「彼は私の友釣りの師といっていいでしょう」と書いている。

当時の2人は、単なる釣友の域を超えて、まだ未開だった趣味としての友釣りの最先端を進軍する戦友のような関係だったといえる。

昭和7年か8年といえば、竹内始万が国民新聞社を辞めて、日本最初の本格的な釣り雑誌「水之趣味」（啓成社発行）に移ったころだ。それに呼応するように、報知新聞退社後に故郷の利根川を拠点に釣りと酒に呆けていた佐藤垢石が上京する。そして、垢石は「水之趣味」の昭和8年11月号から翌年2月まで「諸国友釣り自慢」という当時としては画期的な友釣り漫遊記を連載している。この連載が、アユ釣りの弟子であり、「水之趣味」を創刊した始万の企画であったことは容易に想像できよう。

こうした状況を鑑《かんが》みるに、30歳前後の働き盛りの竹内始万が国民新聞という大新聞から離れ、海のものとも山のものとも知れない釣り雑誌の編集者へと人生の舵を切ったのは、佐藤垢石との出会いと交遊が大きく影響したことがうかがえる。

そして、戦雲が列島を暗くおおい始めていた昭和10年前後を、2人は利根川、魚野川、飛騨の宮川、狩野川、富士川など列島の河川をあまねくめぐり、釣り場を開拓・紹介していったのである。

穏健だが、古武士の気骨を持つ釣人

「私は昭和十四年の末に外地へ出たので、それから終戦の翌年に引揚てくるまでの間、釣りは空白になっています――」

竹内始万は、日中戦争勃発から2年後の昭和14年に突然外地、すなわち中国大陸へ渡った。場所は張家口。この地は、当時〝第2の満州国〟と称された蒙疆《もうきょう》地区に樹立された蒙古連合自治政府の首府であり、国策新聞「蒙疆新聞」の編集長として迎えられたのである。事情ははっきりしないが、国民新聞時代の上司か誰かに誘われ、断り切れなかったのだろう。穏健平和主義の始万が、好んで進むような道とは思われない。

当然、会社の編集方針と折り合いがつくはずもなく、17年に同新聞退社。日本へ帰国するのかと思いきや、なんと「東亜新報」済南支社長の座に治まる。この新聞も国策新聞である。どうしてこういうことになったのか。その理由について、始万の釣友だった加藤須賀雄は、始万著『行雲流水記〈紀行編〉』の巻末の解説で次のように述べている。

「張家口の始萬（万）は、こと志と違って、一時、帰国を決意するまでに至ったが、始萬の人物を惜しむものがあって、『東亜新報』に転じ、そこで終戦を迎えるまで滞《とど》まってしまうのである」

〝始萬の人物を惜しむ〟者とは、北京の「東亜新報」本社社長の徳光衣城であった。彼は始万の人柄や才能に一目ぼれし、三顧の礼をつくして迎えたのである。

これによって、始万は終戦の翌年に身ひとつで帰国する破目になり、あげく国策新聞の重鎮にあったことで公職追放の処分を受ける。

処分解除後、始万はいったん「水之趣味」へ復帰するが、冒頭に書いたように佐藤垢石の「つり人社」へ転身。「月刊つり人」は戦後に誕生した新興釣り雑誌であり、「水之趣味」とはライバル関係にあった。この転身には、友釣りの〝戦友〟ともいえる佐藤垢石との深い絆が影響したと想像できる。

結局、始万の文章の味わいの多くを語ることなくページが尽きてしまったが、彼の文章については、前出の加藤須賀雄が次のように高評している。

「古武士の気骨を持ちながら謙虚で、健全である。／一見平静な流れのようで、オトリを入れてみると意外に強い力のある流れがある。アユの釣り人が、「押しの強い川」という川である。／始萬の文章には、そんな一面があった」と。

※竹内始万は正式には「始萬」だが、本書では「始万」と表記されており、これに従った。

竹内始万（1898〜1973）

静岡県静岡市生まれ。幼少期、近くの川で雑魚釣りで遊ぶ。20歳ごろに故郷の川で友釣りを会得。大正13年、26歳のとき「国民新聞社」入社。30歳過ぎて、釣り雑誌「水之趣味」の創刊に参画。以後、佐藤垢石とともに、趣味としての友釣りの発展のために諸国の河川を釣りめぐる。戦後、昭和25年に垢石の後を継いでつり人社社長に就任。ほかに、『釣は愉し』『続釣は愉し』『行雲流水記〈随想編〉』『同〈紀行編〉』など（いずれも、つり人社刊）

『鱚釣り』

三浦哲郎

1971年、三月書房より発行の
随筆集『おふくろの妙薬』所収

新潟の浜でシロギス釣りに繰り出す

三浦哲郎は数多くの短編を残している。

そして短篇を書く際の妙諦《みょうてい》を、次のように語っている。

「私は、短編小説を書くとき一尾の鮎を念頭に置いている。できれば鮎のような姿の作品が書きたい。無駄な装飾のない、簡潔で、すっきりとした作品。小粒でも早瀬に押し流されない力を秘めている作品。素朴ながら時折ひらと身を躍らせて見る人の目に銀鱗の残像を留めるような作品……」（随筆「一尾の鮎」より）

最後の部分の「見る人の目に銀鱗の残像を留めるような作品」。つまり、読後に消えがたい余韻が残る作品を書くことを信条としているということだろう。

そういう流れでいえば、今回取りあげる『鱚釣り』においても、極上の余韻を味わえること請け合いである。

400字詰め原稿用紙わずか5枚ほどの随筆で、「去年の梅雨明けのころ、Kの車で新潟まで遠出」をしたときのエピソードである。文末に（三七・三）とあるので、昭和37年3月、著者31歳のときに発表した掌編だ。

「Kは新潟県出身で、学生時代からの友人」。2人は「鱚《きす》を釣ってきて、浜茶屋でそれを肴に酒盛をするつもりであった」

浜茶屋とは、いわゆる海の家のこと。日本海方面の、とりわけ新潟県では海の家よりも、浜茶屋が一般的な呼称である。昼間は海水浴、夕方からボートでシロギス釣り。そして、これを浜茶屋で料理してもらって酒を酌み交わし、旧交をあたためようというプランだ。

砂浜を駆けてボート乗り場まで行く描写がいい。

「強い陽ざしを浴びている浜は足の裏が灼けるように熱く、私たちは驚いた鶏のように忽ち渚まで駈けねばならなかった」

熱く焼けた砂上を、必死の形相で走るユーモラスな格好が、飛べない羽根をばたつかせて逃げ惑う鶏のようとは、まさにいい得て妙である。

ボート乗り場では、浜茶屋の番頭が待っていて、「小舟を押して引き波に乗せた。私とKは飛び乗った」。そして、日本海に向かって漕ぎ進める。

シロギス釣りの道具一式は浜茶屋が用意したものだ。回転式の糸巻きの付いたサオ。イトの先には鉛玉（オモリ）とハリが付いており、ハリにエサのハマグリをつけて海底へ落とし込む。シロギスのエサは「ハマグリ」とある。一般にはジャリメやアオイソメなどの虫エサを使うが、ハマグリは初耳である。昔は、ハマグリの身を刻んでエサにしていたのだろうか。

これをハリに刺して、海中に落とし込み、「鉛玉で海底の砂をたたいていれば」、砂底のシロギスが、「ずしんずしんと地響きがするので、みると、薄い砂煙のなかで餌が踊っている」。それを見て「躍り上がって餌を呑む」わけである。

このアタリを感じて合わせ、「急いで糸を手繰り上げると、鱚はかなり深いところから白くちらちらと」、魚影を輝かせて釣れ上がってくる。

闇の中から、「ほんの気？」という女の声

穏やかな、凪いだ海の上でひとしきりシロギス釣りを楽しんでいると、早くも夕暮れ時だ。やがて、岸辺の浜茶屋の一軒にポツンと灯りが点いた。

「振り返ってみると、水平線に低く横たわっていた佐渡は、もう夕闇に呑まれていた」

釣りを切り上げ、舟の上で一服する2人。

「Kが煙草を喫うと、その闇のなかに赤い顔が浮び上った」

「遠い砂浜に並んだ浜茶屋の灯の列が渚に砕け、光る縄暖簾を垂らしたように、海面に細長く伸びていた」

「煙草を海に投げ捨てると、ジュッという音が、赤く灼けた火箸でも投げこんだように、大き

くきこえた」

釣り終えた後の心地よい虚脱感に浸る2人。この間の一連の描写が秀逸だ。「煙草を海に投げ捨てる」のはマナー違反だが、このシーンは「ジュッ」という音が日暮れた海の喧騒の後の静けさを強調するのに不可欠であり、また、こういうマナーに無頓着だった昭和30年代当時の大らかな時代感覚における表現ということで、ここではその是非は問うまい。

タバコを喫い終え、釣ったシロギスを浜茶屋へ持ち帰ろうかというときだ。

「ふいに、闇の中から、

『ほんの気？』

という女の声がきこえた。なにやら、驚いたような声であった」

この「ほんの気？」という女の声で、このストーリーの穏やかな海面に、何やら謎めいた波紋が立つ。

声の聞こえてきた方角を見ると、「墨を流したような暗闇」で何も見えない。この遠浅の海には、さっきまでシロギス釣りのイカリを下ろしているボート数隻と、ボート遊覧を楽しむカップルが数組見えていたが、いまはどこにいるのか、茫漠とした闇の中に沈んでいる。

ある種の期待感で耳をそばだてていると、「こんどは櫂がゆっくり海面を打つ音がきこえてきて、「私たちのボートが揺れはじめ」た。

声の主とその同伴者を乗せたボートが、闇の中を動き始めたのだ。

「しばらくすると、また、

『ねえ、ほんの気？』」

と女の声。「こんどは、じれったそうな声だった」というから、何やら男女の愛憎のイトが絡まったような気づまりな雰囲気である。男2人は、音をたてるのもはばかられ、ただ黙って聞き耳を立てている。

しかし、女のじれったそうな声に「答える声はきこえなかった」

やがてまた、バシャリという櫂が水面をたたく音がして、その音がやや遠のいた。

それっきりである。2人は拍子抜けする。その気まずい沈黙を「私」が破る。

「『ほんの気って、どういうことだ?』」

私はKに小声で訊ねた。

『本気か? と念を押しているんだね。』」

「私」はここでさらに好奇心にかられ、「あの女はなんの念を押しているのだろう。押し黙ってボートを漕いでいるのが男だとすれば、女は海の上でなにか思いがけない話でも持ち出されたのだろうか。だしぬけに別れ話でも持ち出されたのだろうか」

疑念は、ますます募るばかりである。

しかし、いくら耳を立てても、暗い海からは何の声も聞こえない。最後は、次のように結ばれる。

「あとは櫂の音だけが、バシャリ、バシャリと、だるそうに浜のほうへ遠退いていった」

貧乏を美しく書いた小説で芥川賞

結局、「ほんの気?」と女の声が2度聞こえただけで、同伴者は黙ったままだ。男か女かさえわからない。その返答はひと言もないが、読者は行間でそれを読むことができる。

その行間では、女の真心に対して、男のずるがしこさが際立ち、男はすでに逃げに入っているることがわかる。そしてさらには、この男女の愛憎劇の行く末まで、あれやこれやと妄想できる。

読む者に、「銀鱗の残像を留めるような作品」とは、こういうことなのだろう。

ところで、作家修行時代の三浦哲郎は、妻の内職が頼りの極貧暮らしだった。その窮乏ぶりの一端を「師・井伏鱒二の思い出」(新潮社刊)から見てみよう。

三浦は、師である井伏鱒二が腹膜炎を患ったと聞いて見舞いに行くが、病院ではなく井伏の自宅へ駆けつけ、玄関先で井伏の奥さんに病状を聞いて辞去する。その理由は、「洋服類がみな質に入っていて、外套を脱ぐわけにはいかなかった」からだ。外套の下は継ぎはぎのお古だったのだろう。病室や居宅に入ると、外套を脱がないわけにはいかない。みじめな姿を師や奥さんの前にさらすわけにはいかなかったのだ。

そして翌日、妻が結婚の記念に家族からもらって「大切にしていたルビーの指輪を質草にして、代わりに私のスーツを一着」出し、改めて井伏を見舞ったという。

数年後、三浦哲郎は妻との、清く貧しく美しい結婚までの顛末を小説に仕上げて、井伏と懇意な新潮社の敏腕編集者の元へ持参。編集者はその場で食い入るように文字を追うと、「井伏さんがほっとするな」と「すこし上擦《うわず》ったような声」で言った。
その小説『忍ぶ川』は、数ヵ月後に芥川賞を受賞。選考委員の一人であった井伏鱒二は、選評で「美しく貧乏することは難しいが、そういう貧乏をまた美しく書いてある」と評価。これで、三浦哲郎の作家人生は一気に花開いた。

三浦哲郎（1931〜2010）
青森県八戸生まれ。早稲田大学政経学部中退後、故郷で教鞭をとるが、仏文科に再入学。昭和36年『忍ぶ川』で第44回芥川賞受賞。ほかに『結婚』『拳銃と十五の短編』『白夜を旅する人々』『ユタとふしぎな仲間たち』など。師、井伏鱒二とは講演先近くの鬼怒川で釣りをしたことがある。

『つりかげ』

山本素石

1984年4月、アテネ書房発行。

旧版『釣影』（1980年刊）の装丁を一新して、新版として発行。

壮絶の中に悲哀感漂う夫婦喧嘩描写

60歳の老齢に入ってまもなくの山本素石が、26歳から30歳ごろにかけての、若い日の山河彷徨の日々を綴った回想記である。「はしがき」にこうある。

「私の山釣りは、戦争に敗れて復員した翌年の、闇市の全盛時代から始まった」と。

素石が京都の我が家に復員したのは、「敗戦の年の10月上旬」で、26歳であった。すでに妻があり、この混乱期に赤ちゃんが生まれて生活は困窮。「絵を描く人募集」という新聞広告を見つけ、画歴ゼロだが絵が好きというだけで面接に行き、合格！

その会社は《山野秋邨（やまの・しゅうそん）》の雅号を持つ中年画家くずれがやっている

絵画工房。「高名な南画風の扁額や軸物」を描いて、絵の価値に疎い農家の富裕層などに二束三文で売りつける詐欺のような商売。だから、絵心のある〝社員〟はすぐ辞める。結局、残ったのは素石だけ。

秋邨夫婦は、夫婦喧嘩が日課。腕力は夫、妻は「鋭利な口舌」で対抗。この喧嘩描写に素石の尋常ではない文章力が発揮されている。

「三つや四つ殴られても、奥さんの口鉄砲は機関銃のように烈しく回転して、先生の拳骨にひけをとらぬ勢いで応戦する。（中略）奥さんの罵声が急速にオクターブをあげて、金切り声が悲鳴に変り、胡弓を掻くようなすすり泣きで停戦になる（中略）。度数と戦況の激烈なわりには、意外なほど後ぐされのない、夏の夕立のような夫婦喧嘩であった」

犬も食わない夫婦喧嘩を、デッサンするように痛快軽妙に描写し、それでいて哀愁を漂わせることを忘れない。

実はこの夫婦喧嘩が、山本素石を釣りの世界へ引き込むのに一役買ったのである。

秋邨は川釣りにたけていた。休日に工房にいても〝夕立のような夫婦喧嘩〟が落ちなので、釣りで憂さを晴らしているうちに上達したのだ。そして、素石も釣りに誘われるうち、ハマってしまったのである。

やがて、秋邨は「巡業」に行くといいだした。

巡業とは、地方をめぐって、その土地の小金持ちを相手に絵を描いて売る商売で、これに「釣り」が加わっているのが秋邨流である。敗戦直後の食糧・物資難で都会は疲弊の極にあり、むしろ田舎のほうが生活に余裕があった。そこに目を付け、同時に行く先々で釣りも楽しんでしまおうという一石二鳥の旅興行である。富山の薬売りが、背負いの柳行李の中に、サオを忍ばせて諸国を巡回するようなものだ。

秋邨先生、大ゴイにサオをへし折られる

2人は絵筆とサオを手に、まず紀州一円の巡業からスタート。

前口上は、「わたくしどもは京都の絵描きでございまして、諸国を旅しておりますが、今回ご当地へ参りまして、皆様のお役に立つ絵なら、なんでも描かせて頂こうと存じます」こうへりくだって村の重鎮に取り入り、村民の信用を得る。描くのは主に「ご婦人方の帯や着物、羽織の絵付け」である。〝欲しがりません、勝つまでは〟で、防空頭巾とモンペが唯一の外出着だった女性たちは、戦後の民主主義の到来とともにオシャレに目覚めた。が、衣装を新調しようにも素材がない。「そうなればこそ、タンスの底に寝かせてあった古着や無地の帯の意匠付け」が流行り、この巡業は大繁盛。

掛軸や襖絵、衝立《ついたて》といった本来の絵の注文もこなし、色紙や短冊も安価で売りさばく。画料は「最初は、帯一本三〇円前後」だったが、すぐにインフレで倍以上にハネ上がった。

巡業先を選ぶ決め手に、釣りができる場所があるかは重要であった。「竿は二人とも二間半（約4・5m）の継ぎ竿で、糸は人造テグス」だ。「行く先によっては、今度はあの川のどこそこまで足を伸ばしてどの魚を釣ろう」と商売より釣り優先の日程を組むこともしばしば。

あるとき、巽《たつみ》村（現・和歌山県海南市）で、適当な渓流がなく、野ゴイを釣ろうということ

になった。素石は釣れなかったが、秋郁は尺上を1本釣った。リールの用意はなく、代わりに先生は「野上電鉄の駅前で買ったパンツのゴムひもを利用したのである。四本ばかりを束ねて、竿尻と手首をつないだ長さが一メートル余り。まさかの時のクッションである」

エサの蒸しイモをくわえたコイが走りだすと、パンツの紐で手首につながれたサオをポイと池に放り投げて遊ばせておくだけ。30分ほどでその尺上のコイはパンツのゴムひもと格闘の末に弱り果てて、一丁上がり！　さすが師匠である。

ところが、2尾目は大きすぎた。サオごと底に引き込まれ、浮き上がってきたのは折れたサオの半分だけ。残りのサオは、ゴムの反動で水中ゴムロケットのように水中から飛び出し、土手の草むらに着陸。万事がこんな調子である。

詩情と情愛あふれる人生巡業は続く

中辺路から熊野本宮の途中にある村では、元・区長の家に長逗留することになった。8月下旬の暑い盛りで、母屋と庭をはさんだ平屋の離屋《はなれ》に「雨戸も障子も夜通し開けっ放しで、寝るときだけ蚊帳《かや》を吊っていた」

昼間は広縁で工房仕事。依頼者や近所の男女がこれを見物にくる。当初は落ち着かなかったが、もう慣れっこであり、テキパキと絵付けをこなしていく。

夕方は近くの四村川でアマゴ釣り。帰りに置き針を仕掛ける。翌朝、これを回収に行くと、「咽の奥まで鉤ごと呑み込んだ」でかいアマゴやウナギが暴れながら上がってくる。

とくに「ウナギの抵抗はしぶとくて、胴を底石に巻いて出て来ぬことがあった」。そんなときは、「こちらが水に浸かって、腕力でつかみ出すことになるのだが、油を塗ったゴム管を曳くようで、さんざんな目に遭わされたあげく、石で頭を砕いて持ち帰ったこともある」という。先生がこれを手際よく裂き、調理は母屋のおかみさんである。

滞在が10日を過ぎ、注文品も残り少なくなって、あと2日で出発という日の午後、強烈な夕立に見舞われた。激しい雷雨、樋からあふれ落ちる滝のような雨水、谷を隔てた向かい側の山も見えない。

「雨がやんでも里は鎮まりかえっていた。きっと好い水が出ているにちがいない。私は母屋からシャベルを借りて来て、崖に近い畑の畝でドバミミズを掘り出した」

そして、「素足に藁草履のチビたのをひっかけると」、2人して川へ一目散。

水は思ったよりニゴリが強く、渦巻き流れている。これでは、釣りどころではない。

「オイ、きょうは久しぶりで、アマゴの隠居釣りができるかも知れんぞ」

と先生はニヤリ。隠居釣りは、「ひと所にしゃがみ込んで動かない釣り」のこと。隠居釣りに格好の、「池のような溜り」があった。「跳ね回るミミズを鉤に刺して投げる」と、「いきなりツンツンとした振動が手元まで伝わって、すぐさまグイと引込んだ」

9寸近い大型。これを合図に釣れ続け、ビクからあふれるので、近くの竹を何本もへし折ってそれに刺した。「時がたつのもわからぬほど夢中」で釣った。

その夜、秋郁先生は疲れて早寝してしまい、おかみさんと若嫁さんと素石の3人で、釣れたアマゴ100尾以上を夜更けまでかかってさばいた。

やっと寝床に就いた素石だが、釣りの興奮で寝付けない。開けっ放しの外は月のない暗闇。ようやく寝付いたかどうかというころ、「仰臥している顔の上に、得体の知れぬ物体が乗っかったような」気がして、払いのけるが、また「何かが乗っかってきた」

それは生暖かく、どうやら人の手であるようだ。しかも、「多分、女であるような気がした」そのやわらかい手を握ると、握り返してくるではないか。間違いなく女の手である。おかみさんでも、若嫁さんでもない。では、誰なのか、村内の誰かであることは間違いない──。

翌朝、「顔も名前もわからずじまいのその女は、午後の雷雨でゆるんだ庭土に下駄の痕だけ残して去っていた」。その下駄の痕が消えるあたりの垣根には、「小さな夕顔が、緑の中に萎んだ淡紅の花を添えていた」

情感きわまる名文である。

ここまで、まだ全体の5分の1程度である。さらに、山陽路、山陰路へと詩情と情愛あふれる山本素石の人生巡業は果てなく続く。

山本素石（1919～1988）

滋賀県甲賀郡甲南町生まれ。各種学校などを転々とするが、どこも卒業せず、職業も転々として定まらず。山釣りと旅を愛する自由人として生涯を終えた。ツチノコ探索にも精をだし、田辺聖子の小説『すべってころんで』のモデルになった。ノータリンクラブ会長。日本渓流釣連盟理事など。ほかに『逃げろツチノコ』『遥かなる山釣り』『釣山河』などの著書あり。

『魚釣り極楽帖』

盛川 宏

「隔週刊つり情報」の連載釣り随筆をまとめ、
1995年8月、筑摩書房より発行

食べるとパッと夏が花開く「祭鱧」の涼味

軽妙洒脱な文章と〝モリさん〟と呼ばれる親しみやすい性格で、釣り人だけではなく、老若男女にファンが多かった盛川宏さん。

なぜ〝さん〟付けで呼ぶかといえば、筆者がサラリーマン向けの夕刊紙に所属していたころ、盛川さんの連載記事を担当していた記者が病気で長期入院したので、臨時に担当を受けた経緯があったからである。編集者と筆者の短期のつきあいの中で、人間味や知識の広さ、そして釣りと食い物に対する愛情の欲深さを感じたものだ。

釣りジャーナリスト、釣りエッセイストとして多くの著作を残したが、本書は釣り雑誌「隔週刊つり情報」に平成5年4月から同7年4月まで連載された50回分の中から、40回分を選んで編集・出版されたもの。

内容は【美味・珍味譚】、【船上譚】、【珍談・奇譚】の3部構成で、その各部から、一篇ずつピックアップして紹介。

まず、【美味・珍味譚】では、夏らしい題目「祭鱧《まつりはも》」を。

ハモは関西の魚である。大阪生まれの盛川さんにとって故郷の味だ。関東にもハモはあるが、食えたもんじゃない。銀座のなじみの割烹で「ハモが入ってますよ」といわれても、食指は動かない。関西で食べてこそなのだ。旬のハモを大阪では「祭鱧」という。

「大阪の夏は天神さんに代表される。天神祭りがくると、ダンジリという大太鼓が出て町中を練り歩く。タコはいつでも食べられるし、大阪でなくてもいいが、ハモだけは別である。夏のこのごく短い一刻だけしか味わえない」のだ。

祭鱧の祭りは、天神祭りのことだ。

川魚のアユも夏だけだが、アユの旬期は6〜9月のほぼ4ヵ月。ハモは6〜7月の2ヵ月と短く、8月に入ると秋の産卵を控えて身が細る。

その調理場面を、盛川さんは大阪のなじみの料理店で見学。

まず、「主人は生きているハモを手でつかむとまな板の上でサッと切り開いた」。包丁の腹でこれをピタ、ピタとたたくと、「ハモがキュッ、キュッと伸びたり縮んだり」する。「ええ身してるわ。こら、うまいでえ」と店の主人。そして、鮮やかな包丁さばきで骨切り。1寸の身に23か24回くらい、慣れた手つきで細かく包丁を入れる。これが乱雑だと小骨が舌に触って食感が台無しになる。「包丁を押し出すようにして骨だけを切ってゆく。皮一枚残すわけで、皮まで切って」しまうと、これまた台無し。慎重過ぎて時間がかかるのもダメ。まさに一瞬、一瞬が精妙な職人芸なのだ。

骨切りした身を1寸ほどに切り分け、サッと湯がくが、「おたまで二、三回掻きまぜるだけでよろし。あんまり長いこと湯掻いたらあかん」のである。

素早くすくい取って、「氷水たっぷりのボウルに放り込む」。ハモが「クルッと皮を軸にしてまるまり、切り目がパッと花開いた感じで身も純白」で、清涼感たっぷりの仕上がり。京都や大阪では、このハモの湯引きをハモチリというそうだ。

「黄色い酢がらしみそに赤も鮮やかな梅肉酢にあえて食べるとパッと夏が花開くかんじだ」

梅雨の水を飲んで旨味を増したハモを、梅雨が明けてすぐ味わう。旬を逃さない、食道楽の極みだろう。

デパートで買ったパック入りのハモチリを買って食べた友人の話がそれに続く。

「あかん。伸びてもうてハモがぐったりしてもうて、クルッとまるうないんや。ペロンとひらいてもうてからに、あんなもん二度と食わんでえ」

東京では、そんなハモを有難がっている。

6kg超のブリを仕留めて本日の大物賞！

次は『船上譚』の中の「鰤釣狂詩曲」である。

神子元島周りでワラサ、ブリがすさまじく釣れていると聞いて船宿に連絡すると、「ここ二週間、いや三週間先まで予約でいっぱい」と船長。

そんなおり、「見栄えのする写真が必要なので、何かいい釣りを」と取材依頼がきた。「じゃあタイとイナダでも」と相模湾の城ヶ島沖へ。釣り場へ着くと、海上は数え切れないほどの釣り船ラッシュ。

船上ではすぐにイナダラッシュになり、「ゆうに五十センチを超えて、もうすぐワラサになりそうなヤツがひっきりなし」にサオを絞り、「カッタクリの人もダブル、ダブルの連続」で、「船上はさながら戦場と化している」

「まるで棺桶のようなでかいクーラーを船に積み込んでもワッセ、ワッセ」と休まず釣りまくっているのがいれば、隣の青年はもう打ち止め。その隣は、十五本釣りあげて嬉しい悲鳴。そんな中で、〝棺桶連中〟はまだ釣りまくっている。

翌週は釣りをやりながらの人物取材で真鶴へ。

「タイ釣りのつもりだったから軟調子竿」を用意して出向く。船に乗ると、〝棺桶〟クーラーがズラリで、船上は出航前からピリピリムード。三ッ石沖に船が着くと、嫌な予感通り「三キロから四キロのワラサがガンガン竿を震わせてあがってくる」

当然、盛川さんのサオもガンガン絞られる。しかし如何せん、軟調子のマダイザオで、取り込みに一苦労。挙句、ギュギューン、プッツン！　の繰り返し。ハリスを5号から6号に太くする。すると、「凄い衝撃波である。船の真下に竿が突っ込み、ギューン、ギューンと強烈な〝突っ込み〟がやってくる。『こんどこそ取る！』と気を引き締める。青白い魚体が海中で反転した。『でっけえぞ！』とだれかが叫ぶ」――。

〝戦場〟の臨場感が簡潔に伝わってくる。

さらなる苦闘の末、「玉網に入ったそいつは軽く六キロを超す大物」で、ワラサを越えて立派なブリである。当然、当日の大物賞であった。

ところが難題が持ち上がった。その日は電車に乗ってきたのでクーラーは小さいのしか用意がなく、魚が入らない。どうやって持ち帰ったか。

「大きいビニール袋にブリを入れ、新聞紙でくるみ太いロープでがんじがらめに縛って太い筒状にして」背負って帰ったのであった。

「それにしても（釣り人の）あの狂騒ぶりはどうだろう」と哲学者・盛川先生は沈思黙考する。

それは「あたかもコマセに狂うブリやワラサと同じ」なのではないか……と。

陸から仕掛けを流すハエナワ釣りを敢行

第3部の【珍談・奇譚】からは、「滑稽延縄釣」と称するウソのようなホントの話。

舞台は、厳冬期の激しい季節風が吹き荒れる伊豆諸島の新島。海はシケ続きで、3日間も若郷港の船宿「植長丸」に缶詰め状態。何とかならないか。

すると船長が、「裏へ行こう。（中略）風は強いけどハエナワならやれる」とおっしゃる。空は青いが、寒風ビュー、ビューで、海は荒海。船は出航できないので、陸からハエナワ（延縄）で釣るというのだ。

広い浜へでると横殴りの西風で砂塵が舞い、目も開けられない。砂塵と風よけの「ネズミ男そっくり」の完全武装姿で水際へ。そして、四角い発泡スチロールの箱にロープを十文字にかけたブイにする標識を海へ放つ。山からの吹きおろしの風で、発泡スチロールのブイが沖に流され、それに従ってロープに繋がれた仕掛けがスルスルと沖へでていく。ミチイトは80号の極太。百本のハリにサバやイカの切り身エサを次々に付けて、ブイの流れのままに沖へ、沖へと流れてく。

そのとき、「何してるんですか?」の声。ギョギョッと振り返るとおまわりさんだ。不審な男2人が、嵐の浜で不審な行動。疑われるのはもっともだ。しかし、誤解は解けて、「釣れたらいいですね」とニッコリ笑っておまわりさんは立ち去った。

延縄の投入を終え、あとは宿へ帰って待つだけ。船長の話では、「この前はよう、でっけえカンパチがかかったよ」と期待を持たせる。

山蔭に日が傾いて、2人は軽トラで延縄を回収に行く。相変わらずの烈風の中、両手に軍手をはめて仕掛けをしまい込むが、空バリの連続。「ない、ない、ない」と船長も悲愴だ。「突然『アハ、ハハ』とけたたましい船長の笑い声(中略)。ふと見ると船長の足元には一メートルはあろうかと思えるサメが一匹ゴロンところがっているではないか」

エサは、サメに全部食われていたのであった。

盛川　宏（1932～2007）

大阪生まれ。東京の日刊スポーツ新聞社編集局運動部次長、レジャー部部長を経てフリーのジャーナリスト、コラムニストに。新聞や雑誌に連載を持ち、テレビ出演など幅広く活躍。1999年沖釣り雑誌「つり丸」7月創刊から編集長を務めた。著書は『四季の釣り』『釣魚道楽』『釣りバカ料理帖』など多数。

『九頭竜川』

大島昌宏

1991年8月新人物往来社から発行。
※2022年、つり人社より『九頭竜川　鮎釣り漁師・愛子の希望』として復刊（写真は復刊本）

吉村昭『戦艦武蔵』との出会い

新人物往来社の別冊歴史読本「時代小説大全」平成8年秋号に「珠玉エッセイ《私の習作時代》」と題する小特集があり、そこに大島昌宏が「『九頭竜川』のころ」と題した小文を寄せている。氏のデビュー作である長編小説『九頭竜川』発行までの苦労話がまとめられている。

それによれば、大島は日大芸術学部に学んで映画の脚本家を目指したが、意に反してテレビCM制作会社に就職。つくったCMが数千本にも及んだ昭和60年、51歳の夏に突然、小説を書こうと思い立つ。「表面は華やかながら、『スポンサーと泣く子には勝てぬ』といわれる業界で二十八年、欲求不満が募っていたのかもしれない」という理由だった。

小説はしかし、書こうと思っただけで書けるものではない。そこで、「執筆への助走としては、毎月二十冊の小説を読もうと決めた」。そして、「ジャンルは問わず、気に入ったものは二度、三度と繰り返し読んだ。こうして二年あまり、『これだ』と思う作品に出会うことができた」

その作品とは、吉村昭の『戦艦武蔵』であった。

作家吉村昭は『魚影の群れ』を過去に本欄で取りあげた（前作に収載）。吉村の、徹底して実証にこだわる鉄筋のように堅牢な文体は、リアル以上のリアルを持って読む者を物語の世界に引き込んでいく。この作品では、当時世界に類例のない巨艦「武蔵」の設計から建造、航海、そして沈没までを地を這う緻密さで追っていくことで、読者に日本敗戦の壮大無残な歴史ドラマを知らしめる仕上がりになっている。

「ぜひこのような作品を書きたい」

以来、大島はCM制作と小説執筆の二足の草鞋《わらじ》生活を始め、ようやく2年後に原稿用紙200枚ほどの作品を書きあげる。しかし、出版のあてはない。ちょうどそのころ、勤務先にエッセイストの矢口純が顧問として入社。矢口は、サントリー時代からの朋友山口瞳に『江分利満氏の優雅な生活』を書かせて直木賞作家に育てた名編集者としての顔も持つ。

ある日、大島は矢口純に作品を読んでもらい、助言を受ける。「以来、氏には小説作法のイロハに始まって実に多くのことを学び、書き改めるごとに読んで」もらった。そうして完成したのが、620枚の長編『九頭竜川』であった。この習作原稿は矢口の紹介で、新人物往来社取締役編集局長の手に渡り、原稿を削るなどして出版が決定。

初版発行が平成3年であるから、「小説を書こう」と思い立ってから上梓まで6年の歳月を要している。翌年この作品は第11回新田次郎文学賞を受賞。その後、『罪なくして斬らる 小栗上野介』で中山義秀文学賞を受賞。こうして大島昌宏は、57歳という遅いデビューながら本格歴史小説の旗手としての道を、順調に歩んでいったのであった。

福井を襲った3度の大災害を生き延びて

小説『九頭竜川』は、福井県を流れる激流九頭竜川を舞台に、若き女アユ釣り漁師・庄田愛子の宿命と青春を描いた力作である。

終戦前後、福井市一帯は立て続けに3度の大災害に痛めつけられた。

最初は昭和20年7月19日夜の福井大空襲。2時間にわたる空爆で「罹災世帯二万二千、罹災者八万五千六百名、重軽傷者六千五百名、死者及び行方不明者千五百八十名と記録されたこの被害は、十万都市クラスでは最大のものといわれた」

二度目の災害は「昭和二十三年六月二十八日月曜日、午後五時十四分(サマータイム四時十四分)」の福井地震。この被害は「死者三千七百二十八名、負傷者二万千七百五十名、全壊家屋三万二千三百八十三戸、半壊家屋一万五百四十二戸、焼失家屋三千八百五十一戸に達し、関東大震災に次ぐものとなった」

三度目は、地震のほぼ1ヵ月後の福井豪雨災害である。梅雨末期の豪雨は3日間続き、地震で痛めつけられていた九頭竜川の堤防は各所で決壊。「この水害による被害は死傷者百六十名、浸水家屋二万五千戸、流失家屋二千九百五十四戸、冠水した田畠は二万ヘクタールにのぼった」

被害の実態を克明緻密に記録する文体に、吉村昭の影響の一端を読み取ることができる。

愛子はこの三度の災害のうち、二度目の福井地震で父勇作と母親のとよ、祖母シンの3人の肉親を一度に失った。残されたのは、当時高校1年生の愛子と祖父の源造の2人だけ。

祖父の源造は、15歳の夏から職漁師としてアユを釣って暮らしており、九頭竜川は我が家の庭のごとくなれ親しんでいた。シベリア帰りの愛子の父親勇作も、それを継いでアユ釣りを生《なり》業《わい》にしていた。ちょうど地震発生時にも、2人は九頭竜川に肩口まで深く立ち込んで大アユをねらっていた。

地震が発生したときの川の異様を大島は、釣りをしていた源造の目を通して次のように描写する。

「瀬の水面から、鮎やウグイ、オイカワなどの魚が突如跳ね始めたのである。魚たちは、水面から五十センチほども垂直にジャンプした。次から次へとジャンプした。その度にしぶきが逆光に煌めき、魚体の輪郭が鋭く光った。

その数は瞬時に増加し、幾千にもなった。水中に仕掛けた火薬が次々と炸裂したかのように、川面は騒然となった」

何が起こったのか、源造は呆気に取られていた。

「次の瞬間、草鞋を履いた源造の足の下で、川底が強烈な力で隆起した。巨大なハンマーで真下から叩き上げられたような、一瞬の力であった。源造の体は宙にはねた。腰から引いたフネも一緒に跳ねた。そして見る間に泥流と化した流れに落下し、横転してしたたか腰を打った」

フネは、引き舟のこと。源造ははいずるように岸辺へ逃れたが、下流の大淵に立ち込んでいた勇作は直下地震で川底が陥没してできた巨大な渦に巻き込まれて「地の底へ吸いこまれて」帰らぬ人となった。

祖母のシンと母のとよは、倒壊した自宅の下敷きになり、そこに火の手が迫って万事休す。愛子はたまたま友達と映画を見に行っていて、映画館も倒壊して火が出たが、間一髪はいだして助かったのだった。が、友達は焼死した。

九頭竜川のアユ釣り漁師になりたい!

それから2年の歳月が流れた。九頭竜川の流れもアユも復興し、村も町もかつてのにぎわいを取り戻しつつあった。

しかし源造はあの地震以来ふさぎ込むことが多く、漁も激減した。息子勇作の命を奪い、自身も濁流に流されて九死に一生を得た九頭竜川への恐怖感がぬぐえず、流れに深く立ち込むことができなくなっていたのだ。

九頭竜川は荒瀬の深い流心を攻め切れるかどうかで釣果が左右される。立ち込みに尻尾を巻くようでは、もはや職漁師を引退するしかない。

「いつしか源造は、あと一年経って六十歳になったら、漁師をやめようと心に決めていた」

そして小さな商売でも始めて、もうすぐ高校を卒業する愛子の将来を考えて、「細々ながらも平穏で安定した暮らし」を夢見るのであった。

愛子は学業優秀で、背丈は170㎝と高く排球部で活躍。性格は明るく快活で誰からも好かれた。しかし、高校3年になって就職試験にことごとく落とされた。両親がいないのがネックだった。まだ戦前の古い価値観が残っていた時代だったのだ。

傷心の愛子は、子どものころに父や祖父のアユ釣りについて行った九頭竜川でのきらめく夏の日々を思った。そして、源造に決心を口にした。

「……おじじに弟子入りして、鮎釣りの漁師になりたいんにゃ」

まだ子どもだと思っていた18歳の小娘の言葉に、源造は困惑するが、女に漁師が務まるはずがないと否定。

それでも愛子は、「わたしの名前は鮎からつけたもんなんやろ?」と食い下がる。

福井ではアユはアイと通称する。愛子の名は、「若鮎のようにしなやかな乙女に育ってほしいと願った亡き両親合作の命名」なのだった。

とうとう「おじじ」は根負けして、言った。

「頑張るんにゃぞ、三代目」

年が明けた夏、きらびやかな日差しを浴びて、九頭竜川の豪快な流れに立ち込む愛子の猛々《たけだけ》しくも凛とした姿があった——。

荒瀬で流されて九死に一生

昭和26年3月、愛子は高校を卒業した。

その日から、男に負けないアユ職漁師になるために、源造の猛特訓が始まった。

まず、九頭竜川の激流に立ち込むための体づくりだ。愛子は170㎝の長身に恵まれているが、まだ線が細く、筋力・体力・持久力が不足している。腕立て伏せや腹筋運動などで鍛え、毎朝、九頭竜川の土手道を10㎞のランニング。そのルートには、飯島三番瀬、鳴鹿橋下流の瀬、五葉松橋下流の瀬など名だたるポイントが連続し、その流れの激しさを見ているだけで武者震いする愛子だった。

解禁が近づいてくると川渡りの方法を学び、箱メガネや川に潜るなどして、流域の川底観察も欠かさなかった。とくに鳴鹿橋上下1里の漁場は、地形の変化から石の1つ1つ、垢の付きぐあいまで頭に叩き込んだ。また、アユのハミ跡や、垢を食むようす、激しいナワバリ争いなどの生態も目の前で観察。伝統のドブ釣りにも挑戦し、小さなアユの意外な引きの力強さに驚きもした。

解禁前の漁協の試釣に参加し、オトリのハナカンの通し方や長ザオの扱い方、オトリの泳がせ方や引き方の基本、そして取り込みの荒技である〝九頭竜返し〟も実践した。もとより、頭がよくてセンスがあるので上達は早い。

こうして準備万端で、6月17日の解禁日を迎えたのであった。

「わしら商売人は、これから毎日川に入らんならんのじゃから、まあ焦らんことじゃ」

朝一番から川に入ろうとする愛子のはやる気持ちを押さえる源造。2人は解禁日のようすを見に行って、川原で源造の弟子の伊吉や漁師仲間と歓談し、越前焼の窯元の若き後継者、広田裕介らを紹介される。

愛子が、作務衣を改造した釣着に着替えて川に入ったのは、午後3時を過ぎてからだった。まず、源造と並んで立ち込む。深い荒瀬に立つと、「生きもののような水の鼓動が絶え間なく体を圧し、釣着をひきむしろうとする」。九頭竜の水流の底知れぬエネルギーにたじろぐ愛子。

源造が九頭竜返しで釣るのをすぐそばで見て、いよいよ自分もと踵を返した瞬間だった。体がフワッと浮いて、たちまち愛子は流れに飲み込まれた。その直後の描写、「眼の下を、川底の石があきれるほど速く通過」という一文がリアルだ。

激流に巻き込まれ、何度か石にぶつかり、水を飲み、「目の前がぼやけた。その時、腕と足が強く把まれ」て助かった。

愛子を助けてくれたのは伊吉と裕介だった。

解禁日、サオをだす前に流されて助けられるという醜態を演じた愛子。「やっぱり、女にアユ漁師は無理だ」と男たちに嘲笑されるが、愛子はくじけなかった。

その日、日が暮れるまで、源造から荒瀬の引き釣りの手ほどきを受ける愛子の姿があった。

ひと夏を漁師修行に明け暮れる

7月の、梅雨明け後の朝の4時。九頭竜川の鳴鹿橋と飯島橋の中間点で、愛子と源造はザックを下ろした。

「仕掛けを整え、両手に手甲をつけると、愛子はザックの中から鉛のベルトをとり出した。腰に巻くと、下半身にずっしりと重みが加わる。愛子は竿を持ち、相撲とりのようなゆったりとした足どりで流れに向かった」

鉛のベルトは、激流で流されないための重しである。九頭竜漁師の常識だ。セットした掛けバリは、1本バリであった。最近は、2本バリのヤナギや3本イカリ、4本イカリバリのほうが掛かる率が高いともてはやされるが、源造は職漁師の矜持として1本バリに固執している。

源造のいい分は、「料亭に死んだり、弱ったアユは出せない」だった。

ハリ数が多いと、数は釣れるかもしれないが、腹掛かりやエラ掛かりが多くて魚体にダメージを与え、すぐ弱ったり死んでしまう。そんなアユを売ることは、プロ漁師として許せないのだ。

「わしはな、ぴんぴんしとる鮎を活き〆めにしてすぐ（料亭へ）納めるんじゃ」

戦前から出荷している老舗料亭の「あす羽」に泥を塗るような真似は絶対にできないというわけである。

秋風とともに、愛子のアユ修業1年目の夏は終わった。その冬は、料亭「あす羽」の女将の厚意で中居のアルバイトに精を出す。またその合間に、想いを寄せ合う裕介の家へ出かけ、裕介の作陶に感心したり、越前焼の大家に会って古越前焼の心と美を教えられた。そしてもちろん、体力強化も黙々とこなし、めぐりくる夏に備えた。

やがて、また夏がやってきた。愛子は、九頭竜川の解禁前に長良川でアユを釣ることになった。源造が、米デュポン社から新発売のナイロンイト「アミロン」の商品テスターの1人に選ばれ、そのテストを、6月1日解禁の長良川で行なうことになったからだ。これに愛子も同行し、0・5号や0・6号という当時としては極細のナイロン糸の強さに驚き、その釣り方をマスター。

そしてその後に、九頭竜川が解禁すると、愛子は連日、九頭竜川と料亭「あす羽」の往復をすることになった。アユを釣っては、それを売り届ける毎日なのだ。愛子は、まるで若アユが日に日に成長するように、驚くほど速く釣りの腕を上げていった。

秘術「カッパ掛け」でアユ釣り大会に挑戦!

そんな7月半ばのある日、九頭竜川で友釣り大会が開催されることが決まった。戦前から行なわれていて、戦中に中断し、以後も度重なる災害で途絶えていたのが急きょ復活。アマ部門とプロ部門とがあるという。

「わたしも出られるんやろか」

「ほれは構わんじゃろ」

源造のひと言で決まった。開催日は8月9日と10日の2日間で、会場は上流・北島橋～下流・鳴鹿橋間だった。祖父と孫娘のご漁場ともいえる場所だ。その区間には、大地震時に父の命を奪った「釜ヶ淵」という因縁の深場があり、源造がいうにはその釜ヶ淵は大会で勝つための最大の決め手になる！　という場所だった。

源造は、審査員を頼まれているので出場できない。そして愛子に、釜ヶ淵で釣るための「カッパ掛け」という奇想天外な秘術を伝授するために、その特訓を始めたのであった。

源造は時々脚に激痛を覚えていたが、愛子への特訓は続けられた。そうして、運命のアユ釣り大会当日がやってきた。

プロの部の参加者は45名で、予選通過は8位まで。2時間で釣った数を競うルール。

優勝候補筆頭は、源造の一番弟子の伊吉だった。伊吉は以前、愛子に振られて生活が乱れたが、いまは新しい恋人を得て充実した漁師暮らしをしている。

午前6時。煙火の合図とともに予選がスタート。2時間はあっという間に過ぎて、トップは伊吉で82尾。48尾の愛子の名前はなかなか呼ばれなかったが、予選通過ラインの8位ギリギリですべり込みセーフ。

予選が終わって、翌日の決勝トーナメントに備えていると、大会本部のテントの中で騒ぎが起こった。源造がうなり声をあげて、椅子から崩れるように地面に転げ落ちたというのである。そして、「脚、脚……」と大粒の汗を浮かべてうめきながら、救急車で病院へ運ばれていった。

翌日の決勝トーナメントに、愛子は元気な姿を見せた。そして、準々決勝、準決勝を勝ち抜き、ついに決勝の晴れ舞台へ進出。その決戦の相手は、伊吉であった。

アユ釣り経験の浅い愛子は、伊吉に勝てるのか。源造に伝授された「カッパ掛け」とはいかなる秘術なのか。勝負の結末やいかに――。

作者の大島昌宏は、九頭竜川を舞台にして小説を書いた理由を、「あとがき」に次のように記している。

「(故郷の)福井県の代表的河川であることも無論だが、私の生家が釣具店だったので少年のころから釣りに親しみ、川や鮎が好きであったからだ」

そして、「とにかく多くの人、とくに故郷の人々、鮎釣りファンの方々に読んで頂きたいものだと願っている」と結んでいる。

大島昌宏(1934〜1999)
福井市の釣具屋に生まれる。日本大学芸術学部映画学科卒業。広告制作会社に就職し、テレビCM数千本の制作に関与。平成3年『九頭竜川』で作家デビュー。その後、『罪なくして斬る 小栗上野介』『北の海鳴り 小説・中島三郎助』『そろばん武士道』など、地道な取材で歴史上の人物に再び光を当てるような作品を多く手がける。実質執筆年約8年は、いかにも惜しまれる。

『果たせぬ釣り』

荒畑寒村

1979年発行の朝日選書『寒村茶話』に所収

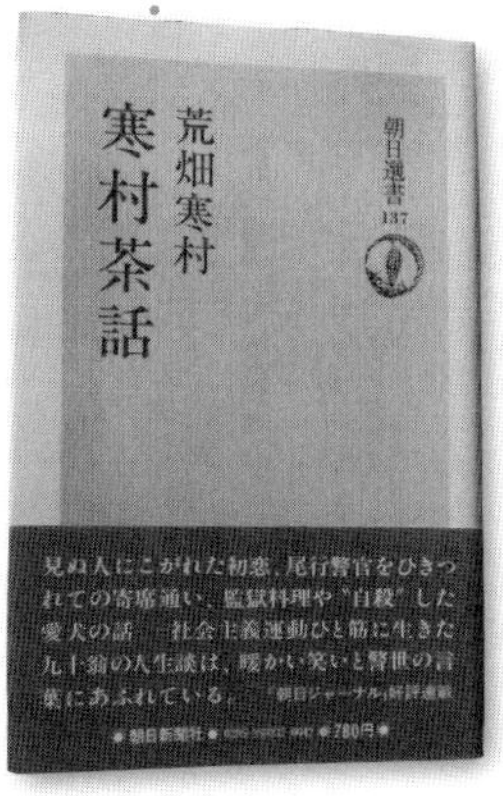

16歳で社会主義の荒海に飛び込む

列島に日露開戦の機運が渦を巻いていた明治36年10月8日の夜、東京神田美土代町のYMCA（基督教青年会）会館で、社会主義協会による非戦論の大演説会が開かれた。当時16歳だった荒畑寒村は、金10銭を払い、満員の会場へ分け入った。そして、片山潜、幸徳秋水、堺利彦ら、たぎりたつ反戦論者の熱弁を体中に浴びて、年若い心は燃え立ち、奮い立った。

寒村はその日、自宅まで帰る電車賃を持っていなかったが、興奮に酔った勢いで、「夜を徹して七里の道」を横浜の生家まで歩きつづけ、翌朝ヘトヘトに疲れてたどり着いたと、『寒村自伝』（以下『自伝』）で振り返っている。

この大演説会に接したことが、社会主義者・荒畑寒村誕生を決定的にした。

明治20年生まれ。生家は横浜の廓街で台屋（妓楼に料理を作る仕出し屋）をやっていた。寒村は4人目の子どもで、母親の乳の出が悪く、生まれてすぐ近在の農家に里親に預けられた。ここで寒村は釣りを覚えている。まだ、4～5歳のころだ。前出の『自伝』にこうある。

「農繁期になると、猫と私だけをのこして家族はみな野良に出てしまい、私は毎日、飽きもせずに魚釣をして暮していた」

釣りといっても、釣り場は自宅の庭の池。飼っていたコイや「ゲバチ」（筆者注：ギバチのことか）という「鯰《なまず》によく似た」魚が相手で、「細い竹の一本竿に木綿糸をつけ、銅線を曲げた鈎を結んだ」仕掛けに「背戸から掘って来たミミズを餌《えさ》」に釣っていた。時々、池の縁にめぐらしたお茶の木の茂みに仕掛けが絡まると、大声でわめく。すると、近くで野良仕事をしていた人が駆けつけてハリをはずしに飛んでくる。里親の寵愛を一身に受け、何不自由なく暮らしていたようだ。

そして、5歳で生家に連れ戻された。

「田舎の農家から突然、都会のしかも遊郭に移されたのだから、私にとってはまさに生活環境の大激変」（『自伝』より）だった。ひとときはその暮らしに馴染めなかったが、やがて生来の腕白気質をとり戻し、付近は掘割の川が縦横に流れており、夏の夕暮れなどは「竹の延べ竿に木綿糸を結んで、鈎には飯粒などをつけて」魚釣りに夢中になった。釣れるのは、たいてい「オボコに定まっていた」。オボコ、つまりボラの子だ。

しかし、「私は一度かなり大物を釣ったことがある」。それはある真夏の暑い日のことだ。友達と2人で築港（横浜市鶴見区大黒町）の防波堤へでかけた。そして、「まぐれ当りに私が二歳ぐらいのアイナメを、友だちはアナゴを釣上げた」のだ。が、うれしさのあまりこれで満足してしまい、「もっと釣ろうともせずに帰ってきてしまった」と後悔している。

割引運賃の京成電車で潮来へフナ釣りに通う

本書は、1970年代に「朝日ジャーナル」誌上に36回にわたって連載された『寒村茶話』をまとめたものである。《あとがき》には、「一夕の茶飲み話に過ぎないので」、「ぼくが多年社会主義運動に従って来たからといって、本書からその方面の歴史的事績や理論的知識が得られるだろうと期待されたら、ムダだからお止しなさい」とお堅い読者にくぎを刺している。

そこには、好きな犬の話、山登りの話などとともに、『果たせぬ釣り』と題された釣りの思い出話が綴られている。

書き出しは、先の『自伝』で紹介した〝幼年時代の庭の池〟での釣りが、ほぼそのまま書き写されている。そして、大人になってフナ釣りを覚える。師匠は「労農」同人の足立克明という人物。雑誌「労農」は昭和2年創刊なので、昭和の初めのころだ。2人は京成電車で潮来の水郷へよく通った。その理由は、「その時分、京成電車は釣り師には運賃割引をやっていたし、潮来の『あやめ館』っていう宿屋も釣り師だと、特別に安く泊めてくれたもんです」というわけだ。

贔屓の船頭は、フナ釣りの名手で聞こえた坂田喜竿坊《さかたきかんぼう》。小粋で洒落た名前からして、当時は名の聞こえた釣り人だったのだろう。

釣りの合間に寒村が喜竿坊に、「きみはフナ釣りの名人といわれているが、そのコツを教えてくれ」と問うと、彼は「コツも何もありゃしません。あなたは東京に仕事をもっているから、たいてい一晩泊まりで翌日釣りに出て夕方には帰っていく。だから日並が悪かろうと、風向きや潮の具合が悪かろうと、釣らにゃならないから釣れないんです。私などはここに住んでいるから、一番条件がよい折を見はからって舟を出す。だから大釣《おおつ》りするんですよ」と答える。

確かに地元の釣り人はよく釣る。しかし逆に、その名人が他の場所へ遠征すると、意外に苦戦するものである。まさに、さもありなんだ。

主義にも、恋にも、釣りにも一途な人生

次に、フナ釣りに関する「不思議な思い出」話に移る。それは、昭和16年10月24日に最愛の妻・お玉が死んで、その寂しさを釣りによってまぎらわしていたころのことである。

寒村は思想だけではなく、恋にも一途であった。お玉と結婚する以前には、社会主義運動の女闘士・管野スガと恋に落ちた。しかし、スガは寒村が赤旗事件で投獄されている間に、先輩同志・幸徳秋水と恋愛関係になって同棲。秋水にも妻がおり、まさに泥沼のW不倫。

明治43年2月。1年半の刑期を終えて出獄した寒村は、スガに逃げられ、先輩の同志に裏切られた絶望と哀しみで理性を失い、「わたしは幸徳と管野が滞在していると聞いた伊豆の湯河原温泉、天野屋旅館へのりこんで行った——懐中に拳銃を忍ばせて」(『自伝』より)

しかし、2人は帰京して留守だったためにこの拳銃が発射されることはなかった。

そして妻・お玉である。彼女は寒村よりも11歳も年上。しかも洲崎の女郎屋の女。彼女には正義任侠の気風があった。あるとき、寒村が乏しい家計の中から本を買う金をくすねていたのを見つけ、彼女は怒った。「(わが家に)あなたの稼いだのでない金が一銭でもありますか、欲しかったらみんな使っても私は苦情を言わないのに、何という卑劣な真似をなさる」と。

寒村はしみじみいう。「彼女はたしかに私などより数等、人間の質が上であった」と。

話は元の、お玉に先立たれた無念を釣りでまぎらわしていたころに戻る。昭和16年12月の初め。足立克明と潮来のいつものポイントに舟をだしたが、2人とも全然ダメで、アタリさえない。「今日はおかしな日だ、フナのやつどうかしてるぜ」などと話しているうちに、岸辺の農家のラジオからさかんに軍歌が流れてくる。こりゃなんだ? とたずねると、日本がアメリカと戦争を始めたからだとわかった。

そして洒脱の人・寒村は、フナが1尾も釣れなかった理由を次のように導いて、アッハッハッハッハと高笑い。

「日本のフナは忠君愛国主義者だから、大挙して上海あたりまで押し出して、そのために潮来水郷は留守になったんだろう」って。

寒村は93年の生涯を社会主義者一筋に生きたが、若いころは小説でも才能を発揮。その寒村が唯一認めていたプロレタリア作家は、「首をつるか、魚をつるか」の言葉を遺した葉山嘉樹であった。

昭和11年の夏、寒村は信州の天竜川沿いの村に落ちのびていた葉山の住まいを訪ねる。葉山の日記によれば、寒村は7月31日にきている。そして翌日の午後、天竜川に魚釣りに行くが、「風強く、余り面白からず、二十尾余りにて引き上げた」とある。

それでも、葉山はウナギを釣った。そして、自ら包丁を握って串に刺し、頭は煮立ててタレにして蒲焼を作り、遠来の同志をもてなした。呑兵衛自堕落な東京時代の葉山を知る寒村は、同志のこんな〝変わり果てた姿〟に驚きを隠せなかった。そして、「まあ、葉山嘉樹の手作りのかば焼きを味わったなんていう人間は、文壇はおろか、広い世間にもそうザラにはいないでしょうなあ、アッハッハッハッハ」(「信州山中の孤独」より)と高笑い。

同じ文中で、寒村は、葉山嘉樹の文学を次のように高評している。

「葉山のものはほんとうに文芸的というか、芸術的というか、イデオロギーと小説とが渾然として珠玉のような趣を備えていたと思いますね」

政治的アジテーターではなく、あくまでも文学者だったということだろう。

荒畑寒村(1887~1981)
横浜市の廓街に生まれる。堺利彦を模範として明治~昭和時代を社会主義運動の実践家として生きる。他方、小説、ノンフィクション、評論、随筆など多方面で活躍。代表作『谷中村滅亡史』は、足尾鉱毒事件と谷中村の惨状を後世に伝えようと一気に書き上げたノンフィクション。『荒畑寒村著作集』10巻(平凡社)もある。

『山釣りの旅』

鈴木竿山

1999年8月、つり人社より発行

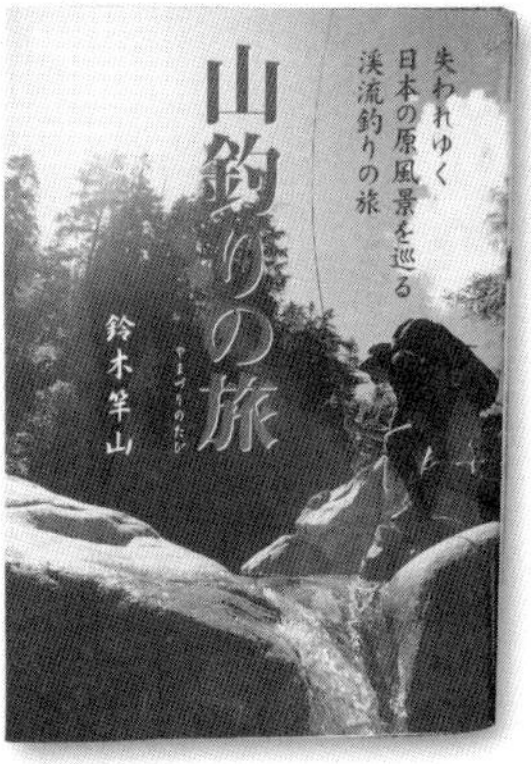

釣りザオを忍ばせたザックを背負って山旅へ

まず「まえがき」で「竿山」の釣号の由来が語られる。

「釣りが好きである。どれくらい好きかと聞かれたら、『山登りと同じくらい好きだ』と答えている。じゃあ、山登りはどれくらい好きなんだと聞かれたら、これはやはり、『釣りと同じくらい好きだ』と答えるしかない」

この問答に対して、ふざけたつもりはないとして、次のように弁解する。「私の人生で遊びと呼べるものはこの二つだけ」だから、しょうがないのだと。

釣り初体験は「四歳か五歳」で、山登りは「高校一年生」からだから15歳か16歳でスタート。以後ずっと、釣りと山登りの〝二刀流〟で遊んできたが、当時はこの両方の世界の二刀流はご法度だった。釣り派と山登り派は、時にいがみ合う仲だったのだ。

あるとき、山登り派の相棒と谷川岳を登攀中、ザックに忍ばせていた釣りザオを発見される。彼は意外だという表情できつい言葉でなじった。

「なんだお前、こんな所まで釣りザオ背負ってくるんか！」

そのとき、「竿山」の釣号が誕生したのだという。つまり、「あいつはどんな山にもサオを持ってくる奴」というわけだ。

次に「あとがき」である。自分の〝山釣り旅〟を雑誌に寄稿することになったいきさつが語られる。

それによれば、竿山は「関東沢屋交流会という、沢登り愛好者と源流マンの集い」に参加し、そこで今は亡きつり人社の伝説の名編集者・若杉隆に出会った。若杉は、彼の才能を瞬時に見抜き、「月刊つり人　別冊渓流」への原稿執筆を依頼する。

そのとき竿山は、「書くとなったら売れるにこしたことはないんでしょうけど、だからといってていたずらに読者の関心をひくために四十センチ、五十センチの渓魚の話を書いたり、写真にする気はありませんよ」と、商業主義に迎合するような記事は書きませんよとやんわり釘を刺す。

若杉はひと言、「ええ、それで結構です」と返答。

そうして「渓流87」（１９８７年春発行）から、竿山の山釣り旅の不定期連載が始まったのである。それは「同99夏号』まで続き、その本数は19編に及んだ。今回紹介する釣本『山釣りの旅』は、この19編に新たに書き下ろした原稿などを加えた合計23編の山旅集として編まれている。

山への愛、イワナへの愛

昭和25年、秋田県生まれ。故郷の山は標高1170・4mの太平山。その山域は秋田市・五城目町・上小阿仁村の3市町村にまたがり、周囲には馬場目岳・赤倉岳・白子森など1000mを超える連峰がそびえ、旭川・馬場目川・岩見川・小阿仁川などの源になっている。山頂からの眺めは絶景で、男鹿半島や秋田駒ヶ岳をはじめとした奥羽の山々と、そしてはるか遠くに鳥海山を望むことができる（参考＝秋田市の観光資料）。

収録された23編のうち、故郷の山を舞台にした「白子森　マタギの狩場は春近し」のページを開いてみよう。

時は春4月。とはいっても、太平山はまだ雪をかぶって眠っている。やがて、「ゴー、ドドドドーッ」と、遠雷か地鳴りのように腹に響く底雪崩が始まると、北国に春がやってくる。渓の水は動き、山のイワナがゆっくりと尾ヒレを振り始める。そして竿山もまた春の気配に目覚め、ザックにテンカラザオを忍ばせて山旅に出立する。

「マタギの猟場でイワナ釣りでもしようかと比立内川」の支流にやってきたのだ。このあたりはマタギの「巻き狩り」の舞台でもある。巻き狩りは、猟師が勢子と撃ち手に分かれ、勢子がシカやイノシシを追い込み、待ち構えていた撃ち手がこれを仕留める猟法。竿山はこの山旅で、あわよくば日本に古来から続くこの伝統猟法の現場に立ち会えればと目論んでいた。

相棒はカメラマンのミズちゃん（田丸瑞穂）。♪今、春が来て君は〜なんて、〝イルカ〟の歌を口ずさみながら、２人は小雪の舞う峠道を行く。キャンプ場に着いたころには雪は本降りで、「山河は水墨画の世界となり、格好の雪見酒で一日が暮れていった」

翌朝は冷え込んだが、雲一つない快晴。絶好の登山日和と、釣りは後回しにして、先に白子森の山頂を目指す。雪は膝上まであり、「ラッセルを強いられる」。ラッセルは、深い雪をかき分け、踏み分け進むことで、体力の消耗が激しい。

尾根道では雪庇《せっぴ》があるので気が抜けない。雪庇は、尾根からせり出した雪のひさしで、これを踏むと滑落の恐れあり。しかし、「うまい具合にカモシカの足跡がトレースされており」、それに沿って進めば安心だ。竿山はいう。

「カモシカをバカにしてはいけない。百戦錬磨の山のベテランである彼らは、へたな登山者よりよっぽど確実なルート選定に長けているからだ」

山では、経験豊富なベテランのいうことを聞かねばならない。それがたとえ人間でなくても――。釣りも同様だ。魚の居場所は〝沖のカモメ〟の群れに聞けばよい。

突然、「三六〇度の大展望が開けた」。ピーク（山頂）に到達したのだ。

鳥海山や岩手山が見え、白神の山々が北方に霞んでいる。素晴らしい眺望である。しかしそれ以上に竿山は、西方直近にそびえる「太平山奥岳」の迫力に圧倒され、感動する。

「周囲を雪に覆われた春山の中、我が故郷の山だけが白い衣を拒み、黒い地肌をむき出しにして、厳然と天に聳え立っていた」

我が巨人軍は永久に不滅です――竿山は、この有名な言葉に比するあからさまで無邪気な愛を、故郷の山・太平山に対して告白している。

翌日は、昨日以上の好天。キラキラ輝く天狗ノ又沢を流れる目印を、邪心も煩悩もなく見つめていると、「微かに目印に反応があった。そっとイトを張り、今度はゆっくりと送り込んでやる。目印がスーッと流れを遡ったところで、小さいが鋭いアワセをくれてやった」

してやったり！

8寸（24㎝）の、まだ幾分サビを残しているイワナであった。イワナへの愛も山に比して強い。

「ああ、実に爽快な気分だ。きっと今年の釣りはよさそうだ。なぜかそんな予感を抱きながら、私はそっとサオをたたみ、マタギの猟場を後にした」

ああ、実に爽快な終わり方だ。渓流釣りのオフシーズンに読むには、もってこいだろう。

地球にとって、人間はガン細胞そのもの！

無垢な自然に遊ぶ竿山は、時として悲痛な声を上げる。

5年ぶりに訪れた新潟県の奥三面川では、42戸あった三面のマタギ村がダム建設で廃村になっているのを前にして、唖然とする。

「全国どこへいっても、ダム建設と離村はセットで目の前に存在しているようだ。文明の代償として文化が滅亡していくのを、私たちはいつまで見続けなければいけないのだろうか」（「遥か回顧の渓から稜線へ」より）

太平山地の大旭又沢本流では山抜け（山崩れ）のために渓相が一変し、かつてのイワナ釣りの楽しさがなくなったことを力なく嘆く。

「こなければよかった。こなければ渓は、美しいままに私の思い出の中で流れ続けていたのだから。後悔の念が身体中を駆け抜け、私はなにも語ることなくサオをたたんだ」（「萩形晩夏」より）

そして、30年前に尺上イワナをごぼう抜きにした、玉石の輝く川が無残に荒れ果てているのを見て黙考する。

「私たち人間に、開発という名の自然破壊を行なえる権利が本当にあるのだろうか。かけがえのない、この惑星、母なる地球はすべての生命をもコントロールしていたはずである。にもかかわらず、生態系のバランスとは無関係、無秩序に、人間は人間の利益のみを追い求めて生き、子孫を増やしつづけていく。

地球にとって人間はガン細胞そのものではないか」（「ふるさと　山河ありて」より）

竿山が、この本の「あとがき」を書いたのは「一九九九年春」とある。そして、「著者略歴」には、竿山は「一九九九年春、病に逝く」とある。

巻末の奥付には「1999年8月10日　初版発行」とある。腑に落ちなくて編集部に問い合わせると、竿山は「あとがき」を書き終えて、あとは出版を待つばかりという、その間に49年の短い命が尽きたという。

鈴木竿山（1950〜1999）

秋田県生まれ。少年期より清流、渓流に親しみ、登山は高校の地学部で洗礼を受ける。上京後、本格的に渓流釣りと登山を開始。海外にも足跡を残すが、故郷の秋田の山、中でも太平山にこだわりを見せ続けた。本書のほか、ビデオマガジン『白神山地・ブナ原生林の四季を行く』『これから始める毛バリ釣り』がある（いずれも発売はつり人社）※プロフィールは、表紙カバー折り返しの「著者略歴」を参考にした。

『フランク・ソーヤーの生涯』

フランク・ソーヤー著／S・ヴァインズ編

1984年に英国で出版。
日本語訳（能本功生）は平河出版社から1991年6月発行

エイヴォン川の大パイクと格闘

厳格なリバー・キーパー（川守り）として生涯を送り、卓越したフライフィッシャーであり、ナチュラリストでもあったフランク・ソーヤーの伝記である。彼が、釣り雑誌などに書き残した記事や著作物などを参考にして、シドニー・ヴァインズが1984年にまとめたもの。

2部構成になっており、第1部ではマスをはじめとした川魚や、さまざまな動物たちが生き生きと活動するエイヴォン川のほとりで、自由奔放に自然と遊び戯れるソーヤーのおとぎ話のような少年時代が描かれる。第2部は、ソーヤーの少年時代の夢であったリバー・キーパーの仕事を中心にして、彼の類まれな観察眼によって構築されたニンフ・フィッシングの詳細が語られている。

ここでは、ソーヤーの少年時代に焦点を当てることにした。

「生まれて最初に聞いた外界の音は、水門をくぐる川の水が滝となって落ちる、うなるような音」であった。そして、「川岸をよちよち歩けるようになったとき以来、私は川に夢中だった」ソーヤー一家は、老リバー・キーパーのウィリアム・プラットが管理するエイヴォン川上流の川のほとりに建つ水車小屋の2階に住んでいた。

水車小屋の2階ということは、経済的に恵まれた一家とはいい難い。しかしソーヤーにとっては、川が目の前ということだけで、日々はいつも発見と歓喜にあふれていた。

8歳か9歳のことだった。6ポンド（2・72kg）を少し超えるビッグなパイク（カワカマス）に遭遇。さっそく、「輪罠」で挑む。これは「長い棒の先にとりつけた針金製の輪罠を滑らせて、パイクの頭にかける」漁法で、父親がやっているのを見よう見まねで覚えたのである。岸から水面にかがみ込み、輪罠にパイクの頭が入るタイミングを見計らって針金をグイと引っ張る。そして、エラの部分で輪を絞り込み、陸に力まかせに投げ上げてつかまえるのである。ところが逆にパイクの力に負けて、ソーヤーは頭から水中に引き込まれてしまった。そして激しい水中戦の末、何とかソーヤーに凱歌が上がった。

獲物を持って意気揚々と家に帰る途中、リバー・キーパーのプラット爺さんに呼び止められる。実は、爺さんは伏せバリという一種の〝置きバリ〟でパイク釣りをしており、その伏せバリに掛かった魚をソーヤーが盗んだのだと難癖をつけてきたのだ。子どものソーヤーに、そんなにデカイ魚が取れるはずがないというわけだ。結局ソーヤーは、自分が取った魚であることを証明できず、盗んだことにされて父親にこっぴどくお仕置きされる。

夏になって、父親のお伴でパイク取りに行ったときのことだ。父親が巨大なパイクを輪罠に掛けるがしかし、魚が巨大すぎて、棒が真っ二つに折れる。間髪を入れず、ソーヤーは頭から川に飛び込み、折れた棒をつかみ、死に物狂いでパイクの強烈な抵抗に耐える。その間に父親が態勢を整えて棒をつかんで腕を振り回して、パイクを陸の上にはね上げたのだった。12・5ポンドもあった。父親は、まだ子どもだと思っていたソーヤーがいつの間にかたくましく成長していることを知ったのだった。

生まれて初めてのフライフィッシングの結末は

エイヴォン川のソーヤーの家の近くは、フライフィッシングの人気エリアだった。しかし子どもにとっては、フライ（毛バリ）より、ミミズやパン切れで釣るほうが手っ取り早いうえ、よく釣れた。

ある夕方、1人の釣り人がフライを投げ始めるが、釣れるどころか魚の反応さえない。黙って見ていたソーヤーに、釣り人が声をかけてきて、自分の毛バリケースを見せて、「君なら、どれに魚が食いつくと思う?」と聞いた。ソーヤーはサッと見わたして、中の1つをとり出した。それはホワイト・モス（白い蛾）という名の、大きな「茶色の羽根のついた白いフライ」だった。

釣り人は、半信半疑でその毛バリを結んで数回キャスト。すると、立て続けに12尾釣りあがった。釣り人はとても喜んで、ソーヤーに「六ペンス、母にと言って、大きなグレイリングを二匹くれた」。そして、「自分がこの白い大きなフライで魚を釣ったことは、ほかの釣り人に言ってくれるな」と口止めをするのだった。

ソーヤーが「茶色の羽根のついた白いフライ」を選んだのは、単に「皮つきのパンの切れ端に似ていた」からにすぎなかった。何のことはない、ソーヤーが日ごろエサに使っていた、いわばコッペパンみたいなパンの切れ端に似ていただけというわけだ。さらに、その釣り人は毛バリを3つ、ソーヤーにプレゼントしてくれた。その中には、「さきほどの茶と白」の毛バリは入っていなかった――。

さてソーヤーは、このご褒美の毛バリでマス釣りに挑む。

といっても、フライ用のサオやリールなど貧しい家の少年が持っているはずはない。ヤナギの木の枝のサオに「母の道具籠からくすねてきた三メートルほどの木綿糸をくりつけ」、これに毛バリを結んだだけ。いわばテンカラの提灯釣りのような仕掛け。

ソーヤーは家の近くの橋の下で、2ポンドはあるマスが水面にもがく羽虫を捕えるのをはっきり見た。この魚がターゲットだ。橋の上から、毛バリを慎重に放す。そして毛バリを水面上にぶら下げて、どこへ落とそうかと迷っていると、マスが空中へ鉄砲玉のごとく飛びだし、毛バリを飲み込んだ。ヤナギの枝が魚の重みでしなり、マスが暴れた。その瞬間、衝撃とともに柳の枝のサオが軽くなった。そして「フライのとれた木綿糸が空中に舞った」。木綿糸がほどけて毛バリごと持って行かれたのだった。こうして、ソーヤーの人生初のフライフィッシングはあっけない幕切れとなった。

食卓のパンをくすねてエサにして魚釣り

ソーヤーの柳の枝でのサオ作りは、経験を積むにしたがって上達し、同時に釣れる魚も大きくなっていった。

第一次世界大戦も終わりにさしかかり、一家がさらなる貧困にあえいでいたころである。ソーヤーは家族が食べるための貴重なパンをくすねてはせっせと釣りに出かけていた。

その日も外出中の母親の目を盗み、パンの端っこを薄切りにしてポケットに忍ばせ、エイヴォン川へ向かった。まず、パンをボロボロにして寄せエサにして撒くと、魚がサッと寄ってきた。すかさず、大きめの切れ端をハリに刺して投入。しかし、敵もさるものでエサだけ食ってハリ掛かりしない。パンはすぐなくなってしまった。

諦めきれず、家にとって返し、パンを盗んで再度挑むが、パンは魚の腹の中に収まるばかりで釣れない。ソーヤーは三度目のエサの調達をして、寄せエサに群がる魚の群れの中に投入。今度こそ釣れるぞというそのとき、母の怒鳴り声！

「この悪党」、「パンを盗んでこんないまいましい魚にやるなんて承知しないよ！」

こっぴどく尻をぶたれ、サオはへし折られたのだった。

また、スズメバチの巣を襲って幼虫をエサにすることを思いついて掘りだしに行くが、大逆襲に遭い、身体中を刺される大失敗も。

さらには、遊び友だちが川に呑まれて水死するなど、さまざまな冒険と失敗を経験していく。やがて第一次世界大戦が終わったころ、ソーヤーの自由で幸せな少年時代も終わりを告げる。そして一時期、生活のための仕事に就くが、川での日々が忘れられず、ソーヤーは18歳でリバー・キーパーという天職に巡り遇うのだった。

その後のリバー・キーパーとしてのソーヤーの活躍は、次ページの『イギリスの鱒釣り』で紹介する。

※プロフィールは296ページに記載。

『イギリスの鱒釣り』川とともに生きる

フランク・ソーヤー

1952年、英国で出版。

日本語訳（倉本護）は1990年8月、晶文社から発行

川守りの仕事は、母なる自然に手を貸すこと

本書は1952年（昭和27）に出版されたフランク・ソーヤーの処女作であり、川守りに人生をかけたソーヤーの自然への愛、魚への愛、釣りへの愛を素朴なタッチで綴った釣り文学の名著。先の『フランク・ソーヤーの生涯』では、主にソーヤーの幼・少年期の自由奔放な自然児ぶりを紹介した。この本では、ソーヤーが大人になり、川守りとしての仕事、ナチュラリストとしての生き方、考え方が真摯に語られている。地球環境が荒廃の一途をたどるいま、自然を愛する釣り人はもちろん、漁協関係者や自然保護に興味のある人にとっては必読の書といえるだろう。

ソーヤーは21歳のとき、子どものころから遊び親しんできたエイヴォン川上流域のブルフォードから上流6マイル半（約10・5㎞）の管理人に任命された。

命じられた仕事は、ドライ・フライ・フィッシング協会の会員たちに快適に釣りを楽しんでもらうため、マスの成育やそのエサである川虫の保護などである。だがソーヤーは、自らもフライフィッシングをするうち、釣り場を守るには川の周辺の自然環境にも関心を払わなければならないことを知る。

そうして魚や昆虫だけではなく、水草や灌木、モグラ、カワウソ、アオサギ、ツバメなど域内の自然を構成する多彩な野生の動植物に目を向け、その観察・保護を怠らなかった。それが、リバー・キーパー（川守り）としての務めというわけである。魚が減ったら、養殖魚でもなんでも放流すればいいという考えでは何も解決できないことは明らかだ。

本書は全14章で構成されている。その第1章【川辺の低湿地帯】に、「川の管理人の仕事は、母なる自然に手を貸すことである」と謳ってある。手を貸すために必要なことは「研究・観察」だ。ソーヤーにとって、その対象はマスとその主なエサである水生昆虫が中心だ。それらの生態を研究・観察し、そのサイクルやダイナミズムを知識としてではなく、実体として知ることが第1歩になる。

「つまり、かれらの食べもの、環境、それにかれらの外敵を知る必要があるのだ」

マスのエサ、環境、そして外敵、この3点の生態と関係性を理解し、川とその周辺の生態系のバランスを保つということだろう。

そして「人工飼育によらず、川で鱒を飼おうとすれば、その川は餌を生産しなければならない」とし、そのためにはエサである「昆虫の生産」が必要であり、「そうした昆虫にも餌が確保できる状態にまずしなければならない」と管理の基本を説いている。魚のエサだけではなく、エサのエサ、つまり藻とか水中プランクトンなども豊富な、川の環境づくりが求められるのだ。

知識なしに自然に手を貸すと大失敗する

同じ章で、ソーヤーはこう語る。

「人間が自然に干渉すると、野生生物の生活に激変をもたらす」と。

そして、こんな大失敗談を披露する。

ある年の春先、マスのふ化に大成功して、ソーヤーは4万尾の稚魚を管理エリアにまんべんなく放流。順調に育っていたが、4月末に豪雨に見舞われる。やがて増水し、水門が閉まっていたので氾濫してマスの稚魚たちが川の外に流される事態になった。ソーヤーは、あわてて水門を開けて放水。管理区域の水量は見る間に減水し、これで一息つく。

ところが、洪水が治まると「小さな鱒の多くは川の外に取り残され、もとの川に復帰する見込みを絶たれて」しまっていた。放水という人為的な行為で、幼いマスたちを助けたつもりだったが、水が早く引きすぎて、川の外に流されていたマスの稚魚たちは本流へ戻ることができずに死んでしまったのだ。

逆に、洪水後の川原では、あちこちの水たまりや雑草の陰の細流で稚魚が生き残って泳いでいた。ソーヤーは、この生き残りたちを本流に返してやりながら、深く反省する。

「自然による庇護、つまりかれら自身の自衛本能に委ねていたならば――その多くが生き残っていただろうということだった」と。

どういうことか。

「川がみるまに増水し、自然の成り行きから川岸が冠水するのはあたりまえだが、水位が激減することはめったにないので、ゆるやかに洪水が減退するかぎり、鱒と昆虫はもとの安全な場所へと徐々に移動できる」ということである。

洪水時に川の魚や川虫、周辺の動物たちはどうなるか。

「雑魚は居つきの場所のどこか近くの水路にいるのが普通」で、「細流や河口」へ移動するものもいる。「鱒は川岸、木の根の下や藻床の中にある安全な場所」へ。「カワヒメマス（グレイリング）は浅瀬の砂利の穴」などに身を隠す。このように、魚は洪水が起きても、水が引いて取り残されるような「低湿地帯」に押し流されることは、実際はほとんどない。

では川虫はどうか。

「突然増水になり、特に流れが速い場合には、数知れぬ微小生物が川岸から押し流され」るが、それらが即死滅ということにはならない。

「（生き残っている）小さな生物は水位が下がるのを感じ取ると、しだいに減る水とともに移動して、結局もとの川かその支流かに戻るのだ」。また、「川底の石裏にしがみついているフライの幼虫」も被害は少ない。カワウソなどの動物や鳥たちも、自然に増水するのであれば、避難するのはたやすい。

川が氾濫するのは自然な出来事であり、川の水がゆるやかに増・減水すれば助かる命は多い。

人間がよかれと思って堰や水門を開けたり閉じたりすることは、むしろ逆効果を生む場合が多いのである。ということは、台風もダムも多い日本の川では、毎年ものすごい数の野生が被害を受けていると考えられる。

草刈りも生態系のバランスを考えながら

第13章【水草と水】では、次のようにいう。

「鱒の生活も現実の川の自然全体も、最初の微生物、原形質、人間の裸眼には見えない生物を創造し、水の能力に依存している」

水の能力は水だけでは産み出せない。「太陽と水」の組み合わせが必要である。そうして産み出された微生物は、それより大きい生物のエサとなり、その循環によって、マスも健全に生育する。逆にいえば、「鱒の生存はより小さな生物の生存にまったく依存している」ということである。

このために「日光が差すように水面を広げる」必要があり、木の枝の伐採や草刈りも計画的に実施しなければならない。その場合、むやみに刈るのではなく、マスが隠れ家になる木陰を残したり、鳥や虫の存在も忘れてはいけない。また、自然景観も考えねばならない。やり過ぎると、川は丸裸になってしまうだろう。自然環境のバランスを保ちながら、日光が差す水面を広げることが肝心だ。

水草刈りも、きついが重要な仕事だ。

浅場の水草を刈って水路を調整してやれば、水生昆虫の成育しやすい環境になり、また水路の流れこみでは酸素が水にまじり、魚や水生昆虫の成育にも有益である。水草が上手に刈り込まれた川では、釣り人も快適に釣りを楽しめる。

そのように考えると、リバー・キーパーは、「なんでも屋であると同時に煩雑な仕事の精通者」という資質が求められる。

時には非情になることも必要

第14章【共犯者たち】には、次のような一文がある。

「アオサギはしばしばカワカマスの次に鱒の敵としてみられている」

魚をねらうアオサギの食害についてである。

ソーヤーは「産卵期中多くの魚を殺し、損害を与えるとしても、私が賞賛せずにはいられないものがこの鳥にはある」と、この優美で均整の取れた姿のグレイブルーの鳥・アオサギは、川の景色を魅力的にするのに不可欠として、一目置いている。

また、「わたしにとってアオサギは自然界の漁師仲間――忍耐強く、用心深い、寡黙で、腕の確かな、本当の漁師」として尊敬の念さえ抱いている。しかしアオサギは、その漁の腕の確かさゆえに、成長期のマスの大敵になる。だからその時がくると、川守りの仕事として射撃せざるを得なくなる。

ついに、その時がきた。

ソーヤーは「茂みの陰の溝の中」に身を潜め、ライフル銃を手にして夜明けを待った。太陽が昇り始めると、上空にアオサギが現われ、川に舞い降りた。アオサギがくちばしを水中に突っ込んだ。次の瞬間、魚をくわえた。そして、魚を飲み込むために首を上げた。7インチほど（18㎝弱）のマスだった。

「半ば開いたくちばしを空に向けて立つアオサギは、美しいものだった」。「しかし、わたしには果たさねばならない義務があった」。「心を鬼にして引き金を引いた」。「アオサギの頭がガクンと揺れた」――。

川守りは、時に非情になることを要求されるのだ。

※本書では「エイヴァン川」と表記されているが、先に紹介した『フランク・ソーヤーの生涯』の表記「エイヴォン川」に従った。

フランク・ソーヤー（1906〜1980）

イギリスのウィルトシャー州、エイヴォン川上流のブルフォード生まれ。21歳で子どものころから遊び親しんだ故郷の川のリバー・キーパーとなり、マスの管理を中心にした周辺自然環境の維持を生涯の仕事とする。ニンフ・フィッシングを極めた釣りの名手としても内外に知られている。ほかに、『ニンフス・アンド・ザ・トラウト』の著書がある。

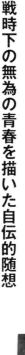

『オムニバス軽井沢』

加藤須賀雄

2001年、つり人社発行
『かげろうの釣り　あとさき』に収載

戦時下の無為の青春を描いた自伝的随想

この随筆が所収されている『かげろうの釣り　あとさき』は、『かげろうの釣り』（昭和52年刊）、『新編・かげろうの釣り』（平成3年刊）の続編として編まれた。前々作、前作が好評だったからこそのシリーズ3作目であろう。

〝かげろうの釣り〟とは、テンカラ釣り（和式の毛バリ釣り）のことだが、なぜテンカラではいけないのか。

「私はテンカラという言葉を嫌う。山里に伝承された日本の毛バリには、その道具にしても技法にしてもどこかに職漁臭が宿命的に漂う。それが悪いというわけではないが、それをテンカラというなら、アマチュアとしては、それと一線を画した釣りをしたい、というのが私の思いである」（本書所収の「逆さ毛バリと赤い杖」より）

釣りはあくまでもアマチュアとしてのたしなみであり、職漁師の釣りとは一線を画さねばならない——この加藤らしい清廉な気性から生まれた言葉だろう。

目次を見ると「月刊つり人」創刊者の佐藤垢石とそれを受け継いだ2代目竹内始万との絆を描いた「暖簾」、文人垢石と詩人萩原朔太郎という同郷ながら趣を異にする2人の交錯を追った「たぬきの青春」、奥多摩の渓流に生きる長老ヤマメを擬人化して氷河期を耐えて種族をつないできた渓魚の苦難の歴史を語る「ヤマメの与三さん」などが収められている。

それらの中から、私生活をあまり語ることのなかった著者が、青春時代の素顔を垣間見せた自伝的作品「オムニバス軽井沢」を取り上げる。

大正11年、東京下町生まれ。

子どものころは昆虫少年であり、ツグミなどの野鳥を罠で獲ったりもして遊んだ。この野鳥の罠に夜鷹（フクロウ）が掛かって大騒ぎになったこともあった。当然、近くの川や海ではフナやハゼも釣っていたであろう。

さて「オムニバス軽井沢」は、加藤が早稲田大学政経学部に入学した時分から始まる。青雲の志を胸に都の西北の門をくぐったのはいいが、東京の空には戦雲が重く垂れこめ、すぐに太平洋戦争に突入。徴兵検査は病気のため丙種合格。「丙種合格というのは最低の合格で、いつ召集令状がくるかわからないが、とりあえず現役徴兵はされない」という中途半端な状態である。

同級生は学徒出陣、学校は授業とは名ばかり。しかたなく当時家族が住んでいた千葉県の内房で静養することにした。そして、近くの小櫃《おびつ》川で銀ブナ釣りの日々。

この状況は現在のコロナ禍の学生たちと似通っている。講義はまともに受けられず、友だち間の交遊も薄い、それに旅や酒とも縁遠い。

ある決意を秘めて軽井沢の温泉宿に逗留

やがて夏休みが近づいてきた。

大学は繰り上げ卒業（徴兵のため修業年限を短縮して卒業させる制度）が決まり、そうなるとこの先、長期休暇を取るのは難しい。人生最後ともいえる夏休みをどう過ごすか。そこで早稲田で懇意にしていた古書店の女主人に相談する。彼女は軽井沢行きをすすめてくれた。

「そこは、軽井沢でも山あいに、たった一軒ある温泉宿で、東京の下宿と同じ費用で、ひと夏暮らせるという。駅から草軽電鉄で四つ目のK温泉というところ」である。K温泉とは、小瀬《こせ》温泉のことだろう。源泉かけ流しの1軒宿として、いまも営業している。

「こうして、何冊かの本を抱えただけの、私の山籠りが始まった」

宿は粗末な造りで、食事も粗末であったが、戦時下では仕方がないし、わが身の侘しさをかんがみれば、それはむしろふさわしいとさえ思えた。

実は彼は、ある決意を秘めてここへやってきていた。「ある人」への決別の手紙を書くためであった。

「三日も、四日もかかって、一通の手紙を書いた。宛名も書き、封書にもした」

しかし、それをポストに投函するかどうか決断がつかない。ぐずぐずと3～4日が過ぎた。そんなある日、突然その人が宿の前に架かる橋の上に姿を現わした。

「真っ白な服に、真っ白なつば広のガルボハット、それは戦時中禁制ともいうべき服装で、軽井沢でも目立つ姿だった」

ガルボハットは、トーキー映画初期の伝説的女優グレタ・ガルボが好んだつば（ひさし）の広いおしゃれな帽子。

「来たのですか……」

と加藤。

「来ましたわよ」

と彼女は、「突然姿を消した私を見つけたかくれんぼの鬼のように笑顔さえ浮かべて」晴れやかにいった。彼女は旧軽井沢の「つるや」に宿を取り、2人は軽井沢で毎日会った。

あるとき、彼女のほうがK温泉にやってきて、部屋の縁先のせせらぎの淀みに泳ぐ魚を見つけ、「イワナかしら、石の陰にかくれた」と言った。しかし当時の加藤須賀雄はイワナという魚とは無縁だった。知っているのはフナやハヤである。

かみ合わない会話、気まずい空気に耐えられなくて、加藤は彼女を東京へ帰した。

「その人は、来た時の白い服で汽車のデッキから手を振っていった。それが別れだった」

長い夏休みを終えて、加藤が帰京すると、下宿の女主人がホッとしたように言った。

「あら、よく生きて帰ってきたわね」

そして真顔になると、

「A子は捨て身で軽井沢へいったのよ」となじるように言うのだった。

ここで下宿の女主人が「A子」と呼び捨てにしているということは、彼女は下宿屋の娘か近親者だったのだろうか。他人なら、「A子さん」と呼ぶだろう。捨て身の彼女を抱きとめることのできなかった加藤は、自分の意気地なさに心底後悔する。

その日以来、彼にとって軽井沢という地名は禁句になった。

公認会計士への道と毛バリ釣り

その後、加藤はどのような人生をたどるのか。

『新編かげろうの釣り』に収録の「隅田川の白魚《しらうお》」にこうある。

「戦争が終わるとすぐ、戦災で焼野ヶ原だった東京の下町、深川にバラックを建てた」と。そして、「カミさんの実家の土地が深川にあったので」と続けている。終戦前後のあわただしい時期に、なんと結婚して家まで建てたということである。昭和22年、まだ隅田川の水がきれいで、網漁で白魚が獲れていたという。カミさんは、もちろん「A子」ではない。

深川に移ってすぐ、加藤は勤めを辞めて浪人になり、「公認会計士」への道を志す。当時、合格率4〜5%といわれた超難関の国家資格である。毎日机に向かう日々は辛く、加藤は気晴らしと健康のために、丹沢や奥多摩などの渓流釣りへ通うようになる。

そのころ、蝶の採集にも凝っていたので、「女房子供を抱えたいい若い者が、勤めも辞めてぶらぶらしている」と隣近所から奇異の目で見られていた。

ある日、深川の行きつけの釣具屋で峰山雲平という毛バリ釣りの師に出会い、和式毛バリ釣りの面白さを知る。そうして迎えた昭和32年、秋の気配が立つ箱根仙石原の宿に、カミさんから電話がかかってきた。

「あなた大蔵省からはがきがきました」

国家試験合格を知らせるはがきであった。それから3年間のインターンを終え、晴れて公認会計士として独立。やっと生活が安定した。加藤は、仕事で各地の契約会社をめぐり、その先々の川で毛バリを振り、またアユ釣りにも興味を示して、日本友釣同好会に所属。こうして、仕事と釣りの充実した人生が過ぎていった。

加藤が再び、青春の苦い記憶の残る軽井沢へ足を踏み入れたのは、「上信越自動車道が佐久まで開通した年だった」というから、平成5年である。あの日から50年という歳月が流れている。

加藤の関係している会社の釣りクラブの有志から、毛バリ釣りの指導を頼まれて南相木川（千曲川の支流）へ出かけての帰り道、開通したばかりの上信越自動車道を通りたくて佐久インターまできたとき、「なにかに引きよせられている」ごとく、K温泉にやってきたのだった。K温泉はホテルと名を変え、すべてが変わっていたが、渓流のせせらぎだけは昔のままだった。以来、毎年この渓流に通い、イワナを釣って過ごした。

帰る日にはいつも、釣ったイワナを両手で1尾ずつ握って流れに放した。そのときの「（イワナが）手のひらをすりぬける感触を一瞬の別れとして」、魚は流れに消えていった。

その去りゆく魚影を見送りながら、加藤は、あの日の、ガルボハットに白い服のA子が列車のデッキで手を振る、その哀しげな表情を想ったにちがいない、
加藤はここに至ってやっと、あの青春の蹉跌の日々に決着をつけることができたのだった。

加藤須賀雄（1922～没年不明）
東京生まれ。下町の大川端や千葉県木更津など海の近くで育ったが、釣りは幼少期から川釣りを好み、戦後は渓流釣りやアユ釣りの世界へ入っていった。公認会計士としての仕事のかたわら、各地を釣り歩いた。日本渓魚会、日本友釣同好会所属。ほかに、『かげろうの釣り』『新編・かげろうの釣り』（いずれもつり人社発行）の著作あり。

『鮎師』小田淳

1983年、叢文社から発行の『小田淳・釣文学名作選　鮎師』に所収

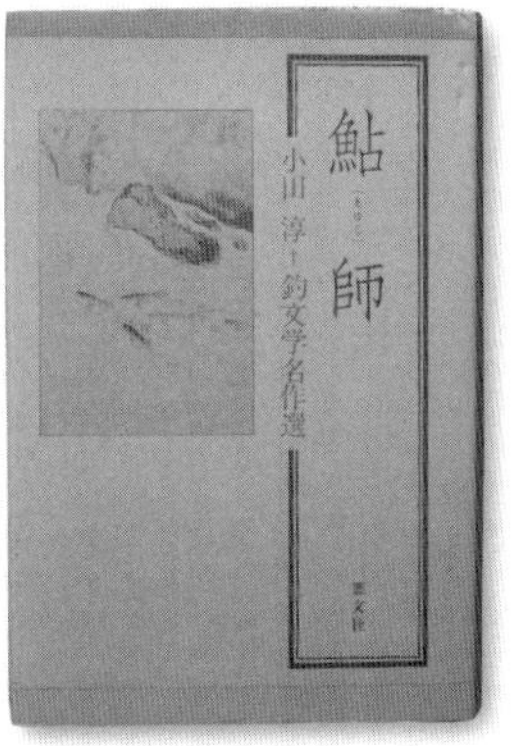

名竿の魔力に引き込まれて半身不随

今回は、昭和5年に神奈川県小田原市に生まれ、釣り文学の礎を築いた作家・小田淳の「鮎師」を取り上げる。著者53歳のころの作である。本書にはほかに、「岩魚」「山女魚」「釣師」が収録されている。

箱根から小田原市の相模湾へ流れ込む早川を舞台に、1本の名竿に魅せられ、アユ釣りの魔力の沼に引き込まれていく釣り人たちの運命をたどる物語。早川は、箱根の山を源流とし、豊臣秀吉が小田原城を攻める際に一夜で城を築いたとされる石垣山の麓を流れている。

ある日のこと、この早川をホームグラウンドにする腕利きぞろいの友釣りクラブ「天狗会」

を率いる大場総太郎会長の元へ1本の竹ザオが届いた。大場は元大工の棟梁で、今は息子に跡目を譲っていて、釣り三昧の身分。

「七本継ぎ、長さ三間半、元竿のにぎりの太さといい鮎釣りの心得がある者なら一見して友竿であることは、誰でも判断出来る割合い細身の軽い釣竿であった」

送り主は紀州橋本の画家。数年前に早川に釣りにきて、日射病で東海道線のガード下に倒れていたのを大場が救《たす》け、家で2日ばかり面倒を見たのだが、そのお礼だという。この竹ザオは一代で名を成した伝説の竿師「竿幽」の作で、「もうこれ以上の竿は生涯作り出せまい」という渾身作を仕上げたところで命脈が尽き、そして遺されたのがこの1本だった。

竿幽と親交のあった画家はこれを遺族から譲り受けたが、これほどの名竿は自分にはもったいないと、命の恩人であり、しかも並々ならぬ釣りの腕を持つ名手にこそふさわしいと、大場のもとへ送ってよこしたのである。

大場がサオを振ったり、曲げたりして調子を見ていると、同じ天狗会の細川常次郎がやってきて、恨めしそうな眼付きでサオに見入るのだった。細川は建具屋で、大場に誘われて友釣りを始め、腕を上げていた。

「一度使わせてくださいよ」という細川に、「ああ、いいとも」と応じるが、しかし大場にその気はまったくない。「これほどの名竿を誰れにも貸したくなかった」というのが本音なのだ。

「竿先が引かれたり緩んだり動揺しはじめたなと思うと、

『ぐっぐっ』

と穂先が引き込まれていく。

直後に、精力的な引きがはじまり、竿先きが弧を画く。釣竿は鮎を離すまいと、鮎が動く方向を示し、確実について行く。引きの強さに対する不安はいささかもない。当初手にした瞬間から、予想していたとおりの名竿であった」

たちまちこのサオの魔力に取り憑かれた大場は、三日にあげず川へ通うようになった。雨の日でも、構わずサオを持ち出す。

「総さん、やめた方がいいよ」という釣友たちの声も、「また行くんですか」という妻照子の声も、背中に聞き流して川の中へ立ち込むのだった。周囲は、大場がサオに魂を奪われているのではないかといぶかった。体調がすぐれなくても、このサオを持っているだけで60過ぎの老体に活気が湧いてきた。しかしその気持ちとは裏腹に、連日の川通いで大場の体は芯のほうから悲鳴を上げていた。

雨が続いた後のカンカン照りの日、大場は増水の後の引き水という最高の水況を前に、勇んでハナカンをオトリに通そうとかがみこんだ。その瞬間、「不意に意識を失い、崩れるように流れへとのめり込んでいった」

釣友が見つけて病院に担ぎ込まれた。脳溢血だった。幸い、命はとりとめたが半身不随の生活を余儀なくされることになった。

釣りに狂って仕事も家庭も崩壊寸前

最初に見舞いに訪れた細川常次郎は、寝たきりの大場の枕元で、「釣竿は使わないなら使わしてくれないかなあ」と懇願する。

大場は、このサオの危険な魔力に薄々気がついていたが、しかし最早、細川の申し出を断る理由はなかった。

目的のサオを手にした細川は、建具屋の仕事を何とかこなしながら、暇さえあれば竿幽を持って連日の川通い。

「また行くのかい?」、「釣りをしてなんの足しになるというんだね」という妻の達子の声を耳から振り払い、細川は裏口から飛び出して行くのだった。

このサオを持って川に立つと、仕事や家庭や人生の悩みはスーッと消えていった。川底の石に当たるオモリの動き、オトリの泳ぎも手に取るようにわかる。「この釣竿さえあれば、本格的に釣りの道を究めることが可能である」とさえ思えるようになった。大場以上の惚れ込みようである。

細川ははじめこそ建具の仕事にも力を注ぎ、懸命に釣りとの両立をはかっていた。その日課は、日が出る前に起きてまず一仕事終え、その後に川へ行く。昼に一度帰って簡単に昼飯をすませて残りの仕事にかかり、3時過ぎに再度川へ。そして、日暮れとともに帰宅し、夕飯を終えて10時過ぎまでまた仕事。

しかし、この規則正しい生活もいつの間にか、釣り一辺倒になっていく。この名竿でアユを釣り上げる快感は、時の経つのを忘れさせ、酔わせるのだった。やがて、仕事が滞り、あちこちから催促がくる。それでも構わず釣りにでる亭主に、妻の達子の堪忍袋の緒が切れる。

コンロでアユを焼いていた細川がふと見ると、立てかけていたサオがない!

外へでて見ると、達子がサオにナタを振り下ろそうとしているところだった。細川はとびかかって止める。

「釣り気狂いが……」

達子はそういって、すすり泣くのだった。

水神下の大アユと魔竿の対決！

「常さんいるかい？」

天狗会のメンバーである塗師の松井太一が、風邪で寝込んでいる細川を訪ねてきた。松井も、密かに竿幽をねらっていて、「あれが噂の竿幽かい？」と巧みに切りだし、「一寸見せてもらっていいかい？」と下心を垣間見せ、「一度使わしてくれないかな」と持ちかける。床に臥している細川に首を振る気力はなかった。

竿幽の釣りザオを使ってみて、松井太一は驚いた。淵の大アユが次々と釣れてきて、またたく間に借用期限が過ぎた。しかし義理堅い松井は、約束の日はオーバーしたが、サオは細川に丁重に返したのだった。

ところが、いまだに寝たり起きたりの細川のもとへ、今度は〝崖下の赤井さん〟こと、隠居の赤井次郎がサオを借りにきた。お人好しの爺さんまでこのサオに……。しかし、細川はすでに釣りの気力が失せていたので気軽に手渡したのだった。

赤井は、長年胴調子のサオになれているが、竿幽の釣りザオはオトリの動きが敏感に手元に伝わる先調子。しかも、伝説の竿師が念入りに仕上げただけあって、オトリの泳ぎは何ともいえずスムーズ。サオの操作のままに泳いでくれるので、釣っているうちに心を打たれてきた。オトリはスムーズに泳ぐが野アユが掛からない。オトリの泳ぎを追うように、どんどん上流へと移動し、ついに「大アユが棲む」という〝水神下〟の一本瀬の激流までやってきた。

その白波の中へオトリを巧みに潜り込ませて、アタリをじっと待つ。そのときだ。

「おっー」

待ちに待ったアタリに、赤井はサオを立てた。最初は小さな引きだったが、突然激しい動きが伝わってきた。

「がっ、がっ」

そいつは激流を戦車のごとく上り始めた。ウグイの大物か、それともニジマスか？ ウグイやニジマスの引きは最初の一撃だけだが、アユはタモに入れるまで抵抗し続ける強さと粘りがあることを知っている赤井は、「鮎に間違いない」、しかも水神下に棲むという大アユだと確信。オトリを背負って激流を上り、そして一転、身をひるがえして駆け下るこの大アユに対して、竿幽の釣りザオは絶妙なしなりと張りで巧みに対応。やがて、大アユは淵へと落ちた。こうなれば、もう釣ったも同然だ。

赤井次郎は、一緒に戦ってくれた「竿幽」に感謝しつつ、取り込む場所の石へひょいと跳び移った。そのとき――。

名竿の魔力に運命を狂わされた釣り人たちの悲劇の連鎖。その結末はいかに？

ほぼ釣り小説ひとすじに作家の道を歩んできた小田淳は、今年92歳。小田原の早川に居を構え、すでにサオは納めているが、筆を持つ手は健在である。

小田 淳（1930〜）

神奈川県小田原市生まれ。本名杉本茂雄。同じ神奈川県生まれの歴史小説家榊山潤（明治33年〜昭和55年）に師事。ほかに、『妖し釣』『江戸釣術秘伝』『鮎』『清流』『一竿釣談』『影釣り』『茫々莫々の日々』など釣りにまつわる小説、随筆など数多く著している。

『按鯤譚 釣魚千一夜』

矢代痩魚

1985年6月、つり人社より発行

大アカエイを越中フンドシで生け捕る

タイトルの『按鯤譚』とは、いかなる意味なるや。段ボール箱に眠る所蔵本の中から、『漢語林』（昭和62年、大修館より発行）なる分厚い字典を探しあて、調べてみた。

「按」は「おさえる」「もむ」などの意。「鯤」とは、中国戦国時代の思想家・荘子のいうところの「北海に住むという、想像上の大魚の名」で、その大なること幾千里を超えるという。つまり「按鯤」とは「鯤」をおさえこむこと、すなわち「だれも釣ったことのない巨大なる魚をわが手に得たり！」というような解釈でよかろうか。さて、いかなる気宇壮大・珍談奇談が飛びだすか、興味津々である。

なお著者は、明治45年に千葉県勝浦市に生まれ、早大機械科水力実験室に学ぶ。戦後大病に罹り、退院後は勝浦市で黒汐の宿「臨海荘」を経営しながら漁業史や捕鯨文化史の研究で各地を取材行脚。また、著名釣り人や文化人との交流も活発だった。本名は矢代嘉春で、妻イツさんの「あとがき」によれば、病弱、痩躯だったことからペンネームを「痩魚《そうぎょ》」としたとのこと。

最初の章「海妖譚《かいようたん》」は、海の幽霊話から越中（フンドシ）で巨大なアカエイを生け捕った話に移る。港の老漁師の懐古譚である。

ある日、海底十五尋を懐中電灯で照らしていると、大アカエイの槍のように長い尻尾を発見。そっと近寄ると、

「目が爛々《らんらん》と輝き、鼻の孔がピクピク砂を吹いている。全身砂をかぶって定かではないが、背のあたりがコンモリとまず三畳敷はあろうかという怪物」だ。

「よしッ生け捕ってやろう」

一度船に戻り、特大モリに頑丈な尻手縄《しってなわ》をしっかり結び、再び海中へ。ねらいをはずすと、「さかとげの毒槍」がブスリとくる。命がけである。

「全力をこめて目と目の間に（モリを）突っ込んだ。力余って体が五尺も浮く。トタンに毒槍ビュンとうなって樫棒へキリキリと巻きついた」

「してやったか」

再び浮き上がって、次の準備に入る。モリで突いた後の取り込みが大仕事なのだ。「十馬力ほどのチャチな潜水船」で、「差渡し六尺はあろうという怪物だから容易じゃない」のだ。

苦闘の末、やっと船端まで引き寄せるが、手負いの怪物は尻尾の毒槍を振り回して破れかぶ

れの抵抗。そこで古老はとっさに秘策を思いつく。股間の越中フンドシをズルズルと引きずりだし、舟をあやつる棒である水棹《みさお》の先にくくり付けたのだ。

すると、いたずら好きの痩魚先生が古老の話に横槍を入れる。

「あれ（越中フンドシ）は棹を包むものとは知っちょるが、棹の先へくくりつけるものとは知らなんだ」と。男の一物も水棹も、サオで通じる。

こんなダジャレに構わず古老は話を続ける。その秘策とは、水棹の先にくくったフンドシを大アカエイの尻尾にあてがうことだった。すると、「ブンブン振り回している」尻尾に、長いフンドシが「キリキリと巻きつき、もうはずれっこない」というわけだ。

毒針さえ抑えれば、「あとはたやすく船ばたへ引き寄せ、大包丁でバサリ」とたたき切って、一丁上がり〜！　ちなみにこの化け物は、肥料として当時20円で売れたそう。現代に換算すれば10万円程度か。

気宇壮大なる？性談愚談

次の「艶海集《えんかいしゅう》」の章は、魚関連の艶笑譚だ。

痩魚先生によれば、「魚——という言葉は、フランスではセイなる地帯を意味し、ブラジルでもご婦人の前でベーシー（魚）という言葉は禁物」で、「マドモアゼルの前で、うかつにおサカナをご馳走してください。なんてやろうものなら、大変なことになる」——なんて話から、エビの秘め事へと興味が移る。

「私は昔から蝦《えび》はどう相営むんだろうと随分心配したもんだ」

どうやら、子どものころからエビはいかにしてSEXをやりとげるのだろうかと疑問を抱いていたようである。

「なんたって、あの格好だ。背中へおんぶしても体がねじれないからどうにもならない。と言ってトンボの様につながるわけには行かないやネ、構造上——。ちょっと想像つかぬじゃないか」と頭の中は？？？でいっぱい。

大きくなってさまざまな文献に当たり、ついに突き止めた。

エビの生態研究の第一人者であり、クルマエビ養殖の開拓者といわれる藤永元作博士の論文に書かれていたのだ。それを要約するとこうである。

「始め雌がすーッと砂の上を這って行く。それを雄が追っかけてつかまえる。そして背中にのる。雌はつかまるとスルスルと甲羅をぬぐ。脱ぎ終わると雄は、雌を抱きかかえ横になって泳ぎながら交尾する。（中略）。雄はペニスのような突起があって、その根本に睾丸が二つあり精子充満——。ペニスを挿入すると睾丸まですっかり入れて置いてきてしまう（置いてくるンですぞ）」

メスが甲羅（着物）を脱いで、全裸になって行為に及ぶというのは、いかにも人間的である。しかして、痩魚先生はいう。

「藤永先生は何日も徹夜でとうとう蝦のベッドシーン（ママ）を見極めたんだから、ノゾキのほうも開拓者だ」と。そして「その後、私は馬鹿に藤永さんが好きになった」で終わる。

次は「蟹」だが、こっちはメスのカニが甲羅を抜く（脱ぐ）のをオスがハサミではさんで脱がすのを手伝うという。女性（メス）が脱ぎ終わるまで待てないのだ。そして、「脱皮完了するやなんと、人間と同じで、腹と腹を合わせた座位でいたし始めたではないか」

そのときのカニは、「泡を吹いて真っ最中」だったというからリアルだ。

そうして「イシナギ種々相」の章では、NHKが釣りの大好きな歌手アイ・ジョージを起用して3日間の釣りロケを敢行した「壮大なる愚行――奄美の大アラ釣り」の顚末が面白い。ウキは「ドラム缶六本を土台にした三角やぐら。それにウィンチ用のワイヤをしばりつけ、餌の鰹をぶら下げる。釣りバリはカボチャ程もある特注のイシダイ型十六本を用意」という超特大仕掛けで大アラ釣りに挑んだ。

しかし3日間、応答なし！

結局、釣果はアイ・ジョージが短ザオで釣った「（たばこの）ピースの小箱程のイシダイ」1尾のみ。

遊蕩釣人、蘭童と垢石

ふざけているようでいて、瘦魚先生はいたって生真面目である。「蘭童と垢石」の章を開いてみよう。

先著で取りあげた福田蘭童（1905〜1976）と佐藤垢石（1888〜1956）という遊蕩釣人の双璧たる2人を比較研究しているのだ。

福田蘭童は何度か勝浦を訪れて瘦魚の宿に泊まって釣りをしていた。瘦魚の見た蘭童の釣りとは？　晩年の大ダイ釣りでのようすを次のように回想している。

「彼は決して船に強い人ではない。ほんの少しの揺れで顔色が変わり、逃げ腰になる。外房の大鯛は、もっとも海の荒れる十一月から一月中旬がシーズンである。（中略）船には弱いが、それでも蘭童さんは頑張り続ける。一番揺れの少ない面舵《おもかじ》どものカイシング（へり）にもたれ、鉢巻をして、船酔いと闘いながら釣り糸を垂れる。ドスン、ドスンと、みよしが二メートルもはねあげられても船室に入ろうとしない。出るものがなくなり、黄色い胆汁を吐きながらも頑張る。こうした荒れのなかで、大物があがることもよく知っていた。事実、苦闘の末何度も功名に値する釣りをした」

ベタほめである。またあるとき、巨大イシナギと格闘する姿を見て、ある発見をする。

「あの陰影の深い面立ちにかげりがさし、放心したような一瞬がある。遊びの哲学者の持つ孤独と憂愁――私はここまで書いてきて、同じ遊蕩児の佐藤垢石さんの蘭童さんとは、全く逆な荒唐無頼の人間行脚を思い出した。垢石の自棄的な行動も蘭童さんの憂うつも、同じ様な強い強烈な個性を持つ者のみのむなしさではなかっただろうか」

魚だけではなく、人間探求の深さがうかがえる一節だ。

「垢石と蘭童――酒と釣りに様々なエピソードを残し、にぎやかに酒間に死んで行った二人ではあるが、その行き方は両極端であった。垢石は徹底した飲んだくれであったが、遊び人ではなかった。蘭童は徹底した遊び人ではあるが、飲んだくれではなかった」

そして念を押すような、痩魚先生の慧眼が光る。

「垢石は仲間に持て余されつつ死んで行ったが、蘭童は仲間にも家人にも愛されつつ死んで行った」

ともに放蕩流転の人生だったが、釣りに対しては真摯に取り組んだ2人であった。

矢代痩魚（1912〜1983）

千葉県勝浦市生まれ。早稲田大学機械科水力実験室に学ぶ。昭和18年、㈶三誓漁民会を設立。このころから、漁業史や民俗学の研究を始める。終戦直後に結核にかかり、加療に8年を要す。これをきっかけに日本各地の沿岸を訪ね、資料収集や取材を精力的に行ない、黒汐資料館の設立、また黒汐の宿「臨海荘」を経営。『黒汐反流奇譚』などの著書があり、『日本捕鯨文化史』の執筆をライフワークとした。

『パブロフの鱒』ポール・クイネット

2001年2月、角川書店から発行（森田義信＝訳）

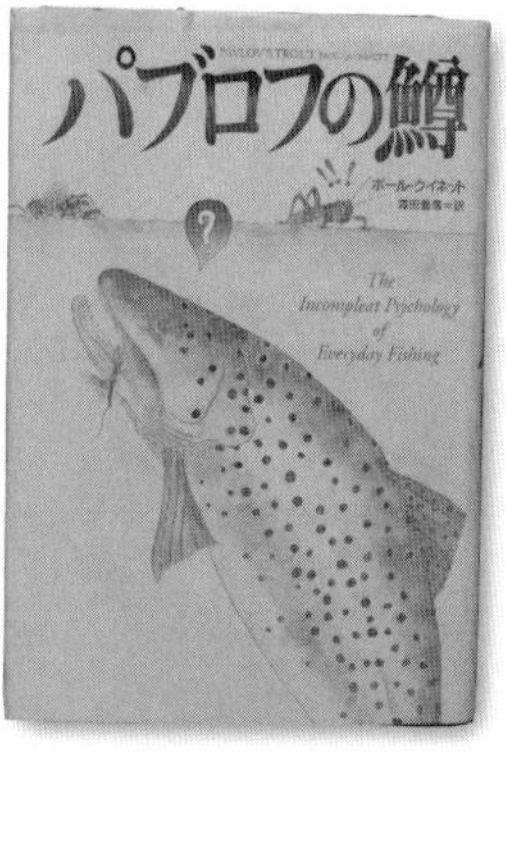

〝パブロフの鱒〟は釣魚に適さない

釣りの物語でも釣りの紀行集でもなく、また釣りのハウツー本でもない。アメリカの釣り好き臨床心理学者が、悩み多き釣り人たちのために書いた生態心理学的な釣りエッセイである。

タイトルはもちろん、ノーベル賞学者イワン・パブロフの「パブロフの犬」に由来する。犬にエサを与えるたびにベルを鳴らしていると、いつしかベルを鳴らしただけで犬はヨダレを流すようになるという理論だ。パブロフはこの条件反射の発見でノーベル賞を受賞した。

マスもこのように、ある種のフライ（毛バリ）を見ただけで食らいついてくれればどんなにかラクであろうか。しかしそんな「パブロフのマス」は釣魚としては失格である。なぜなら、釣れすぎてすぐに飽きられ、見向きもされなくなるだろうから。

つまり、逆に考えれば、釣りは魚が釣れないから楽しいのである。釣れすぎは楽しくないのである。釣り人はそのことに気づくこともなく、また気づこうともしないで、嬉々として「今日こそ、たくさん釣ってやるぞ！」などと喜び勇んで家を飛びだして行く。釣り人とは、このように楽観的で、矛盾に満ちた、魔訶不思議な人種なのであるということを、正常な釣り人である我々はまず認識しなければならない。

魚の野生が、人間の野性をかきたてる

もちろん、魚が釣れることだけが釣りの楽しみではないことを、釣り人は充分に知っている。「釣りを夢見ること。ロッドを作ること。フライを結ぶこと。キャンピング。景色。孤独。友情。自然への愛。伝統。リラックス。心の特効薬」

これらは、すべて釣りを楽しくしてくれる要素ではある。しかし、釣りの真髄というものはここにはない。釣りの真の喜びは、「生き物をつかまえるスリルなのではないだろうか」とこの高名な臨床心理学者はおっしゃる。

「フッキングされたばかりの魚が自由を求めて行なうファイトが、我々の捕食者としての心をかきたてさせてくれる」のだと言い、さらに次のように続ける。

「フッキングしたばかりの魚の狂ったような走りを初めて見て、喜びのあまり、子供が金切り声をあげたり、女性が悲鳴をあげたり、男性が蛮声をあげたりするのを聞いたことがある。

（中略）まさにその一瞬だけ、突然、見えてくるものがある。荒々しく、放埓《ほうらつ》な人間の野生

（原文ママ）」だ。

そうなのだ。魚が釣れた瞬間、我々は「発達しすぎた文明の束縛から解放されたような気分に」なり、捕食動物としての野性をとり戻し、「純粋かつ整然とした喜び」に全身が震え、感動に包み込まれる。ここにこそ、釣りの本質がある。

釣りは、人類誕生の昔から、魂の奥深くに埋火《うずみび》のごとく息を潜ませて続けている野性にアクセスできるもっとも手っ取り早い方法なのである。

「（三千世紀にもわたって）あちこちさまよいながら釣りをしていた人間の生活は、一万二千年ほど前に終わりを告げた」。そして、「竿や網やタモが最初の鍬と交換され、すべてが変わった」。狩猟生活から農耕生活へ変わったのだ。

農業革命の次に、産業革命がやってきて、いまはＩＴ革命か。社会は変わったが、「人間の肉体や心理に、釣りというものが深く刷り込まれているのだとしたら、それを変えることなんてできるのだろうか。もし変えられたとしても、劇的な変化へ適応するときにつきもののストレスが、なんらかの形で表れたりしないのだろうか」

現代の釣りは、文明の病というストレス解消の手段に一役買うことで、細々と生き延びているように見える。しかし、釣りの根本は、食うか食われるかの野生の本能の激突にある。どんなに社会が変わろうと、その根本を喪失しては、どんなに楽しい釣りも本末転倒であろう。

嘘のつけない釣り人は、釣果が少ない

「なぜフィッシャーマンは嘘をつくか」という命題に対する心理学者の考察が面白い。

この問題を説明する前に、まずエド・ザーンという人物の次のような名言（迷言？）が紹介されている。

「フィッシャーマンとは正直者に生まれつき、それを克服した人々だ」

生まれつきの嘘つきを克服して正直者になるというならわかるが、その逆は納得できかねる。まるで、嘘つきにならなければ、釣り人（フィッシャーマン）になれないかのごとくに聞こえるではないか。多くの釣り人は憤慨するだろう。

しかし釣り好き心理学者は、それを否定するどころかきっぱりと断言する。

「フィッシャーマンは生まれついての嘘つきだ」と。

なぜなのか？　そのウソつきに至る回路をたどってみよう。

たとえばスチールヘッドだが、この魚を爆釣したといっても、10尾も20尾も連続的に釣れるわけではない。

「平均的に見て七時間から十時間に一匹。釣れないとなると、二十五時間か三十時間に一匹という計算になる。最盛期に一日じゅうがんばって釣ったところで、一匹のスティールヘッドもかからないことだってあるわけだ」

ここで質問。

「一見正常に見えるアングラーが、一匹の魚も釣れないかもしれないのに、百マイルもドライブして氷のように冷たい川に一日じゅう立ちつくし、三千回もキャストするのはなぜか」

さあ、なぜなのか。確かにこれらは、われわれ釣り人が自分自身に対してときどき感じる謎の1つである。プロの心理学者が、この謎に答えてくれている。

「彼が自分自身に嘘をついているからだ」

その嘘とは、「他人には釣れなくても、きょうの俺様には必ず釣れる!」「俺には取って置きの毛バリがある」「秘蔵ポイントを知っている」「朝はダメでも夕方には釣れる。それでもダメなら明日がある」といった他愛のないものである。しかし、現実には1回のアタリ、1尾の魚も釣れないので、また次に性懲りもなく同じような嘘をついて、自信満々で釣りに行き、冷たい川に一日じゅう立ちつくすことになる。それでも釣り人は、また同じ嘘をついて釣りに行く。

釣り人という人種は、嘘をつかなければ釣りに行くことができないのだ。この自己欺瞞ともいえる嘘のことを、「心理学者は『自己啓発』と呼ぶ。頭のなかで自分を叱咤激励するわけだ」。しかしその「叱咤激励の言葉が他人の耳に入ると、単なる大法螺《おおぼら》になってしまう」というわけである。自分に大法螺をついている限りは、それは法螺ではなく自己啓発として認められるのである。

こういうわけで、法螺吹きは釣り人の特権なのである。いかに現実に打ちひしがれようと、「明日はきっといいことがある!」と自分に嘘をつくことで釣り人はまた釣りに行く意欲をかきたてることができる。

そのように考えると、今日という現実がどんなに悲惨であっても、「明日こそ釣れる！」という楽天思考こそ、釣り人の嘘の正体といえよう。であるからして、自分に嘘をつけない釣り人は、とうの昔に釣りの世界に見切りをつけて、その不毛な世界から足を洗っているはずである。

ダメ押しは次の言葉だ。

「フィッシャーマンは、自分たちに嘘をつくことによってのみ存在できる。そうでなければ、あんなに異常な行動の説明がつかない」

統計的に見て、嘘がつけない釣り人は釣果も少ないのだそうである。その意味では、釣りの名手は大嘘つきであるといえるが、プロの心理学者はそうはいわない。それどころか、「(釣りの名手は) 自己啓発に成功した人」と称賛してやまないのである。

最後に森田義信氏の「訳者あとがき」から、この本の魅力を。

「『なぜ我々は釣りをするのか』という大きな命題。クイネットは人間の心理や歴史をひもときながら、様々なヒントを与えてくれる。そんなヒントを読んでいくうちに、『なぜ釣りをするのか』という命題はいつしか『我々はどんな存在なのか』という、さらに大きな命題へと吸いこまれていく。クイネットは釣りという楽しみを語りながら、その向こうにいつも『人間』という存在の謎を見すえている」

そうなのだ、この本は「釣り人の謎」を研究することで「人間の謎」にせまるという壮大な哲学書なのである。

ポール・クイネット（誕生・没年不明）

米国ワシントン医科大学で教鞭をとる臨床心理学者。「専門は自殺とその回避」。エッセイストとしても各種雑誌のコラムなどで活躍し、講演会などで飛びまわっている。同時に無類の釣り好きで、「片足をカウンセリング・オフィス、もう片方の足をトラウトの渓流に入れて」人生を歩んできたと前書きに本人が記している。

『舟に棲む』

つげ忠男

釣り専門月刊漫画誌「COMIC釣りつり」
1996年8月号～2000年3月号に連載。
2000年8月、ワイズ出版から第1、第2巻同時発行

お握り弁当を持ってヘラブナ釣り

作者のつげ忠男は、『ねじ式』で知られる漫画家つげ義春の4つ違いの弟である。中卒後、採血会社に入り、誰のものとも知れない血がこびりついた使用済みの注射器具などを洗浄しながら、当時は貸本漫画を描いていた兄の作画を手伝っていた。

やがて昭和39年、忠男23歳のときに伝説の漫画雑誌「ガロ」が創刊される。

「ガロ」は白土三平、水木しげるの2枚看板に、滝田ゆう、永島慎二、それに兄のつげ義春らも加わり、それまでの商業主義的な漫画にはない独創的で斬新な表現が戦後世代の心をとらえ、

新しい漫画ブームの草分けになった。

　こんな時代の空気に感化されたか、あるいは採血会社の劣悪な仕事環境から脱出するにはこの道しかないと思ったか、つげ忠男は兄に続いて自らも漫画家の道を志す。

　やがて昭和43年、『丘の上でヴィンセント・ヴァン・ゴッホは』で念願の「ガロ」誌上にデビュー。時あたかも東大・日大紛争、成田空港阻止・三里塚闘争など学生運動の真っ只中で、映画『俺たちに明日はない』がヒットし、吉本隆明の『共同幻想論』が読まれていた。「ガロ」の漫画家たちは、こんな時代をまさに孤立を恐れず、それぞれが誌上で独立独歩していたのだ。

　つげ忠男は、『無頼平野』など戦後の焼け跡にうごめく無頼漢や与太者、娼婦など体ばかりか心にも深い傷を負ったはぐれ者たちの刹那的な人生に焦点を当てた異色作を次々に発表。気鋭の漫画家として注目されるが、1960年代の狂騒の時代の終焉とともにいつしか発表の場を失っていく。

　そんな1970年前後、彼はヘラブナ釣りに出合う。

　当時の釣り日記風の画文集『釣り愉し、弁当旨し』によれば、仕事がなくてヒマなので、梅干の握りメシ弁当とサオを持ち、毎日のように「パタコン、パタコン」と自転車をこいで釣りにでかけていた。真剣に釣るというよりも、釣行の楽しみの半分は昼の弁当にあったと自嘲気味に書いている。

　釣りにうつつを抜かしていると、一家4人の家計はたちまちひっ迫。たまらず金物屋に働きにでるが、夫の才能が埋もれるのを怖れた妻は、ジーンズショップを開き、彼を漫画描きに専念させようとする。ところが店が順調で家計上の問題がなくなると、髪結いの亭主ならぬ〝G

パン屋の亭主〟は、漫画そっちのけで釣りにはまっていく。釣りの舞台も、田園風景の中のホソや河川敷の溜まり、川の支流から、鬼怒川や利根川本流という大場所へと移っていく。

8万円で川舟を手に入れる

画と文章で、釣り日記風に構成された『舟に棲む』は、水量豊かな利根川本流でヘラブナを釣る主人公が、廃業した川漁師のボロ舟を8万円で手に入れるところから始まる。

主人公の津田健太は売れない小説家の設定だが、つげ忠男の心象風景そのままの分身と考えていいだろう。

ボロ舟を手に入れた津田は、舟を屋形舟さながらに寝食ができるように改造し、利根川本流へと漕ぎ出る。そして「こういうワンドには陸からでは絶対来られないな」という絶好ポイントで、いきなり38㎝を釣り、40㎝クラスに逃げられるも、「2時間で合計7枚、うち尺上3枚」と上機嫌。

頃合いを見てメシにするが、ホーロー製のしゃれたケトルで湯を沸かしてコーヒーを淹れ、頬張るのは〝握りメシ〟ではなくサンドイッチである。テントの裾をめくり上げれば、利根川本流がゆったり流れ、青空に白い雲。津田は食べかけのサンドイッチを手に、「こんなの買わずに、今度はメシでも炊いてみようか」と思うのだった。

月に1回は長編小説の執筆のためと称して、舟で2泊3日程度の〝ボッチ暮らし〟を敢行。相変わらず小説はダメだが、釣りは順調である。

舟釣り暮らしでは、さまざまな〝お客さん〟と出遭う。おしゃべりする溺死体、葦とススキの河原を棲家とする孤高の黒猫・コタロウ、河川敷の高台にバラックを建てて住み込む風変わりな漂泊者北斎と写楽の2人組、河原の建築廃材を加工して展示する漫画家崩れ、はたまた休憩料30分5000円を支払って、津田の舟をラブホ代わりに利用するアベックまで出現。

津田は、舟をアベックにレンタルしていて思う。「小説書いてるより（割が）いいな」、「これを商売にしたら刺激的で受けるかもしれんなぁ」などと妄想をさらにふくらませ、〝舟ラブホ〟の全国チェーンを展開して「この世界の帝王となる」という夢まで思い描くが、「アホ、アホ」と鳴くカラスの声で我に返る。

〝お客さん〟はだれもが一癖も二癖もあり、現実離れしているが異様な存在感があり、得体の知れない魅力がある。彼らは、いつしか風のようにいなくなってしまうのだった。

家では妻が、「小説のほうはうまくいってるの？」と心配顔。釣りに呆《ほう》けている亭主は「ああ、あれね」とドギマギしながら、「今、構想を練ってるところ」などと誤魔化す。

こんな感じで第1巻は終了。

夢の巨ベラを求めて！

第2巻は、なじみの利根川の川漁師に、「知り合いのジイさまがオレだけにコッソリ教えてくれた」という、60㎝の巨ベラのいるポイントに案内されるところから始まる。

そのポイントは鬼怒川が利根川に合流する場所にあり、「深えぞ、（水深）三メートル近く」

行けない。
のワンドで、「地元の者だってあまり知らねえ」、「まさに穴場」である。もちろん、舟でしか
まずは小手調べとばかりに、丈六（4・8m）のサオに、「仕掛けは一号オモリの外通し」、
「エサは〝いもグル〟と〝アルファ21〟のブレンドを少しやわらか目」で釣り始める。しかし、
釣れるのはワタカ、ニゴイ、ヤマベの外道ばかり。やはりガセネタかと思い始めたそのとき、
ウキが小さく横ユレし、次に縦ユレ。無意識に合わせると、猛烈な引き込み！
ミチイト1・5号、ハリス上下とも0・6号。これで本流の剛力ヘラと渡り合えるのか？
右へ左へ、底へ底へと縦横無尽にイトは走り、サオは満月。膝立ちになって懸命にタメる。
水面が盛り上がり、姿を拝めるかというところまできて、0・6号のハリスがプッツンで万事
休す。上バリに大きなウロコが1枚残っていた。
以来、津田は60㎝の巨ベラ釣りの夢を追うようになる。
「♪おさけはぬるめのカンがいい〜　サカナはあぶったイカでいい〜」
鼻歌を歌いながら、ジーパン屋の店内で巨ベラ用の仕掛けの研究に余念がない津田。これに
妻はカチンときて、「そういうのは裏でやって」、「書く方の仕事を休み始めてからのお父さん
て、なんだかダラシナイ感じ」と不満をこぼす。これが発端で、いつもの夫婦喧嘩が始まるが、
息子のとりなしで一件落着。
そんなある日、体調を崩した津田が医者へ行くと、「C型肝炎」の疑いをかけられる。思い
当たる過去があった。中学を卒業して血液銀行で働いていたときだ。採血済みの注射針を洗浄
中、何度か針が手に刺さったことがある。それでウイルスに感染していたのだと絶望感に打ち

ひしがれる。顔はゲッソリ、死の影に脅えて釣りどころではない。

結局、1カ月近く家で寝込んでいたが、入院して点滴を受けるとケロっと回復。どうやらC型肝炎ではなく、釣り過ぎによる夏バテだったようである。

そうとわかれば、元気回復。秋の終わりののどかな日、釣り仲間のトメさんたちと巨ベラポイントへ出向く。すると、トメさんの仕掛けにアタリ。格闘の末、そいつが姿を現わした。デカイ、バケモノだ！　トメさんは慎重にやり取りする。しかし敵もさるもの、潜行すると見せて一気に浮上し、イトが緩んだ瞬間にハリを外して逃げてしまう。

確かに巨ベラはいた！　津田はますます夢の60㎝に意欲を燃やすのだった……。

つげ忠男（1941〜）
東京都・伊豆大島に生まれ、幼少期は東京下町の立石で育つ。父を早くに亡くし、極貧生活だった。中卒後に採血会社に就職。兄義春の影響で漫画家となり、戦後混乱期の殺伐とした時代を刹那的に生きるアウトローやはぐれ者たちのアナーキーな生き様を描いて注目を集める。漫画家のかたわら、千葉県の流山市でジーンズショップ経営。趣味はヘラブナ釣り。著書はほかに『つげ忠男作品集』『無頼平野』『釣り愉し、弁当旨し』『河童の居る川』など。

『釣心四季』水原秋櫻子

水原春郎編／平成元年10月1日に、つり人社より発行

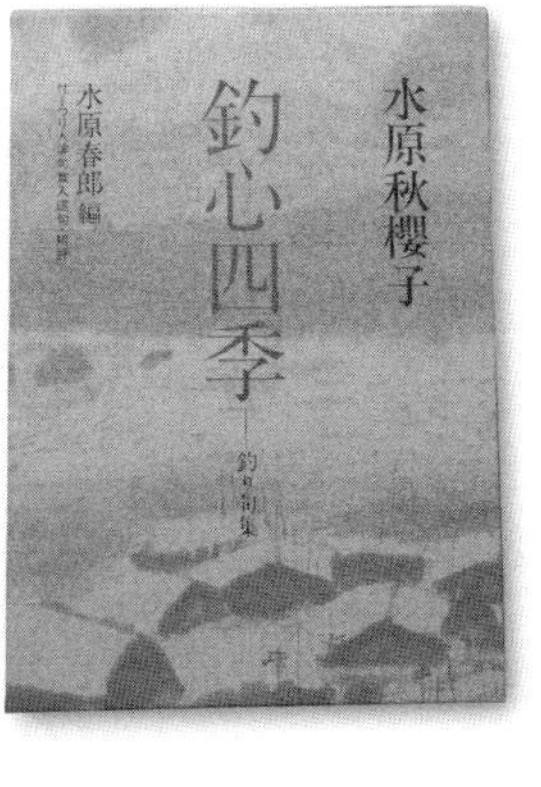

神田川で釣りを覚える

大正～昭和を代表する俳人の1人であり、釣りにも親しんだ水原秋櫻子の釣り俳句と随想集。父と同じく医者・俳人の道を歩んだ長男の春郎《はるお》氏が、父の死後に編纂したものである。

春郎氏は本書の「父と釣り―あとがきにかえて―」で、次のように書いている。

「父との釣りの思い出はただ一回のみである。私が小学生の頃、たしか多摩川の六郷の辺りではなかったかと思う。鯊《はぜ》釣りだったから秋であろう。とにかくよく釣れたのには驚いた。竿を入れればすぐに当たりがくる。子どものことだし、しかも初めてのこと、技倆などあるはずはない。しかし上げれば必ず掛かってくるのだから笑いがとまらない。ただ、父だけは笑う暇も

なかった。私の鈎先《はり》に餌をつけてくれることで大忙し。自分の竿を垂らしている暇もなかったと思う。釣れた鯊は船頭さんが料理し、天ぷらにしてたべた。

その後、釣りのお伴の口がかからなかったのは、そのときよほど懲りたにちがいない」

このたった1回の釣りの情景で、水原秋櫻子がいかに釣り好きだったかがわかる。せっかく、親子でサオを並べたのに、息子のエサ付け作業に振り回されてほとんど釣りができなかった。その帰り道、息子は大はしゃぎ、父親は腹の底で苦虫をかみつぶすとまではいかないが、不本意であったことは確かだろう。

家族サービスか、釣りか――これは釣り好き父さんの永遠の悩みの種である。

秋櫻子は東京・神田猿楽町生まれ。現在でいえばJR御茶ノ水駅と水道橋の中間あたりで、近くを神田川が流れている。本書の「最初の釣り場」によれば、この神田川を少しさかのぼった現在の飯田橋駅あたりの「揚げ場で私は釣りをおぼえた」とある。「小学校の高等科の頃」というから、10歳過ぎころだろう。揚げ場は水運の荷揚げ場所のことで、岸から四、五間（7～9m）のところに陸揚げ前の材木の筏が浮かんでいた。

「この筏の下で蝦《えび》が釣れた」のである。

釣りで蝦といえば、テナガエビ。道具は手軽で、引き味は小気味いい。途中でバレるかもしれないというスリルがあり、持ち帰って食べる楽しみも大きい。今でも、大人にも子どもにも人気である。

「餌のみみずは自宅の台所に近い湿地にいくらでもいた。それと獲ものを入れるバケツを下げて、朝早くから（蝦釣りに）出てゆく」のであった。そして、「着物を脱ぎ、胸まで浸かりながら筏に達すると、そこには同じ少年の仲間がいて、上から引きあげて」くれた。「蝦は材木と材木の間に潜んでいて」、「四、五尾も釣れた日には、家に帰ってこっそりそれを煮て食べたものである」。家人に見つからないように、さっと塩ゆでにでもして、胃袋を満たしたのであろう。「こういうことが、昔の少年の楽しみなのであった」

隅田川でハゼの舟釣り

ここからは、本の題名にもなっている「釣心四季」から、秋櫻子がことのほか好んだハゼ釣りと俳句についての話になる。

ハゼ釣りは、本所の番場町に住んでいた遠縁の叔父に教わった。舟宿は、隅田川に架かる厩《うまや》橋《ばし》の少し下手にあり、叔父の家に前泊して翌朝に舟を漕ぎ出だした。

釣り場に着くと、舟は流れに任せ、「五尋（注＝約7・5ｍ）ほどもある糸の先に鈎と『おもり』とをつけ、指だけの調子で釣り上げる」、手釣りである。

エサはゴカイの1本付け。オモリが着底したら、しばらく置いてイトを静かに上下に動かす。すると、餌のゴカイが水底で躍るので、ハゼが飛びつくと教えられる。

「まもなくブルブルッという感じがあり、急いで手繰り寄せた鈎には大きな鯊がかかっていた」

1時間ほどで10尾、セイゴもマルタも釣れた。やがてアタリが遠のいて、一度舟宿に引き返して昼ご飯。そして、座布団を枕に昼寝。すべてが初めての経験で楽しかったのだろう、「眼がさめると日もだいぶ西に傾いていたが」、「潮がまた上げはじめていたので」、再び「舟に乗り込んだ」。ヤル気満々である。午後の部は上流の吾妻橋の上まで行って、型は少し落ちたが4、5尾追加。帰るころには、「浅草の五重塔にもう夕靄がかかりはじめていた」

その日のハゼの心地いい引き味が忘れられず、秋櫻子は大学へ進学してからは主にサオ釣りで中川、六郷川、鶴見川などへよく通った。そして、このハゼ釣りの思い出が俳句の道に分け入るきっかけになるのだった。

釣り体験が句作に生かされる

「私が俳句を詠みはじめたのは、大正八年の初夏で、東大を卒業した年だった」とある。

巻末の年譜によれば、秋櫻子は中学卒業後第一高等学校の入試に失敗して予備校などに通い、東京帝国大学に入学したのは22歳と遅かった。そして26歳で卒業。卒業前に高浜虚子著『進むべき俳句の道』を読んで俳句に興味を持ち、翌年5月に東大医学部出身者を会員とする「木の芽会」に入会。

初めて句会に参加すると、席題（お題）は「夏が来る」と「蝙蝠《こうもり》」だった。3句詠んだが、中の1句が披講《ひこう》（秀句として読み上げられること）された。左の句がそれである。

《鯔はねて　河面暗し　蚊食鳥》

俳句になじみがなければチンプンカンプンであろう。釣り人なら「鯔《ぼら》」はわかる。いつも、河口や港で呑気にポッチャーンと跳ねているアレである。が、「蚊食鳥《かくいどり》」とはどんな鳥？…？…？

これはコウモリの異称。夏の夕の薄暗がりの空を音もなく飛び交い、蚊や昆虫などを捕食するからこう呼ぶようだ。俳句入門者の秋櫻子だが、何かの俳句の本でこの言葉を知っていたので、「これを使って詠んでやろう」と考えをめぐらしたのだ。

するると、「中川の鯊釣りの景が頭に浮かんだ。釣り舟屋で借りた小舟を蘆の洲の前につないで、友だちと鯊を釣っているうちに、あたりがようやく暗くなるとともに潮がさしはじめた。その潮に乗ってきた鯔が、ときどき目の前で跳ぶ。そうしてそれがやむと、どこから来たものか、二、三疋の蝙蝠がひらひらと水に触れそうな低さで舞いはじめるのであった」

この句を披講したのは、句会の師範格である俳人野村喜舟（句誌『渋柿』主宰）だったから、幹事はちょっと驚き、「お前は特別に幕下につけ出してやろう」と〝初土俵〟で幕下という破格の待遇を受けた。

秋櫻子は後年、句集『葛飾』（昭和5年、馬酔木発行所）を出版するが、「私は記念として、この句を入れておいた」そうだ。1句の中に鯔と蝙蝠と2つの動物が入るなど欠点はあるが、初めて認められた句として愛着があるのだろう。

以降、秋櫻子は釣りの中では特にハゼ釣りを題材とした作品を多く残している。そのうちの3点を紹介する。

《鯊落ちて　柳は青し　博多川》

秋が深まり、ハゼはもう落ちているが、博多川（九州）のほとりのヤナギの葉はまだ青いまま。これに驚いてこの句ができた。

《橋杭や　鯊舟寄せし　通り雨》

いきなり雨が降り出して舟を橋の下に避難させて釣っていると、橋の上の下駄の音や車の音が響き、いつもの釣りとはまた異なる興趣が湧いたようだ。

《鯊釣や　不二暮れそめて　手を洗う》

筆者はこの句が一番の好みである。舞台は晩秋の鶴見川（神奈川県）河口、ハゼ釣りの夕景である。釣り終えて、船端から身を乗りだして「少し温かみを感じる」潮で手を洗い、ふと西空に目をやれば「紫紺色の富士」の凛々しい姿。句においては、富士ではなく「不二」と表現。その理由を秋櫻子は次のように書く。「格別の意味はないのだが、そうしたほうが美しさがよくわかるような気がしたからである」

これが、いわゆる美的センス、芸術的センスというものであろう。

水原秋櫻子（1892〜1981）

東京・神田猿楽町の産婦人科院の家に生まれる。東京帝大医学部を卒業し、医院を継ぐ。また、宮内省侍医寮御用掛として皇族の子供を取り上げた。俳句では高浜虚子らに師事し、のちに「馬酔木」を主宰。釣りが趣味で、昭和23年から「つり人」俳句欄の選評を担当（昭和55年4月号まで）。句集『葛飾』『蘆刈』『玄魚』など多数。

『釣道楽』（上・下巻）

村井弦斎著／村井米子編

1901年、郵便報知新聞に連載。翌02年に単行本化。
1977年、新人物往来社から現代語訳で上・下2巻同時発売

明治期のベストセラー作家が書いた釣り小説

村井弦斎とは何者か。

生まれは文久3年（1864）、幕末である。物心ついたころは、すでに明治という新しい時代だ。愛知県東部の矢作川に近い三河吉田藩の武家の家柄。幼少期は漢学を学ぶが、もうそんな時代ではないと、一家は東京へでる。弦斎は開設されたばかりの東京外国語学校（現東京外国語大学）で学ぶことになった。そのとき彼はまだ12歳で一番年下だったが、学業は首席を取るほどの俊才。もう日本で学ぶことはないとばかりに、アメリカへ渡って見識を広める。帰国するや「郵便報知新聞」に客員として迎えられ、次々に新聞小説を連載。『日の出島』とい

う空想科学小説はたちまち評判となり、あの尾崎紅葉の『金色夜叉』に比肩する人気を博した。さらに、同紙上に連載の『食道楽』も大評判をとり、単行本化すると40、50万部も売れる大ベストセラーに。

そんな村井弦斎が37歳の絶頂期、明治35年に執筆したのが『釣道楽』である。弦斎は、『日の出島』執筆中から、次の企画として〝百道楽シリーズ〟を構想しており、その第1弾がこれだった。ちなみに、その後は『酒道楽』『女道楽』と続き、『食道楽』はシリーズ第4弾目であった。

この本を、現代文に翻訳・編集した村井米子（明治34年～昭和61年）は弦斎の長女で、日本の女性登山家の草分け的存在としても知られる。上巻の巻末に彼女が記した「《釣道楽》の生まれるまで」によれば、父の弦斎は「当時の青年子女が、飲酒や恋愛に身をあやまるのを憂え、釣魚のような、青空のもとの野外での勇壮な遊びの趣味を身につけさせ、堕落から救われるように」との願いを込めて書いた小説だという。そして同時に、「当時の小説類一般が、あまりにも恋愛ものに傾く風潮を、快からず思うゆえの文明批判もふくんでいた」とも書く。最後の一文は、女々しい恋愛小説を連発するライバルの尾崎紅葉へのあてつけのようにもとれるが、弦斎は根っからの真面目人間だったので、心底その思いが強かったようだ。

さて、『釣道楽』はどんな内容なのか。

大ゴイは逃がすが、娘と息子の〝恋〟を釣る？

上・下巻、合わせて400ページを超える長編である。

まず、「一竿《かん》の風月を伴として安倍川の河岸に釣りを垂れる閑人がいる。年の頃は五十前後、俗界の紛擾《ふんじょう》をさけてかかる清遊にふける程であるから、相貌風采賤しからず」と流麗な文体で描写される安倍川でのコイ釣りから始まる。

釣り人は、静岡県下第一といわれる名家川沼家の当主川沼老人と、釣友の池永老人。ともに、身なりも釣り道具も立派だが、「ああ、どうも釣れんな。（中略）魚がいないのかしらん」とか、「釣りもこんなに閑《ひま》では少し張合いが抜けます。またきょうもあぶれですかな」と釣果のほうはまるでダメ。

そのうち、お互いの子供の将来の話になる。

名家の川沼老人には浪子という校内一の美人で気立てのよい15歳の長女がおり、釣友の池永老人には鱗次郎という校内一の優等生で将来有望、しかも釣りは大人顔負けという17歳の次男がいる。その評判はお互いに聞こえており、年頃になったら2人を夫婦にという話に発展。川村老人はもとから鱗次郎の将来性に目をつけていたので、彼を浪子の婿に迎えるのは内心大喜びであった。

そのうち、川沼老人のサオ先が水中に引き込まれた。

大物だ、イトが切れそうだ、サオが折れそうなどと、必死の攻防。浮き上がってきたのを見ると、３尺（90㎝）以上の大ゴイだ！

池永老人がタモを構えてすくおうとしたとき、イトがプッツン。

川沼老人はきょうも手ぶらで家に帰るが、いつもと違いすこぶる上機嫌。なぜなら、「きょうは三尺の鯉を釣り落としたけれども、それに百倍千倍万倍億倍した程の獲物があった」から。獲物とは、もちろん鱗次郎を婿に得る約束を取り付けたことだ。

この長編小説は、ここから波乱万丈の物語になる。

タイやカジキ釣りに挑戦

若い２人、池永鱗次郎と川沼浪子は、お互いに惹かれ合っているが、前途には難問山積。鱗次郎は親族とのしがらみ、世間の欲得などに振り回されて疲弊。ついに家を飛びだして東京を目指す。

東京では向島に家を借り、そこを拠点にして、隅田川筋で終日コイを釣り、釣った魚を料亭などに売って生計を立てる。

「池沼鱗次郎、ここにいよいよ一介の漁夫となる」

つまり、家の厄介にならず、漁師として独立独歩で生きて行こうとの決意であった。

しかし、ここも安住の地ではなく、次に三浦半島の久里浜へ。この地できままな釣り暮らしをしている福徳屋の隠居老人に誘われて、老人の持ち舟でタイ釣りに挑戦。「曳釣りといって、片手で舟を漕いで片手で竿の先を水の中へ入れて、天蚕糸《てぐす》を十三尋《ひろ》も長く出して、魚が当たれば片手で合わせるのです。その合わせぐあいがむずかしくって面白い」といって老人が見本を見せるが、老人は口ばかりで実践は全然ダメ。

そこで、釣りの天才・鱗次郎がサオと仕掛けを借り、エサの岩イソメをつけて「フカシ釣り」をすると、「初めての鯛釣りで忽ち三歳のカイズを釣り揚げた」

これを見て、隠居老人は鱗次郎の天性の釣り達者ぶりに感激するのだった。

また鱗次郎は、鴨居沖にクジラの潮吹きを見て、クロダイやスズキ釣りは面白くない、何か大物を釣りたいと、舟の中でマグロ釣りの話していると、「六、七尺もあろうかと思われるカジキ鮪が舟の六、七間先のところに浮き出した」

すると船方が「チャッキリ」という小さな銛《もり》を手に取るや否や、ねらいを定めて、エイと一声、大遠投！　果たして、チャッキリは大魚の背中にグサリと突き刺さった。その後2時間ばかり、カジキマグロと大格闘。鱗次郎も助太刀をして舟端へ引き寄せ、こん棒で打ちたたいてやっと舟中に引き揚げた。この大捕物に、隠居老人も大喜び。

この老人には、清江という聡明で奥ゆかしい娘がいる。その清江嬢に縁談がきた。悪名高い銀行の頭取が、道楽者で遊び人の漫太郎という息子の嫁に欲しいというのである。当然、清江嬢は見向きもしないと思われたが、まんざらでもない。それというのも、漫太郎は清江嬢を一目見て惚れ込み、一緒になることができれば真人間になって見せますと真剣だったからである。道楽者でも、心根はできる男だと見抜いたのである。

かくして漫太郎は、清江嬢に気にいってもらうために隠居老人の舟で船頭修行に汗水たらすことになった。コーチ役は鱗次郎である。漫太郎はヤル気に満ち満ちて、「棹は三年、櫓は三月」という厳しい修業の道を、わずか数十日でクリアし、「天晴れ一個の新漁夫となってしまった」のである。

「青白かった顔の色は日に焼けて銅《はがね》色になり、細かった指も筋骨太り、肩怒り、腕に力こぶもできた。だれが、この木強漢が昔の軟弱きわまる道楽息子と思うものがあろう」

息子の変貌ぶりを見て、酒色に明け暮れる悪徳銀行頭取の親父も驚き、鱗次郎らの誘いで品川沖に釣りにでる。すると、大ナメダカレイや大ボラなどが入れ食い。

「一日の清遊に釣りの楽しみを覚え」、「心気爽然として塵俗のことを忘れ、顧みて今までの行ないを懺悔」。そして、「もうもう馬鹿な芸者狂いはやめてこれから釣りの道楽ときめよう」と、いままでの所業を改めるのだった。

つまり、どんな悪人も、釣りで浩然の気を養えば、たちどころに改心して真人間になるということである。

その後、鱗次郎と漫太郎は意気投合し、遠洋漁業の会社を設立して世界の海へ飛びだすという壮大な計画を立てる。これに、改心した漫太郎の親父が資金を提供。かくして、物語は出だしのコイ釣りにはじまり、世界の海で商売するという、いかにも明治時代のニッポン人の心魂を奮い立たせるような気宇壮大な展開をみせるのである。

ところで、鱗次郎と浪子の純愛は、どんな結末を迎えるのか……。

村井弦斎（1863〜1927）

三河吉田藩の武家に生まれる。学業優秀。釣りは東京へ引っ越してから覚え、生涯サオを手放さなかった。とくに明治37年に神奈川県の平塚に居を構えてからは、執筆で多忙にもかかわらず、馬入川、酒匂川、それに湘南・三浦半島一帯の海を釣りめぐり、また東京の品川、伊豆の川や海へも繰りだした。川ではコイやアユ釣りを好み、海ではタイ、アマダイ、ヒラメ、カサゴ釣りなど。晩年は農業にも励み、ユートピア生活を実践した。弦斎の全貌を知るには、『「食道楽」の人　村井弦斎』（黒岩比佐子著／岩波書店刊）がお勧め。

『川漁―越後魚野川の伝統漁と釣り』

戸門秀雄

2021年1月、一般社団法人農山漁村文化協会から発行

魚野川流域の「川文化」の豊饒さを伝える

全370ページを読了後の感想は、ひと言「壮大な本である」ということである。魚野川という、標高1977mの谷川岳から流れ下って信濃川に合流するまでの、流程約70km／流域面積1519平方kmにわたる1本の川筋の歴史という時間と空間の総体にサオとペンとカメラを手に分け入り、考古学者のような地道な取材と想像力で、日本人、あるいは流域の人々が営々と積み重ねてきた川の文化の豊饒さを現代に伝えている。

戸門秀雄は昭和27年、埼玉県の入間川のほとりに生まれ、育ち、現在もそこに住んでいる。子どものころ、家業が精米所だったために、家で遊んでいると精米作業の邪魔になるとうるさ

がられ、学校から帰ると裏手の入間川で毎日のように泳いだり、潜ったり、魚釣りなどで遊んでいた。

　そのせいか、小学生時代は大人顔負けの釣り名人で、水泳も、陸上も得意だった。しかし、勉学は大嫌い。高校卒業後はアルバイト生活のかたわら、イワナやヤマメを求めて全国の渓流を釣り歩いた。そんな昭和49年1月5日、22歳のとき、銀毛ヤマメを釣るためにはじめて魚野川を訪れた。当時の魚野川は、冬の真只中といえども禁漁ではなかったのである。

「一面の銀世界の中での銀毛ヤマメ釣りに魅了された私は、一週間後には近くのスキー場で住み込みのアルバイトを始め、一冬を魚野川に通った」（「まえがき」より）

以来45年にわたる魚野川との濃密な付き合いの中から、この本が誕生した。

　本文に入る前の口絵に注目だ。ここには伝統の漁具などとともに、表紙カバー絵にも使われている「大白川《おおしらかわ》の捕鱒之図《ほそんのず》」（魚沼市指定文化財）という貴重な一幅の図絵が紹介されている。支流の破間川のハヨ止めの滝を背にした伝統のマス漁が描かれたもので、マスカギという独特の漁具でサクラマス（降海型ヤマメ）を引っ掛ける村人たちの、〝漁百態〟のようすが、素朴なリアリズムで手に取るように伝わってくる。

人間の狩猟・漁撈本能を満たす「カギ漁」とは？

　ページをめくれば、流域におけるサケ漁、マス漁、網漁などが写真や図解入りで詳細に紹介されている。とくに、先の口絵で紹介の「大白川の捕鱒之図」に描かれている「マスカギ漁」

が興味深い。

「往時、日本海から信濃川へ、さらに魚野川を遡上した川マスことサクラマスは、まずはじめに一大支流の破間川に入り、大白川を経て、さらに上流まで遡上した」

　この大白川での昔日の川マス漁についての詳細を見てみよう。

　戸門が当たった資料によれば、昭和初期、この漁には「カギオロシ」と呼ばれる解禁日が設けられていたそうである。それは「春蚕の終わったお祝い『蚕《こ》上げ』の日」で、7月20日前後だった。この日は村人総出で川に入り、獲った魚は1カ所に集められ、漁に参加した人や関係した村民に平等に分配された。

　戸門は、その日のようすを現地在住の人（昭和26年生まれ）から次のように聞き書きしている。

「私の母（サダさん、昭和四年、大白川生まれ）の子供時代、親に連れられてカギオロシの現場に行くと、自分にもマスの切り身が貰えた」

　子どもたちにとっても、待ちに待ったお祭りだったのだ。

　カギ漁の漁具である、先が大きな釣りバリの形をした鋼鉄製の「カギ」は、村民各自が形や大きさなどを工夫し、村の鍛冶屋に依頼してつくった。カギには木製の柄が付いており、さらに手網が結んである。カギは柄を持って手前に引いて魚を掛けるので、カギを「掻く」、あるいは「引く」という。

　ねらう場所は「胸鰭に近い腹」だ。「サケ・マス類は、背とか横腹は敏感だが、腹は案外鈍感といわれている。（中略）その下腹の後方（下流側）からカギを横にして入れ、いざ掻く時には縦に引く。縦とは、刃先を上に向けることをいう」

時には5～6ｍの深い淵をねらうこともある。そんな場所に、「カギを片手に褌一丁、素潜りで」入って、見事に魚を掻き取る豪傑もいたそうである。

命を落とすこともあった。巨魚との力ずくの引き合い、せめぎ合いだけに、命がけだったのである。

獲れた魚は塩引きの干物にしたり、「川マス汁」として食卓に上った。戸門は、郷土料理のマス汁を地元の厚意でご相伴にあずかり、「身だくさんで、実に美味絶品」だったと、食味をレポートしている。

しかしカギ漁も、今はすたれて、伝説だけが残っている。戸門は次のようにいう、

「カギ漁は、多くの男たちを魅了した。その理由は、人間の狩猟・漁撈本能を満たす原始漁法だったからではあるまいか」と。

アユザオは、蚕棚に使う竹棹で手づくり

一帯にアユの友釣りが始まったのは、昭和の初めだ。「魚野川と昭和初期の友釣り」の章を開いてみよう。魚野川のベテラン川漁師数人から取材してまとめたものだ。

サオは「養蚕に使う竹竿を二本継ぎ足し、先の細竹［ウラと称する穂先のこと］の部分は栗の若芽が伸びた一年目の若木［ボイ切りと言って焚木用に伐って翌年生えたもの］を使った」とある。

ハリは「縫い針をローソクの火で焼き、ほどよく曲げて」使用。イトは「テング虫［山繭のことか］からとったものを使用。ハリスは「馬の尻尾の毛［馬素］が最もよいとされた。それを三本撚り合わせて、二股にして」使った。

そして、「川べりには馬籠を背負って行くのが普通で、中には弁当、手網、引きイケス、わらじの履き替え、着替えなど」を入れた。この馬籠は「四角の竹籠」で、河原で中のものを全部出し、浅場に沈めて中に石を入れ、釣ったアユを生かしておく、今でいうオトリ缶のように使った。履物の草鞋《わらじ》は、激流で釣るために損傷が激しく、予備を必ず用意した。釣りのいで立ちはフンドシ一本だった。

アユは高値で売れた。その根拠として、「越南タイムズ」に掲載された「鮎釣り今昔物語」（昭和62年1月1日版）に掲載の次のような記事を紹介している。

「昭和九年の場合、米一表が八円五十銭、新酒同八円という時代に、鮎一貫匁（三・七五キロ、大きな鮎三十～三十五尾）で十円以上したという記録がある。鮎がいかに高値であったかがわかる」

現在の価値に直せば、アユ1尾は1000～2000円程度だったか。漁の好不調の波が大きいアユは、漁獲量によって価格が大きく変動するのは仕方がない。大漁が続くと価格が下がり、不漁の年や大雨が続くと高騰した。平均1尾1500円として、1日20尾釣れば、およそ3万円。貧しい山間にあっては、相当の現金収入だった。

戸門は、「はじめに」で、こうも述べている。

「古き魚野川を語れる人は、もう何人もいない。あの谷で、この川で、出会った人を思い出し、ご自宅を再訪すると、すでにその人は亡く、主を失った漁具が所在なく留守を預かっていた。本来、物言えぬ漁具だが、その姿は往時の川の豊かさと、人々が川と魚に懸けた熱い思いを語りかけてくれる」

地をはうような取材をやり通した後の、率直な感想だろう。

戸門秀雄（1952〜）

埼玉県生まれ。高卒後、考古学を志すが、渓流釣りの虜になる。この趣味を生かし、昭和51年、イワナ、ヤマメ、アユなど渓流の天然魚と、自分が採取した山菜などをメニューにした「郷土料理ともん」を、生まれ育った入間川のほとりに開店。食材調達で日本各地の川や渓をめぐりながら、その土地の職漁師らに取材し、その暮らし・漁法・漁具などを記録。著作はほかに、『職漁師伝』『山の魚たちの午後』『渓語り・山語り』など。

一竿に幸あり！

♪嵐も吹けば　雨も降る／女の道よ　なぜ険し……と歌うが、
釣りの道は、雨の日も風の日も、雪の日だって楽しいのである。

世良　康

◉作者索引（五十音順）

著者プロフィール

世良 康（せら・やすし）

1948 年生まれ。大学中退後、編集者、コピーライター、夕刊紙記者を経て、フリーライターに。釣り歴は 42 年。清流のアユやヤマベ釣り、渓流のヤマメやイワナ釣り、海では磯のメジナやボートでのシロギス釣りなどに親しむ。著書に『アユファイター10 年戦記』、『アユが釣れる人、釣れない人』、『釣人かく語りき』、『釣り専門誌も太鼓判の極上グルメ旅　首都圏日帰り地魚食堂 38 選』『釣りの名著 50 冊　古今東西の「水辺の哲学」を読み解く』など。村田春雄のペンネームで、釣り川柳集『17 文字の釣り人生』をまとめる（以上、つり人社刊）。
2023 年 2 月現在、「月刊つり人」誌上で『鮎の味』を連載中。

※本書は月刊つり人『釣本耽読』の全連載（2014 年 6 月号～ 2022 年 9 月号）中、2015 年 1 月号～ 2022 年 9 月号の回から抜粋し、内容を修正したものです。『釣の本』、『釣聖 恩田俊雄』、『釣道楽』、『川漁―越後魚野川の伝統漁と釣り』は、書下ろしとなります。

続《ぞく》・釣《つ》りの名著《めいちょ》50 冊《さつ》
古今東西の「水辺の哲学」を読み解く

2023 年 3 月 1 日発行

著　者　世良　康
発行者　山根和明
発行所　株式会社つり人社

〒101－8408　東京都千代田区神田神保町 1 －30－13
TEL 03－3294－0781（営業部）
TEL 03－3294－0766（編集部）
印刷・製本　図書印刷株式会社

乱丁、落丁などありましたらお取り替えいたします。

ISBN978-4-86447-709-3 C2075

つり人社ホームページ　https://tsuribito.co.jp/
つり人オンライン https://web.tsuribito.co.jp/
釣り人道具店　http://tsuribito-dougu.com/
つり人チャンネル（You Tube）　https://www.youtube.com/channel/UCOsyeHNb_Y2VOHqEiV-6dGQ